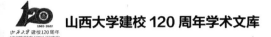
山西大学建校 120 周年学术文库

中国法学会重点委托项目（编号 CLS20182DWT20）成果

中国地理标志成案研究

赵小平 著

山西出版传媒集团　山西人民出版社

图书在版编目（CIP）数据

中国地理标志成案研究 / 赵小平著 . —太原：山西
人民出版社，2022.7
ISBN 978-7-203-12288-3

Ⅰ . ①中… Ⅱ . ①赵… Ⅲ . ①地理—标志—案件—
研究—中国 Ⅳ . ① F760.5

中国版本图书馆 CIP 数据核字（2022）第 100722 号

中国地理标志成案研究

著　　者：赵小平
责任编辑：郭向南
复　　审：吕绘元
终　　审：武　静
装帧设计：谢　成

出 版 者：山西出版传媒集团·山西人民出版社
地　　址：太原市建设南路 21 号
邮　　编：030012
发行营销：0351 – 4922220　4955996　4956039　4922127（传真）
天猫官网：https://sxrmcbs.tmall.com　电话：0351 – 4922159
E — mail：sxskcb@163.com　发行部
　　　　　sxskcb@126.com　总编室
网　　址：www.sxskcb.com

经 销 者：山西出版传媒集团·山西人民出版社
承 印 厂：山西出版传媒集团·山西新华印业有限公司

开　　本：720mm×1020mm　　1/16
印　　张：15.5
字　　数：300 千字
版　　次：2022 年 7 月　第 1 版
印　　次：2022 年 7 月　第 1 次印刷
书　　号：ISBN 978-7-203-12288-3
定　　价：86.00 元

《山西大学建校 120 周年学术文库》
总　序

喜迎双甲子，奋进新征程。在山西大学 120 周年校庆之时，出版这套《山西大学建校 120 周年学术文库》，以此记录并见证学校充满挑战与奋斗、饱含智慧与激情的光辉岁月，展现山大人的精学苦研精神与广博思想。

大学，是萌发新思想、创造新知识的学术殿堂。求真问理、传道授业是大学的责任。120 年来，一代又一代山大人始终以探究真理为宗旨，以创造新知为使命。无论创校初期名家云集、鼓荡相习，还是抗战烽火中辗转迁徙、筚路蓝缕；无论是中华人民共和国成立后"为完成祖国交给我们的任务而奋斗"，还是改革开放以后融入科教强国建设的时代洪流，山大人都坚守初心、笃志求学，立足大地、体察众生，荟萃思想、传承文脉，成就了百年学府的勤奋严谨与信实创新。

大学之大，在于大学者，在于栋梁材。十年树木，百年树人。120 年的山大，赓续着教学相长、师生互信、知智共生的优良传统。在知识的传授中，师生的思想得以融通激发；在深入社会的广泛研习中，来自现实的经验得以归纳总结；在无数次的探索与思考中，那些模糊的概念被澄明、假设的命题被证实、现实的困惑被破解……新知识、新思想、新理论，一一呈现于《山西大学建校 120 周年学术文库》。

问题之研究，须以学理为根据。文库的研究成果有着翔实的史料支撑、清晰的问题意识、科学的研究方法、严谨的逻辑结构，既有基于社会实践的田野资料佐证，也有源自哲学思辨的深刻与超越，展示了山大学者"沉潜刚克、高明柔克"的学术风格，体现了山大人的厚积薄发和卓越追求。

习近平总书记在 2016 年哲学社会科学工作座谈会上指出："一个国家的

发展水平，既取决于自然科学发展水平，也取决于哲学社会科学发展水平。一个没有发达的自然科学的国家不可能走在世界前列，一个没有繁荣的哲学社会科学的国家也不可能走在世界前列。"立足国际视野，秉持家国情怀，在加快"双一流"建设、实现高质量内涵式发展的征程中，山大人深知自己肩负着探究自然奥秘、引领技术前沿的神圣责任，承担着繁荣发展哲学社会科学的光荣使命。

百廿再出发，明朝更璀璨。令德湖畔，丁香花开；欣逢盛世，高歌前行。山大学子、山大学人将以建校 120 周年为契机，沿着历史的足迹，继续秉持"中西会通、求真至善、登崇俊良、自强报国"的办学传统，知行合一、厚德载物、守正创新、引领未来，向着建设高水平综合性研究型大学、跻身中国优秀知名大学行列的目标迈进，为实现中华民族伟大复兴的中国梦贡献智慧与力量。

前　言

　　本书是笔者主持的中国法学会重点委托项目"我国地理标志成案研究"的成果之一。

　　在研究方法上，本书主要采用了实地调研、问卷调查、电话调研和文献分析等方法。围绕山西省第一个国家地理标志产品——沁州黄小米，我们于2019年1月4日至7日专门到山西长治进行调研。调研采取了座谈会、实地走访"沁州黄小米"案涉案企业等方式，进一步了解了司法机关的生效裁判，时隔几年，对涉案当事人理解地理标志、商标等知识产权保护所产生的影响。就中国第一起涉及产品生产区域界定的地理标志案件——"祁门红茶"案，笔者在2019年至2020年间，多次主动与相关协会、企业联系，了解祁门红茶品质与地理、人文的关联。为使完善地理标志制度的建议更有针对性，我们就"中国地理标志的保护"精心设计题目，通过问卷星平台开展问卷调查，共计收回有效问卷349份。

　　笔者对中国地理标志司法裁判文书的收集整理，始于2004年"金华火腿"案审理期间，而花费较多时间、精力收集整理此类裁判文书，则是要到"沁州黄小米"案二审阶段了。"沁州黄小米"是山西省第一个获得原国家质检系统保护的地理标志产品，笔者一直希冀这类地理标志能免受或少受确权授权纠纷、侵权纠纷的困扰，盼望着中国尽早出台适合本国国情的、完善的地理标志保护制度。

　　本书除前言、结语、附件外，共分为中国地理标志保护制度概况、中国地理标志案件数据分析、中国地理标志成案评析、中国地理标志案件的特点与司法保护发展趋势、中国地理标志保护制度的不足与完善五个部分。

　　前言部分简要介绍了本书的研究方法、资料收集整理和内容框架。

　　第一部分中国地理标志保护制度概况，对中国当前地理标志保护的商标法模式和专门法模式进行简要分析和对比。

第二部分中国地理标志案件数据分析，对年度审结数量、案件类型与审理法院层级、审理法院所在地、法国地理标志案件、地理标志民事纠纷案件、地理标志授权确权纠纷案件、地理标志刑事案件、《中欧地理标志保护与合作协定》附录三至七涉案地理标志进行了分析。

第三部分是中国地理标志成案评析，这一部分是本书的重中之重，精选了18个具体的地理标志行政案件、民事案件和刑事案件，并展开分析评论，主要选取的是全国和地方的地理标志典型案例、参阅案例和学界关注案例三种类型，同时考虑所选案件对地理标志保护问题的覆盖面。其中典型案例的涉案地理标志产品有祁门红茶、古丈毛尖、舟山带鱼、西湖龙井、库尔勒香梨、波尔多葡萄酒；参阅案例的涉案地理标志产品是美国的纳帕酒；学界乃至社会关注案例的涉案地理标志产品有金华火腿、沁州黄小米。"香宾"争议案、"阿鲁科尔沁牛肉"案、"镜泊乡大豆"案、"新会陈皮饼"案、假冒"查干湖胖头鱼"案则是笔者在多年来翻阅几百篇裁判文书的基础上发现的。这几个案例尽管关注度不高，有的甚至鲜有学者论及，但这些案件中的问题是典型案例、参阅案例以及学界关注案例未涉及的，且这些问题关涉中国地理标志保护以及地理标志制度的完善，包括地理标志与专利的关系、假冒地理标志产品名称与假冒地理标志商标、驰名商标与地理标志商标的关系、同名同音地理标志的保护、以《商标法》为主保护地理标志的合理性等问题。

第四部分中国地理标志案件特点与司法保护发展趋势，从裁判文书出发，概括出两个特点和两个司法保护发展趋势。

第五部分中国地理标志保护制度的不足与完善，简要分析了现有制度的三个不足，提出了三个相应的完善建议。

结语部分总结了本书的创新与不足，并对未来研究进行展望。

附件部分是关于中国地理标志保护情况的调查问卷。

考虑到判决时的现实情况，若无特别说明，书中分析案例时所引法律都是当时有效的法律，而非现行有效的法律。

目 录

第一章 中国地理标志保护制度概况

第二章 中国地理标志案件数据分析

第三章 中国地理标志成案评析

第四章 中国地理标志案件特点与司法保护发展趋势

第五章 中国地理标志保护制度的不足与完善

第一章　中国地理标志保护制度概况

世界各国结合本国法律传统与经济利益、文化背景，在地理标志保护方面采取了不同的立法模式。纵观当前世界上各个国家与地区对地理标志的保护，主要有以欧盟为代表的专门法保护模式和以美国为代表的商标法保护模式。欧洲拥有悠久的历史，因此高度重视地理标志的强保护，将地理标志作为一种独立于商标的知识产权，主要通过专门法的形式来保护地理标志；而作为移民国家的美国由于众多的产品在名称上与移民"母国"基本一致，因此认为地理标志是商标的一种，对地理标志采用商标法的弱保护模式。欧盟和美国都不遗余力，通过缔结区域贸易协定和双边协定来推行各自的地理标志保护模式。

从 20 世纪 90 年代开始，中国在恢复关贸总协定地位谈判以及加入世界贸易组织谈判的过程中，开始逐步重视地理标志。中国在制度设计上，不可避免地呈现出国际地理标志保护制度冲突的缩影这一特征，即既有地理标志的专门法保护，又有地理标志的商标法保护。

第一节　中国现阶段地理标志的两种保护模式

在 2021 年 3 月生效的《中欧地理标志保护与合作协定》附录一中，列明了中国现阶段有关地理标志保护的法律，包括《民法典》《商标法》《产品质量法》《标准化法》《农业法》《农产品质量安全法》《商标法实施条例》

《驰名商标认定和保护规定》《地理标志产品保护规定》《国外地理标志产品保护办法》《农产品地理标志管理办法》《国外农产品地理标志登记审查规定》。附录一列明这些法律，实际是欧盟对中国现阶段地理标志保护模式的一种认可。

一、地理标志保护的专门法模式

1985 年，中国加入《保护工业产权巴黎公约》，开始对产品来源标志进行保护，但并未出台专门的法律保护地理标志。从 20 世纪 90 年代起，在地理标志保护制度的发源地——法国的帮助下，中国开始了地理标志保护的专门制度设计。1999 年 8 月 17 日，原国家质量技术监督局发布了《原产地域产品保护规定》，这是中国第一部专门保护地理标志的部门规章。2001 年，原国家出入境检验检疫局颁布《原产地标记管理规定》。2001 年，原国家质量技术监督局和原国家出入境检验检疫局合并为国家质量监督检验检疫总局（以下简称"国家质检总局"）。2005 年，国家质检总局在总结、吸纳《原产地域产品保护规定》和《原产地标记管理规定》基础上发布了《地理标志产品保护规定》，该规定对地理标志产品的申请受理、审核批准、标准制定与专用标志使用、保护和监督等问题做了统一的规定。《地理标志产品保护规定》第二条规定："本规定所称地理标志产品，是指产自特定地域，所具有的质量、声誉或其他特性本质上取决于该产地的自然因素和人文因素，经审核批准以地理名称进行命名的产品。地理标志产品包括：（一）来自本地区的种植、养殖产品。（二）原材料全部来自本地区或部分来自其他地区，并在本地区按照特定工艺生产和加工的产品。"之后，国家质检总局还颁布了《地理标志保护产品专用标志》《地理标志产品保护规定实施细则》，2009 年颁行《地理标志产品保护工作细则》，进一步明确了国家质检总局和省级质检机构在地理标志保护管理工作中的主要职责。2016 年颁行《国外地理标志产品保护办法》，规定了国外地理标志产品在华保护的申请与受理、技术审查与批准、专用标志和监督管理、保护变更和撤销等内容。

2019 年 10 月 16 日，国家知识产权局发布地理标志专用官方标志；2019 年 11 月 27 日，国家知识产权局发布修改后的《国外地理标志产品保护办法》。目前，国家知识产权局正在进行《地理标志保护规定》的制定工作。[①]

2007 年 12 月 25 日，原农业部发布了《农产品地理标志管理办法》，该办法自 2008 年 2 月 1 日起施行，规定了对农产品地理标志的登记、管理和监督。同时出台了申请人资格、产品生产地域、质量控制技术、产品品质鉴定、登记、登记审查、现场核查、专家评审和核查员培训注册等 9 个相关的配套技术性规范，从而形成一整套较为完善的地理标志登记和管理制度。山西、陕西、内蒙古、黑龙江、吉林、辽宁、湖南、湖北、重庆、山东和宁夏等省、市、自治区作为全国农产品地理标志登记的试点，开始了对农产品地理标志的保护工作。同国家质检总局以及国家工商总局相比，农业部对地理标志的保护限于初级农产品，保护模式与国家质检总局没有什么实质性区别，也属专门法模式。

二 、地理标志保护的商标法模式

一般认为，中国最早涉及地理标志的部门规定，是 1986 年 11 月 6 日原国家工商行政管理总局商标局发布的《就县级以上行政区划名称作商标等问题的复函》，该文件认为行政区划作为商标与保护原产地名称产生矛盾；1989 年国家工商行政管理总局发布《关于停止在酒类商品上使用香槟或 Champagne 的字样》，对法国香槟原产地名称予以保护，要求中国企业或

---

① 2020 年 10 月 21 日，在国家知识产权局组织的《地理标志保护规定》征求意见会上，笔者主要结合中国地理标志纠纷案件，就《地理标志保护规定》(征求意见稿) 的第六条、第七条、第十六条、第三十二条等规定发表了自己的建议，内容涉及地理标志的异议主体、异议事由、撤销主体、撤销事由、通用名称、在先商标与在后地理标志的关系、在先地理标志与在后商标的关系、商标与地理标志共存等问题，与会专家学者与国家知识产权局认为笔者提出的建议非常具有建设性。

个人停止在酒类商品上使用香槟字样，而不像美国、澳大利亚等国将香槟作为通用名称，对香槟名称不予保护。

在商标法框架下，主要通过集体商标与证明商标对地理标志进行保护。但是，1994 年 12 月 30 日公布的《集体商标、证明商标注册和管理办法》以及 1998 年的修订本，并未明确规定地理标志。在加入世界贸易组织前夕，为满足《与贸易有关的知识产权协定》要求，2001 年修订的《商标法》第 16 条第 2 款明确规定了地理标志的定义，即"地理标志，是指标示某商品来源于某地区，该商品的特定质量、信誉或者其他特征，主要由该地区的自然因素或者人文因素所决定的标志"。在此基础上，2002 年修订后的《商标法实施条例》对地理标志作为证明商标或集体商标注册的问题做了规定；2003 年修订后的《集体商标、证明商标注册和管理办法》就地理标志作为证明商标、集体商标注册的申请条件、葡萄酒和烈性酒地理标志问题进一步做了规定；2007 年 1 月实施的《地理标志产品专用标志管理办法》对地理标志产品专用标志的使用和管理做了专门规定。

需要注意的一点是，在 2013 年以及 2019 年的《商标法》两次修订中，对地理标志商标相关内容并未有任何修改。

第二节　两种保护模式的比较

首先，法律位阶不同。地理标志保护的商标法模式，在法律位阶上显然高于专门法的保护模式。

其次，权利属性不同。商标法模式下，地理标志是隶属于商标的一种知识产权，属于商标的一种类型，根据《集体商标、证明商标注册和管理办法》的规定，地理标志商标是可以转让的。但专门法模式下，地理标志是一种独立的知识产权，是不可转让的。

最后，法律影响不同。在 2017 年《民法总则》规定"地理标志"之前，国内鲜有涉案当事人在确权授权、侵权纠纷案件中，依据原国家质检总局或农业部的公告对特定地理标志主张权利，司法机关在审理纠纷时也基本上不认可地理标志是一种独立的知识产权。因为专门法保护模式的直接依据是部门规章，难以获得司法部门的认可。换言之，看似专门法和商标法两种保护模式并重，但在司法实践中，部门规章层级的专门保护与法律层级的商标保护不可能相提并论。阅读裁判文书会发现，在商标授权确权以及侵权纠纷中，那些经过原国家质检总局批准的国家地理标志产品，当年用来申报国家地理标志产品的材料，在日后的纠纷中却成为当事人主张涉案标志为通用名称的有力证据，如"化橘红"案、"英山云雾茶"案、"英德红茶（英红）"案 、"古丈毛尖"案、"恩施玉露"案、"沁州黄小米"案等，其中只有"古丈毛尖"案经过一审就实现定纷止争。

2019 年国家机构改革完成之后，中国地理标志保护仍呈现两种模式三套体系，见下表。

表 1-1　中国地理标志保护体系对照表

保护体系	国家知识产权局（原国家工商总局）	国家知识产权局（原国家质检总局）	农业农村部（原农业部）
主要法律渊源	2001 年《商标法》16 条，2002 年《商标法实施条例》，《集体商标、证明商标注册和管理办法》（1994 年出台，2003 年修订），2007 年《地理标志产品专用标志管理办法》，2020 年《地理标志专用标志使用管理办法（试行）》	1999 年《原产地域产品保护规定》《原产地域产品通用要求》，2001 年《原产地标志管理规定》，2005 年《地理标志产品保护规定》，2006 年《地理标志保护产品专用标志》《地理标志产品保护规定实施细则（暂行）》，2009 年《地理标志产品保护工作细则》，2016 年《国外地理标志产品保护办法》，2020 年《地理标志专用标志使用管理办法（试行）》	2002 年修订的《农业法》第 23 条，2007 年《农产品地理标志管理办法》，2008 年《农产品地理标志登记程序》《农产品地理标志使用规范》，2015 年《农产品地理标志登记申请人资格确认评定规范》
立法模式	商标法模式	专门法模式	专门法模式
权利属性	隶属于商标权的一种知识产权	独立的知识产权	独立的知识产权

（续表）

保护范围	农产品、工艺品、加工品等	农产品、工艺品、加工品等	主要是初级农产品
申请主体	来自地理标志标示地区范围内的团体、协会或其他组织	县级以上人民政府指定的地理标志产品保护申请机构或认定的协会和企业	农民专业合作经济组织、行业协会等具有公共管理服务性质的组织
保护和监督	各地工商局，地理标志证明商标、集体商标持有人	各地质监部门和出入境检验检疫部门	各地农业行政主管部门，地理标志登记证书持有人
保护期限	10 年，期满可续展	获得注册后，符合保护条件，可永久保护	获得登记后，符合保护条件，可永久保护
对外国地理标志申请注册规定	明确规定	明确规定	明确规定
专用标志			
	地理标志保护产品和作为集体商标、证明商标注册的地理标志使用地理标志专用标志的，应在地理标志专用标志的指定位置标注统一社会信用代码。国外地理标志保护产品使用地理标志专用标志的，应在地理标志专用标志的指定位置标注经销商统一社会信用代码。原相关地理标志专用标志使用过渡期至 2020 年 12 月 31 日。	

第二章　中国地理标志案件数据分析

第一节 涉地理标志案件年度审结数量

2001 年修订的《商标法》首次将"地理标志"作为法律概念正式写入中国法律。随着中国受保护的地理标志逐渐增加，人们对地理标志的了解逐步加深，涉地理标志案件也逐年增加。最早涉及地理标志的是北京市第一中级人民法院 2003 年 2 月审结的涉及"红河"的行政判决[1]。在 21 世纪初，在全国引起广泛关注的涉地理标志案件是"金华火腿"案[2]。

从 2003 年至 2022 年 5 月，年度审结数量分布情况如图 2-1 所示。2003 年至 2008 年各年度审结数量最高为 6 件，年均审结数量不足 3 件，2008 年的审结数量为 0 件，在时间上与 2008 年中国地理标志保护注册登记出现"三足鼎立"的局面巧合。2009 年至 2014 年各年度审结数量保持在两位数，共172 件。2015 年，年度审结数量 174 件，超过了 2009 年至 2014 年六年审结

---

[1] 国家工商行政管理总局商标评审委员会、云南红河光明股份有限公司与济南红河饮料制剂经营部争议一审行政判决书，北京市第一中级人民法院 (2002) 一中行初字第 508 号行政判决书，2003 年 2 月 12 日。

[2] "金华火腿"不仅涉及行政纠纷，还有民事纠纷，包括：浙江省食品有限公司与国家工商行政管理总局商标局一审行政判决书，北京市第一中级人民法院 (2004) 一中行初字第 653 号行政判决书，2004 年 12 月 17 日；浙江省食品有限公司与国家工商行政管理总局商标局二审行政判决书北京市高级人民法院 (2005) 高行终字第 162 号行政判决书，2005 年 5 月 18 日；浙江省食品有限公司与上海市泰康食品有限公司、浙江永康四路火腿一厂侵害商标权纠纷一审民事判决书，上海市第二中级人民法院 (2003) 沪二中民五 (知) 初字第 239 号民事判决书，2005 年 8 月 25 日。

数量的总和。2016 年 182 件，2017 年 162 件，2018 年 192 件，2019 年 417 件，2020 年 471 件，2021 年 547 件，2022 年 37 件。涉地理标志案件的审结数量，尽管有的年份会较上年度有所下降，但随着全国地理标志注册登记的数量越来越多，人们对于地理标志的认识逐渐增强，从整体上看，涉地理标志纠纷呈现增多的趋势。（详见图 2-1）

图 2-1　地理标志案件年度审结数量分布图

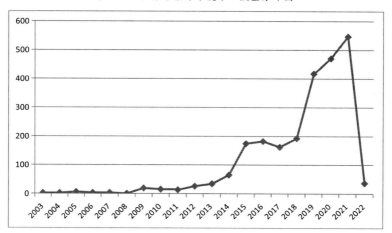

最初的地理标志案件以行政案件为主，随着地理标志授权量的逐年增加，民事纠纷逐渐增多。从 2006 年美国华盛顿苹果商标确权案始，涉外地理标志案件也逐渐增多。涉外地理标志案件的增多，从一个侧面说明外国政府和国外地理标志相关权利人非常重视中国庞大的消费市场，非常注重本国地理标志在中国的保护。

第二节 案件类型与审理法院层级

从案件类型来看，在这 2371 篇涉地理标志的裁判文书中，民事案件有 1945 篇，行政案件有 407 篇，刑事案件有 19 篇。

2371 件案件的审理法院在层级上的分布是：最高人民法院做出的裁判文书有 21 篇，不到总量的 1%；高级人民法院做出的裁判文书有 319 篇，占总量的 13.5%；中级人民法院做出的裁判文书有 1241 篇，占总量的 52.3%，超过了总量的一半；基层人民法院做出的裁判文书有 790 篇，占总量的 33.2%。

图 2-2 审理法院层级

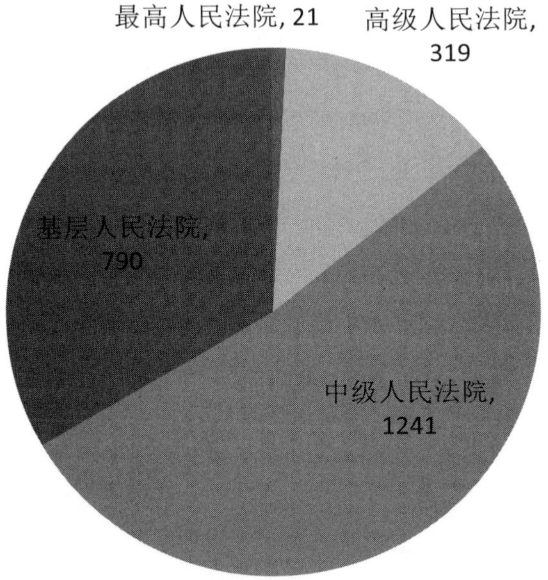

第三节　审理法院所在地

　　截至 2022 年 5 月，除最高人民法院再审的 21 起案件之外，北京法院审结的案件最多，517 件。北京审结的案件数量多的一个主要原因是，所有地理标志商标确权授权纠纷的一审法院和二审法院分别是北京知识产权法院[①]和北京市高级人民法院。除此之外，湖南法院审结 279 件，江苏法院审结 204 件，浙江法院审结 191 件，广东法院审结 188 件，上海法院审结 119 件，山东法院审结 113 件，福建法院审结 72 件。北京、江苏、浙江、广东、上海、山东、福建均是中国区域经济发达、经济开放程度较高的省市，涉及地理标志的侵权纠纷案相对也多。河南和山西地处内陆，但审结的涉地理标志案件分别高达 142 件和 65 件。山西审结的有关地理标志案件，主要涉及"山西老陈醋"地理标志产品，"西湖龙井"和"五常大米"地理标志商标，"平遥牛肉"地理标志产品和地理标志商标；有关"沁州黄小米"的几个山西法院审理的案件知产宝数据库并未收录。图 2-3 是截至 2022 年 5 月，涉及地理标志件案件在中国各地法院的审结数量分布。

图 2-3：审理法院所在地

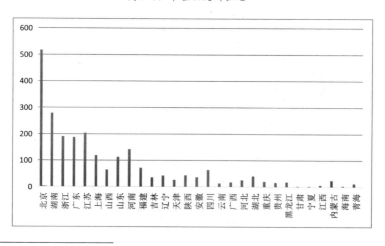

---

①　北京知识产权法院成立于 2014 年 11 月 6 日。

第四节 法国 74 起地理标志案件数据分析

中国地理标志的专门法制度，是在法国人的帮助下建立起来的。在地理标志相关涉外裁判文书中，我们发现，以法国相关主体为当事人、第三人或被害单位的文书有 74 篇，远远超过了欧盟其他成员和美国，涉案主体主要是法国国家原产地名称局和法国波尔多葡萄酒行业联合委员会。在这 74 起地理标志纠纷中，审理法院以北京法院居多，审结 52 起；广东法院和陕西法院审结 5 起。（详见图 2-4）分析涉及法国的地理标志案件，有助于进一步完善中国的地理标志保护制度。

图 2-4 法国地理标志案件审理法院所在地

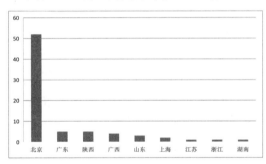

从案由上看，74 起案件中，51 起为行政案件，主要是与地理标志相关的商标授权确权纠纷；20 起为民事案件，主要是与地理标志相关的侵权纠纷；3 起为刑事案件，与销售假冒波尔多葡萄酒有关。

图 2-5 法国地理标志案件案由

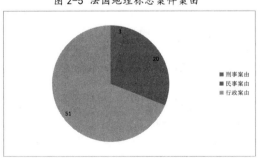

第五节　地理标志民事纠纷案件

涉案地理标志产品主要有：金华火腿、武夷岩茶、龙井茶、安吉白茶、盘锦大米、五常大米、沁州黄小米、山西老陈醋、镇江香醋、合川桃片、盱眙龙虾、古丈毛尖等。涉案地理标志商标主要有：西湖龙井、舟山带鱼、盱眙龙虾等。涉案地理标志涉及的商品类别主要集中在以下四类：第 29 类肉、鱼、蛋、奶等，第 30 类茶叶、米、醋、食用淀粉等，第 31 类虾，第 33 类含酒精的饮料（啤酒除外）。

在地理标志民事纠纷案件中，茶叶类地理标志侵权纠纷占比最高。在 1945 篇涉地理标志的民事裁判文书中，当事人为杭州市西湖区龙井茶产业协会（以下简称"龙井茶协会"）的就高达 402 篇，占总量的 20.67%。"西湖龙井"地理标志商标侵权纠纷案的审理法院分布情况如下：浙江法院审结 80 件，广东法院审结 77 件，上海法院审结 67 件，北京法院审结 45 件，福建法院审结 43 件，江苏法院审结 35 件，辽宁法院审结 26 件，山东法院审结 18 件，山西法院审结 11 件。从"西湖龙井"地理标志商标权侵权纠纷的审理法院分布情况，我们可以发现侵权人所在地主要集中在：广东省、浙江省、北京市、上海市、辽宁省及江苏省。一审最低判赔额 3000 元[1]，最高判赔额 310700 元[2]；二审最高判赔额 5 万元；1 件再审案维持原判[3]。杭州市西湖区龙井茶产业协会为"西湖龙井"地理标志商标权利人，是否构成侵权和赔偿额的确定是案件的焦点。绝大多数二审案件是因为被告认为一审判赔

---

[1]　辽宁省铁岭市中级人民法院（2017）辽 12 民初 94 号民事判决书。本案被告是一家食杂店，位于铁岭市银州区后八里，属于城乡接合处，被告的经营范围仅为一般性的日常生活用品，当地居民消费水平较低。法院判决被告赔偿原告包括为制止侵权行为合理支出在内的经济损失共计 3000 元。

[2]　北京市朝阳区人民法院 (2014) 朝民（知）初字第 43045 号民事判决书，2015 年 3 月 23 日。

[3]　上海市徐汇区玮恺茶行侵害商标权纠纷再审民事裁定书，上海市高级人民法院 (2016) 沪民申 1585 号民事裁定书。

数额过高而提起，原告杭州市西湖区龙井茶产业协会提起上诉的主要原因是判赔数额低，但二审法院总体上维持原判。例如在山东未缪电子商务有限公司、杭州市西湖区龙井茶产业协会侵害商标权纠纷二审中，上诉人认为一审法院判赔数额过高，涉案（2019）浙杭网证内字第 2141 号公证书能够证明其仅销售了两件相关产品；西湖区龙井茶协会明确主张法定赔偿。[①] 山东高院根据《最高人民法院关于审理商标民事纠纷案件适用法律若干问题的解释》第十六条第二款和第十七条第一款规定，在确定赔偿数额时，考虑侵权行为的性质、期间、后果，商标的声誉，商标使用许可费的数额，商标使用许可的种类、时间、范围及制止侵权行为的合理开支等因素综合确定；权利人制止侵权行为所支付的合理开支，包括权利人或者委托代理人对侵权行为进行调查、取证的合理费用；考虑到龙井茶协会因未缪电子公司的侵权行为所受到的损失以及未缪电子公司因实施侵权行为所获得利益的金额均难以确定，综合考虑龙井茶协会涉案商标的知名度、未缪电子公司的侵权情节以及龙井茶协会为制止侵权进行了公证取证并聘请律师参与诉讼等因素，认定一审法院确定未缪电子公司赔偿龙井茶协会 15000 元，并无不当。在"龙井茶"[②] 地理标志侵权纠纷中，涉案地理标志为第 5612284 号"龙井茶 LongjingTea"证明商标，判赔金额最高为 13 万元[③]，侵权人不服一审和二审判决，向浙江省高级人民法院提出再审申请，再审法院经审理认为，一、二审法院鉴于侵权人所获得的利益和被侵权人的损失难以确定，且农技中心明

---

① 山东省高级人民法院（2020）鲁民终 512 号民事判决书，2020 年 3 月 11 日。《商标法》（2013 年修订）第六十三条第三款规定，权利人因被侵权所受到的实际损失、侵权人因侵权所获得的利益、注册商标许可使用费难以确定的，由人民法院根据侵权行为的情节判决给予三百万元以下的赔偿。

② GB／T18650-2008《地理标志产品 龙井茶》：龙井茶地理标志产品保护范围为西湖产区、钱塘产区、越州产区，共 18 个县（市、区）；获得批准的企业，可在其产品包装上使用龙井茶地理标志产品专用标志，并标示龙井茶产区名称。

③ 常州开古茶叶食品有限公司与浙江省农业技术推广中心侵害商标权纠纷二审民事判决书，浙江省杭州市中级人民法院 (2015) 浙杭知终字第 374 号民事判决书，2016 年 3 月 2 日。

确要求以法定赔偿作为本案赔偿计算依据，在综合考虑涉案注册商标的声誉和知名度、开古公司的经营规模、销售侵权商品的价格、实施侵权行为的过错程度以及农技中心为制止侵权行为所支出的合理费用等因素后，酌定赔偿数额为 130000 元，在一、二审法院合法的裁量权限之内，体现了严格保护知识产权的司法政策，驳回侵权人的再审申请。[①] 安吉县农业局茶叶站为当事人的案件有 43 件，涉案地理标志为"安吉白茶"，判赔额最高为 28000 元。[②]

大米类地理标志侵权纠纷在地理标志民事案件中占比也较高，当事人为五常市大米协会的裁判文书有 78 篇，涉案地理标志为"五常大米"，78 起案件的审理法院分布情况是：北京法院审结 26 件，天津法院审结 10 件，福建法院审结 10 件，山东法院和辽宁法院各审结 9 件，湖北法院审结 3 件，黑龙江法院、江苏法院、广东法院和云南法院各审结 2 件，浙江法院、重庆法院和陕西法院各审结 1 件。从"五常大米"地理标志商标权侵权纠纷的审理法院分布情况，我们可以发现侵权人所在地主要集中在：北京市、天津市、福建省、山东省和辽宁省，判赔额最高为 12 万元。[③] 射阳县大米协会为当事人的案件有 10 件，涉案商标为第 3265993 号"射陽大米及图"集体商标，其中，江苏法院审结 9 件，上海法院审结 1 件；一审案件 9 起，二审案件 1 起；判赔金额最高 6 万元[④]，最低 1 万元。盘锦市大米协会为当事人的案件有 8 件，所涉地理标志为"盘锦大米"，判赔金额最高 5 万，最低 15000 元。

---

① 　常州开古茶叶食品有限公司与浙江省农业技术推广中心侵害商标权纠纷再审民事裁定书，浙江省高级人民法院 (2016) 浙民申 1589 号民事裁定书，2016 年 10 月 10 日。

② 　安吉县农业局茶叶站与北京京丰岳各庄农副产品批发市场中心、北京京生英松商贸中心侵害商标权纠纷一审民事判决书，北京市丰台区人民法院 (2015) 丰民 (知) 初字第 23219 号民事判决书，2015 年 12 月 25 日。

③ 　五常市大米协会与北京生存之源粮油销售中心、沈阳奥多程粮食贸易有限公司、北京市新发地农产品股份有限公司侵害商标权纠纷一审民事判决书，北京市丰台区人民法院 (2015) 丰民 (知) 初字第 17762 号民事判决书。

④ 　滨海县以祝米厂与射阳县大米协会侵害商标权纠纷二审民事判决书，江苏省高级人民法院 (2015) 苏知民终字第 165 号民事判决书，2015 年 12 月 1 日。

鱼虾类地理标志侵权纠纷在地理标志民事案件中也占有一定比重，江苏省盱眙龙虾协会为当事人的案件有 24 件，涉案地理标志为"盱眙龙虾"。其中，江苏法院审结 21 件，浙江法院审结 3 件；20 件一审，4 件二审。舟山市水产流通与加工行业协会为当事人的案件有 7 件，所涉地理标志为"舟山带鱼"。一审案件 4 件，二审案件 3 件，全部由北京法院审理。判赔金额最高为 56614 元。[①]

醋产品地理标志专用标志核准企业的商标侵权案也较多。太原市宁化府益源庆醋业有限公司为当事人的案件有 24 件，涉案地理标志产品为"山西老陈醋"，涉案商标为"益源庆"，审理法院均为山西法院，均为一审案件。江苏恒顺醋业股份有限公司为当事人的案件有 16 件，涉案地理标志产品为"镇江香醋"，涉案商标为"恒顺"，均为一审，其中，江苏法院审结 13 件，上海法院审结 3 件，判赔金额均为 3500 元。"益源庆"和"恒顺"的商标权人均是将获得国家地理标志产品保护作为支撑其商标美誉度的一个依据。

综合分析地理标志侵权民事裁判文书，相关民事案件涉及的焦点法律条款主要有：当时有效的《商标法》第 16 条"地理标志商标的专用权范围"、第 57 条"关于侵犯商标专用权行为的认定"、第 59 条"注册商标专用权人的权利限制"、第 63 条"侵犯商标专用权赔偿数额的确定"；《民法通则》第 118 条"知识产权侵权民事责任的承担"。

第六节 地理标志授权确权纠纷案件

涉案国内地理标志商标主要有：永安吉山老酒、祁门红茶、阿鲁科尔沁

---

① 北京广茂清真食品有限公司与舟山市水产流通与加工行业协会侵害商标权纠纷二审民事判决书，北京市第二中级人民法院 (2011) 二中民终字第 11725 号民事判决书，2011 年 6 月 20 日。

牛肉、灵宝香菇、岚山绿茶、方正大米、灌云豆丹、镜泊乡大豆、郫县豆瓣、阿瓦提慕萨莱思、西山焦枣。涉案国内地理标志产品主要有：金华火腿、武夷岩茶、潍县萝卜、河阴石榴、湖头米粉、古井贡酒、茅台酒、新会陈皮、牛栏山二锅头、绍兴酒、武夷岩茶、方正大米、吉林长白山人参、平遥牛肉、郫县豆瓣、英德红茶、英山云雾茶和化橘红等。涉案农产品地理标志主要有泰山绿茶、根河卜留克、灌云豆丹与钦州海鸭蛋等。

涉案外国地理标志产品有纳帕酒、香槟酒、孔泰奶酪，涉案外国地理标志商标有华盛顿苹果、福红利、苏格兰威士忌、瑞士莲等。涉及国家包括美国、法国、德国、意大利、葡萄牙、荷兰、英国、瑞士、斐济、泰国、印度和格鲁吉亚等12个国家，案件涉及的中方第三人或当事人主要位于北京、上海、广东、山东、浙江、江苏、福建和香港等经济相对发达的地区。

2371篇裁判文书中，有407篇裁判文书涉及地理标志的行政确权授权，其中涉及商标授权确权的有338篇，涉及专利无效宣告的3篇[①]。

与商标授权确权纠纷相关的案由主要包括：商标宣告无效、商标撤销争议、商标驳回复审、商标异议复审。

行政案件涉及的焦点法律条款主要有：当时有效的《商标法》第10条"有其他不良影响的认定"、第11条"涉通用名称等缺乏显著特征的标志不得注册为商标"、第16条"误导公众的含有地理标志的商标不予注册"、第30条"诉争商标与引证商标相同或近似时驳回申请"、第32条"在先权利人与利害关系人的异议"、第44条"以欺骗手段或其他不正当竞争手段取得注册的商标的无效"。此外，在"龙泉宝剑"案中，法院指出，地理标志产品需要满足《地理标志产品保护规定》的相关实质要

---

① 江门市澳新食品有限公司与国家知识产权局专利复审委员会无效宣告（专利）一审行政判决书 (2015) 京知行初字第4356号，2017年5月26日；无效宣告（专利）二审行政判决书，(2017) 京行终4242号行政判决书，2017年11月30日。

件和程序要件。^① 然而，仅有极少数的行政纠纷案件提及中国保护地理标志的专门法——《地理标志产品保护规定》。

第七节 地理标志侵权刑事案件

在 2371 篇裁判文书中，有 19 篇为地理标志侵权刑事案件裁判文书。从中国裁判文书网查找到的涉及地理标志的刑事案件，主要包括生产销售假冒地理标志商标商品、贪污地理标志的奖励等。

刑事案件的涉案地理标志产品有查干湖胖头鱼^②和茅台酒；涉案地理标志商标是平和红柚^③、波尔多；侵权人所在地为吉林、浙江、福建和山东、上海。

涉案焦点法律条款为《刑法》第 214 条"销售假冒注册商标商品罪"、215 条"非法制造他人注册商标标识罪"和第 220 条"单位犯侵犯知识产权罪的处罚规定"。

在查干湖胖头鱼案中，判决罚金 947550 元。^④ 本案焦点为包装袋仅有"国家地理标志保护产品查干湖胖头鱼"字样，没有"查干湖"商标，是否构成假冒注册商标罪。二审法院经审理认定，赵某将自行购买的带有"查干湖胖头鱼"字样的包装袋附着于其他产地的胖头鱼上，假冒注册商标"查干湖"胖头鱼进行销售，属于假冒注册商标行为，构成假冒注册商标罪，裁定

---

① 周唐强与浙江省龙泉市宝剑厂有限公司、龙泉市市场监督管理局行政处罚再审行政裁定书，浙江省高级人民法院（2016）浙行申 103 号行政裁定书。

② 国家质检总局：《关于批准对查干湖胖头鱼实施地理标志产品保护的公告》，2010 年第 28 号 [EB/OL]. http://kjs.aqsiq.gov.cn/dlbzcpbhwz/ggcx/201004/t20100420_141733.htm。

③ 《福建省平和琯溪蜜柚发展中心平和红柚地理标志证明商标使用管理规则》[EB/OL].http://www.gitm.cn/showdetail.php?id=6977。

④ 吉林省松原市宁江区人民法院 (2014) 宁刑初字第 145 号刑事判决书，2014 年 6 月 10 日。

驳回赵某上诉，维持原判。①

在茅台酒案中，浙江某公司犯销售假冒注册商标商品罪判处罚金 50 万元；尤某、张某、卢某犯销售假冒注册商标商品罪，分别判处有期徒刑三年、五年六个月、四年十个月，并各处罚金 40 万元、1250 万元、750 万元。②

在平和红柚案中，判处罚金共计 7600 元。③ 其中，某印刷公司犯非法制造他人注册商标标识罪，判处罚金 3800 元；黄某甲犯非法制造他人注册商标标识罪，判处拘役三个月，并处罚金 3800 元。

在波尔多地理标志集体商标侵权案中，侵权人销售了假冒波尔多地理标志商标的葡萄酒，分别判处 50 万元和 60 万元的罚金。

分析 2371 篇裁判文书，相较于国内较为单一的诉讼主体，外国诉讼主体尤其是美国和法国的诉讼主体值得我们关注。参与诉讼的外国当事人既有行业协会，也有政府机构，还有企业。具体包括，美国行业协会和企业，印度行业协会，法国行业协会和政府机构，瑞士政府机构，泰国政府机构，斐济共和国政府，意大利财团与格鲁吉亚国家葡萄酒局。

分析涉案地理标志产品特点，可以发现，所有的涉案地理标志均具有重要的经济价值，并且绝大多数的涉案地理标志产品具有重要的国际贸易价值，其中，龙井茶和镇江香醋在 2011 年列入中欧地理标志"10+10"互保试点产品的中国清单；安吉白茶、郫县豆瓣、山西老陈醋、祁门红茶、五常大米、绍兴酒、武夷岩茶、英德红茶、茅台酒、盘锦大米、金华火腿的原材料金华两头乌猪均列入中欧地理标志"100+100"互认产品中国清单；孔泰奶酪、波尔多葡萄酒、香槟酒、露喜隆丘、玛歌、苏格兰威士忌均列入中欧地理标志"100+100"互认产品欧盟清单。此外，童库拉隆亥茉莉香米列入中泰地理标志"3+3"互认产品泰国清单。

---

① 吉林省松原市中级人民法院 (2014) 松刑终字第 71 号刑事裁定书，2014 年 8 月 20 日。
② 浙江省杭州市上城区人民法院 (2014) 杭上刑初字第 415 号刑事判决书，2015 年 3 月 4 日。
③ 福建省漳州市芗城区人民法院 (2014) 芗刑初字第 761 号刑事判决书，2015 年 4 月 16 日。

　　分析涉案焦点法律问题，可以发现，民事案件的焦点法律问题是地理标志商标的侵权边界、地理标志与通用名称的关系、损害赔偿额的确定。在国内涉地理标志民事侵权纠纷中，西湖区龙井茶产业协会批量维权取证，招致广州茶商质疑与集体抵制，引起社会广泛关注。[①] 在 4 件涉外确认侵权的损害赔偿案中，有两起分别判决 45 万元、30 万元，总体上远远高于国内民事侵权案件的损害赔偿额。行政案件的焦点法律问题包括：地理标志证明商标和集体商标的显著性，地理标志商标注册申请是否需要和普通商标进行近似性比对。刑事案件的焦点法律问题在于：包装上有某地理标志产品的全称，如果正好包含某个已经注册的地名商标，是否必然构成假冒注册商标罪。

第八节　《中欧地理标志保护与合作协定》附录三至七涉案地理标志

　　2020 年 9 月 14 日，中国和欧盟在北京正式签署《中欧地理标志保护与合作协定》，历时八年的地理标志谈判终成正果。中国和欧盟各有 275 个地理标志列入《中欧地理标志保护与合作协定》附录三至附录七的保护清单，其中中欧"100+100"互认的地理标志将在协定生效之日起开始得到保护；协定生效后的第一个四年期内，将对双方的各 175 个地理标志进行处理。附录三是中国的 100 个地理标志产品，附录四是欧盟的 100 个地理标志产品，附录五是中国的 175 个地理标志产品，附录六是欧盟的 175 个地理标志产品，附录七是中国的 8 个地理标志产品。

[①] 《广东茶业》编辑部：《"地理标志的保护和行业秩序的规范西湖龙井维权事件的反思"研讨会在广州举行》，《广东茶业》2015 年第 3 期。

2020 年 10 月，我们对附录中所列地理标志在中国裁判文书网^①逐一进行检索，检索结果显示：这 550 种地理标志产品中，有 126 种产品涉及确权授权或侵权纠纷，其中附录三中有 32 种，占总数的 25.4%；附录四有 39 种，占总数的 30.95%；附录五有 39 种，占总数的 30.95%；附录六有 14 种，占总数的 11.11%；附录七有 2 种，占总数的 1.59%。（见图 2-6）

图 2-6《中欧地理标志保护与合作协定》附录三至七中涉诉地理标志数量

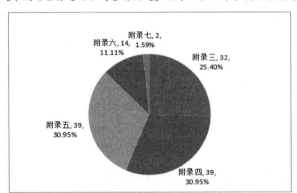

这 126 种地理标志所涉案件中，有 1293 件为中国案件，123 件为欧盟案件。其中附录三，共涉及 776 篇中国裁判文书，附录四涉及 69 篇中国裁判文书、98 篇欧盟裁判文书，附录五涉及 429 篇中国裁判文书，附录六涉及 13 篇中国裁判文书、25 篇欧盟裁判文书，附录七涉及 6 篇中国裁判文书。（见图 2-7）

---

① 中国裁判文书网有关中国地理标志产品的案件，并不局限于当事人间就地理标志确权授权与侵权产生的知识产权性质的法律纠纷，还包括当事人签订的海上运输、购销等合同标的物涉及地理标志产品的合同纠纷。所以，在中国裁判文书网输入某个地理标志后检索出的裁判文书数量，有的会远远超出我们在知产宝中国裁判文书网检索出的数量。但是有关欧盟地理标志产品的纠纷，基本上是当事人就地理标志确权授权与侵权产生的知识产权性质的法律纠纷。

图 2-7 附录三至七中地理标志在欧盟与在中国的案件数量

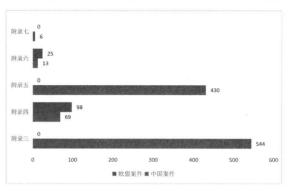

附录三 100 个中国地理标志产品中，有 32 个涉及法律纠纷，其中发案率高、占比高的地理标志分别为普洱茶、安吉白茶、安溪铁观音、郫县豆瓣、山西老陈醋、库尔勒香梨、五粮液、武夷岩茶、五常大米。总体上看，涉案地理标志产品主要以茶叶为主，超过了一半以上。（见图 2-8）

图 2-8 附录三地理标志在中国的案件数量

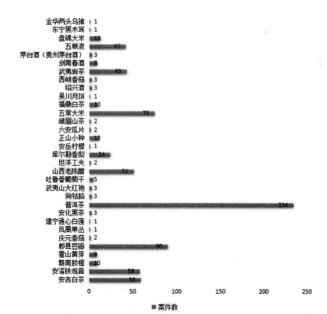

　　附录四欧盟地理标志清单中，有 21 个地理标志在欧盟本土发生过法律
纠纷，但并未在中国发生法律纠纷，案件数量靠前的是西班牙的里奥哈葡萄
酒（14 起纠纷）、瓦伦西亚柑橘（9 起纠纷），其他欧盟法院审理过的附录四
中的欧盟地理标志及案件数量详见下图 2-9。

图 2-9　附录四欧盟地理标志清单中只在欧盟本土有法律纠纷的地理标志及案件数量

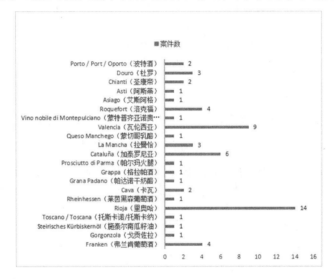

　　在附录四欧盟地理标志清单中，苏格兰威士忌、孔泰奶酪、干邑酒、香
槟、勃艮第、阿尔萨斯和纳瓦拉 7 个地理标志，既在欧盟本土发生过法律纠
纷，也在中国法院有纠纷。根据我们查询到的资料，围绕苏格兰威士忌在中
国发生的诉讼数量超过了在欧盟本土的诉讼量。（见图 2-10）

图 2-10　附录四中在中国和欧盟均有纠纷的地理标志及其案件数量

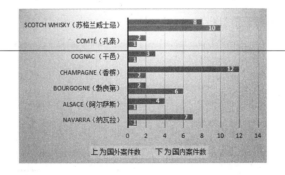

图 2-11　附录四中只在中国有纠纷的地理标志及其案件数量

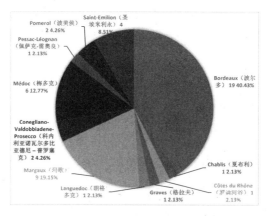

　　在附录四欧盟地理标志清单中，波尔多、夏布利、罗纳河谷、格拉夫、朗格多克、玛歌、普罗塞克、梅多克、佩萨克 - 雷奥良、波美侯、圣埃米利永 11 个葡萄酒地理标志均在欧盟本土没有法律纠纷，只在中国有法律纠纷。上述 11 个葡萄酒地理标志，除普罗塞克为意大利的地理标志外，其余 10 个均为法国葡萄酒地理标志。（见图 2-11）不过在此需要指出的是，罗纳河谷、格拉夫、朗格多克这三个法国葡萄酒地理标志所涉案件为同一案件，是一起侵犯著作权纠纷案，被控侵权人未经权利人授权在网站上大量使用了涉及上述三个地理标志的文字和照片，法院最后判定被告构成侵权。[①] 根据《中欧地理标志保护与合作协定》第六条之五规定，附录三和附录四中所列地理标志的受保护之日，不得晚于本协定的生效之日。《中欧地理标志保护与合作协定》第六条之六规定，2017 年 6 月 3 日之后，在中国申请注册并且符合第一款所提及情形之一的有关本协定生效之时附录四所列地理标志的商标应被拒绝注册。并且协定第七条明确规定，双方的主管部门应采取适当行动以实施本协定规定的保护。双方还应根据利益相关方的要求实施此类保护。这并不损害利益相关方寻求司法保护的权利。所以，从现在起，中国的商标申

①　广东省深圳市盐田区人民法院（2017）粤 0308 民初 1220 号民事判决书，2017 年 11 月 7日。

请人更应当主动规避附录四中 100 个地理标志或者其意译、音译，因为根据协定第六条之六的规定，即使侥幸获得注册，也会面临确权授权法律纠纷，而根据已有的案例，在侥幸注册后最终也会因被撤销或无效而失去法律效力。

图 2-12 附录五中有争议的地理标志产品及相关案件数量

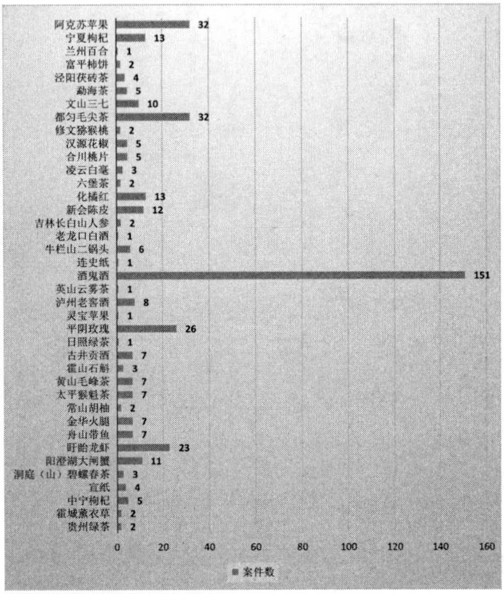

附录五中国地理标志清单中，有 39 个地理标志发生过法律纠纷，涉及 429 篇裁判文书。占比高的地理标志产品主要是酒类和茶叶类。根据《中欧地理标志保护与合作协定》第四条之五的规定，本协定任何内容都不应强迫一方保护另一方的在原产国或原产地不受保护或停止保护、在另一方已不再使用的地理标志。双方应将地理标志在原产国停止保护或在原产国不再使用的信息告知对方。曾经发生过行政或民事纠纷的地理标志权利人或利益相关人，尤其要注重地理标志保护和合法使用，避免因纠纷导致地理标志停止保护或不再使用。（见图 2-12）

图 2-13 附录六中在欧盟有争议的地理标志及相关案件数量

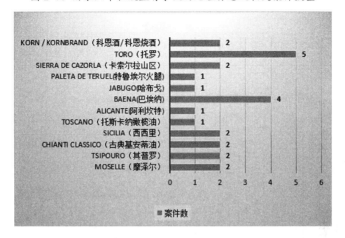

附录六欧盟地理标志清单中，12 个地理标志在欧盟发生过法律纠纷（见图 2-13）；有 2 个地理标志在中国发生过确权授权纠纷，其中 Val de Loire（卢瓦尔河谷）涉及 1 件，Roman é e-Conti（罗曼尼 – 康帝）涉及 12 件。与法国葡萄酒地理标志卢瓦尔河谷有关的案件，与前文罗纳河谷、格拉夫、朗格多克这三个法国葡萄酒地理标志所涉案件为同一侵犯著作权纠纷案，被控侵权人未经权利人授权在网站上大量使用了涉及上述三个地理标志的文字和照片，法院最后判定被告构成侵权。① 与 Roman é e-Conti（罗曼尼 – 康帝）葡萄酒地理标志有关的案件均为确权授权纠纷案，吴丽萍受让的第 6179002 号"罗曼尼·康帝 Romanicandy"商标、第 8441518 号"罗曼尼·康帝 RomanicandyR 及图"商标、第 9037930 号"罗曼尼·康帝"商标，核准注册的商品均为第 33 类酒类，最终因法国国家产品原产地与质量管理局向中国行政主管机关提出撤销或无效宣告请求、向人民法院提出撤销和无效宣告

① 广东省深圳市盐田区人民法院（2017）粤 0308 民初 1220 号民事判决书，2017 年 11 月 7 日。

之诉而丧失了法律效力。① 这些案件基本上发生在《中欧地理标志保护与合作协定》谈判阶段。

图 2-14 欧盟地理标志在中国涉及的案件数量

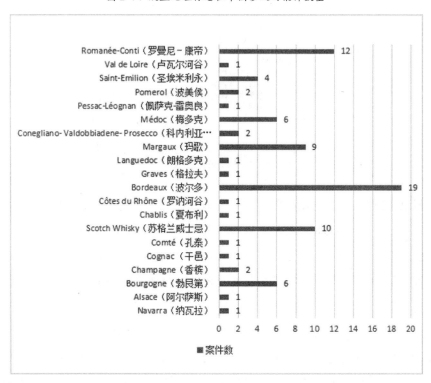

附录四和附录六中，在中国涉及确权授权和侵权纠纷案的欧盟地理标志

---

① 相关裁判文书：吴丽萍等与国家工商行政管理总局商标评审委员会二审行政裁定书，北京市高级人民法院（2019）京行终 1777 号行政裁定书，2019 年 6 月 27 日；吴丽萍等与国家工商行政管理总局商标评审委员会二审行政裁定书，北京市高级人民法院（2019）京行终 1772 号行政裁定书，2019 年 6 月 27 日；吴丽萍等与国家工商行政管理总局商标评审委员会二审行政裁定书，北京市高级人民法院（2019）京行终 1783 号行政裁定书，2019 年 6 月 27 日；吴丽萍等与法国国家原产地名称局二审行政判决书北京市高级人民法院（2019）京行终 1453 号，2019 年 6 月 10 日；国家工商行政管理总局商标评审委员会等与法国国家产品原产地与质量管理局二审行政判决书，北京市高级人民法院（2019）京行终 1343 号行政判决书，2019 年 6 月 10 日；国家工商行政管理总局商标评审委员会等与法国国家产品原产地与质量管理局二审行政判决书，北京市高级人民法院（2019）京行终 1215 号行政判决书，2019 年 5 月 14 日。

有 20 个，分别是：波尔多、罗曼尼 – 康帝、苏格兰威士忌、玛歌、梅多克、普罗塞克、勃艮第、圣埃米利永、香槟、波美侯、干邑、孔泰、纳瓦拉、阿尔萨斯、夏布利、罗纳河谷、格拉夫、朗格多克、佩萨克 – 雷奥良、卢瓦尔河谷，这 20 个地理标志总计涉及 82 篇裁判文书，其中波尔多地理标志涉及的法律纠纷最多，共 19 起，行政案件、民事案件和刑事案件都有。（见图 2-14）

根据《中欧地理标志保护与合作协定》第六条之五规定，附录五和附录六中所列地理标志的申请保护之日为该协定的生效之日，并且其受保护之日不得晚于双方对附录三或附录四的修改生效之日。

第三章　中国地理标志成案评析

第一节　行政案件

一、金华火腿商标管理行政批复案

图 3-1 第 130131 号"金华火腿"商标

（一）案件背景与诉讼概况

上诉人（一审原告）：浙江省食品有限公司（简称"浙食品公司"）。

被上诉人（一审被告）：中华人民共和国国家工商行政管理总局商标局（简称"商标局"）。

一审委托代理人：国家工商行政管理总局商标局干部刘某、徐某。

　　二审委托代理人： 国家工商行政管理总局商标局干部谢某某、刘某。

　　金华火腿以金华两头乌的后腿为原料，加上金华特殊的地理、气候和民间千年传承的独特腌制和加工方法，具有典型的品质和特征。据考证，唐代《本草拾遗》记载："火腿，产金华者佳。"宋朝时，火腿成为金华的知名特产。1979 年 10 月，金华火腿获得商标注册，商标局颁发的第 130131 号商标注册证载明，商标：金华牌；之下是一个竖立的长方形图案，"发展经济保障供给"位于图案的上部，方形排列的"金华火腿"位于图案中部，"浦江县食品公司"位于图案下部。商标注册证载明的企业名称为浦江县食品公司，变更注册事项载明，1983 年由商标局核准将商标注册人变更为浙江省食品有限公司。在商标局提供的第 130131 号注册商标档案中载明，商标名称：金华；注册人：浙江省食品有限公司；图样：金华火腿（方形排列）。从 1984 年起，金华方面向浙食品公司提出商标归还请求，但一直未能达成合意，众多的金华火腿加工企业只有与浙食品公司签订商标许可合同并交纳许可使用费，才能使用"金华火腿"商标，否则就构成侵权。因此，多年来围绕"金华火腿"商标的争夺战一直不断。

　　1995 年，中国特产之乡命名暨宣传活动组织委员会命名浙江省金华市为"中国金华火腿之乡"。2002 年 8 月 28 日，国家质检总局发布 2002 年第 84 号公告，批准对金华火腿实施原产地域产品保护。2003 年 9 月 24 日，国家质检总局公告对浙江省常山县火腿公司等 55 家企业提出使用"金华火腿"原产地域产品专用标志予以审核注册登记。自该日起，上述 55 家企业可以按照有关规定在其产品上使用"金华火腿"原产地域产品专用标志，获得原产地域产品保护。

　　2003 年 9 月 24 日，浙江省工商局针对浙食品公司与金华市金华火腿生产企业之间的商标侵权纠纷向商标局请示，请求商标局对"金华火腿"字样如何正当使用的问题予以批复，并随函附上其认为正当的 7 种金华火腿商品的包装使用形式以及金华市工商行政管理局《关于"金华火腿"字样在外包装上使用是否构成侵权的请示》。2004 年 3 月 9 日，商标局对浙江省工商局做出商标案字〔2004〕第 64 号《关于"金华火腿"字样正当使用问题的批复》①。浙江省工商局将该批复向其下级工商局转发，并告知浙食品公司。浙食品公司不服上述商标管理行政批复，向北京市第一中级人民法院提起诉讼，请求撤销该批复。经审理，北京市第一中级人民法院驳回浙食品公司的诉讼请求。②浙食品公司不服一审判决，向北京市高级人民法院提起上诉，经审理，二审法院认为浙食品公司的诉讼请求缺乏事实和法律依据，一审法院的判决认定事实清楚、程序合法，适用法律正确，应予维持。③

（二）当事人主要争议

在一审阶段，浙食品公司诉称："金华火腿"是原告合法持有的注册商标，其中含有"金华"这个地名。《商标法实施条例》④第四十九条所指的正当使用，应该是指他人将"金华"作为地名使用。事实上，原告从未禁止他人在火腿商品及包装上的生产厂家、生产地址中合法使用"金华"文字。但被告批复中的"金华特产火腿""××（商标）金华火腿"和"金华××（商标）火腿"并不是作为地名来使用，而是在原告的注册商标中插入其他商标或者其他文字作为商标和标识来使用。这种未经注册商标专用权人同意的使

---

① 批复内容为："使用在商标注册用商品和服务国际分类第 29 类火腿商品上的'金华火腿'商标，是浙江省食品有限公司的注册商标，注册号为第 130131 号，其专用权受法律保护。①根据来函及所附材料，我局认为，'金华特产火腿''××（商标）金华火腿'和'金华××（商标）火腿'属于《商标法实施条例》第四十九条所述的正当使用方式。同时，在实际使用中，上述正当使用方式应当文字排列方向一致，字体、大小、颜色也应相同，不得突出'金华火腿'字样……"
② 浙江省食品有限公司诉国家工商行政管理总局商标局其他商标行政纠纷一审行政判决书，北京市第一中级人民法院 (2004) 一中行初字第 653 号行政判决书，合议庭：林民华、张靓卿、胡华峰，2004 年 12 月 17 日，书记员王丽。
③ 浙江省食品有限公司诉国家工商行政管理总局商标局其他商标行政纠纷二审行政判决书，北京市高级人民法院 (2005) 高行终字第 162 号行政判决书，合议庭：辛尚民、景滔、任全胜，2005 年 5 月 18 日，书记员王芳。
④ 此处的《商标法实施条例》指当时有效的法律，并非现行有效法律。本书评述案例时所引法律如非标明现行有效法律，均指案件当时有效的法律。

用方式，实际上是在同一种商品上使用与原告注册商标近似的商标，明显属于《商标法》第五十二条第一项所述的侵犯注册商标专用权的非法行为，同时这些使用方式把与原告注册商标相似的标志作为商品名称，误导公众，明显属于《商标法实施条例》第五十条第（一）项所述的侵犯注册商标专用权的非法行为。请求法院撤销被告的批复。被告商标局辩称："金华火腿"是原告的注册商标，但同时属于地理标志。根据《商标法实施条例》第六条所规定的原则，其商品符合地理标志商品条件的，有权使用该地理标志，商标权利人无权阻止。"金华火腿"商标中含有"金华"这一县级以上行政区划的名称，该商标权利人无权阻止他人正当使用"金华"这一地名。所谓"正当使用"，是指商品生产者为了表明商品的种类、品质、原料、功能、产地等各种特点，而以善意且合理使用的方法附记于商品上的说明。这种非商标意义上的使用，是对注册商标权的合理限制，也是一种合法限制，不存在损害注册人合法权益的问题。他人善意且合理地使用"金华火腿"标记体现在：首先，其产品的确来自该地区，亦具有该标志所指的商品的特殊品质；其次，实际使用中，应有必要的区别商品来源的标志，该标志应与浙江省食品有限公司已经注册的"金华火腿"商品商标有明显区别，不会使消费者产生误认。在本案中，原告的"金华火腿"的图样由四个汉字、两行排列组成，而批复所认定的"金华特产火腿""××（商标）金华火腿"和"金华××（商标）火腿"三种使用方式与"金华火腿"注册商标有明显区别，而且分别使用了自己的商标。同时，还对"金华火腿"的正当使用方式提出了明确的要求，即文字排列方向应当一致，字体、大小、颜色也应相同，不得突出"金华火腿"字样。综上，该批复一方面承认已经善意取得注册的含有地理标志的商品商标继续有效，另一方面充分考虑了合法善意使用的情况，兼顾了地理标志使用人的利益，符合现行商标法律法规的规定，也尊重了历史，符合情理，请求人民法院驳回原告的诉讼请求。

二审阶段，浙食品公司声称：其注册商标是"金华"，而不是"金华火腿"；"金华"商标，只是一种地名商标，而不是地理标志，因而一审法院用《商标法》第十六条关于地理标志的规定来作为判决理由是错误的，地理标志作为一种法律意义上的知识产权，目前只体现于商标立法中的证明商标或者集体商标中，只有注册了证明商标或者集体商标才享有法律保护，无论是"金华"还是"金华火腿"都未获得证明商标或者集体商标的注册，因而一审法院关于"金华火腿"是受法律保护的知识产权一说根本没有任何法律依据；浙食品公司 50 年来对本案商标倾注的精力、财力及心血，证明该商标并不是地理标志，被上诉人允许使用上诉人的商标，侵犯了上诉人的在先权利，与本案有明显的关联性，一审判决不予采纳是错误的。被上诉人商标局答辩如下：商标名称与商标是两个概念，商标名称在很多情况下与商标是不同的，不能混为一谈，上诉人的商标就是注册证上所贴的图样，即"金华火腿"，"金华"是商标名称；地理标志是一种独立于商标的知识产权，对于地理标志的保护，《商标法》第十六条及其他条款已经有明确的规定，一审法院的认定与《商标法》的规定相符，一审法院适用法律正确；被上诉人在批复中，明确指出了上诉人的注册商标专用权受法律保护，同时也指明了他人正当使用时的具体要求，既全面考虑了《商标法》和《商标法实施条例》中有关保护注册商标专用权和对注册商标正当使用的有关规定，合理界定了正当使用的原则和界限，又维护了地理标志使用人和社会公众的利益，是合理、合法的，请求二审法院维持一审判决，驳回上诉人的诉讼请求。

（三）法院判决

北京市第一中级人民法院：《商标法》第十条第二款规定，县级以上行政区划的地名或者公众知晓的外国地名，不得作为商标。但是，地名具有其他含义或者作为集体商标、证明商标组成部分的除外；已经注册的使用地名的商标继续有效。《商标法》第十六条规定，商标中有商品的地理标志，而该商品并非来源于该标志所标示的地区，误导公众的，不予注册并禁止使用；但是，已经善意取得注册的继续有效。"金华"是县级以上行政区划的地名，"金华火腿"属于地理标志。原告持有的"金华火腿"商标，在现行《商标法》修正之前已经取得注册，因此继续有效，享有注册商标专用权。被告在批复中对此已予以确认。《商标法实施条例》第四十九条规定，注册商标中含有的本商品的通用名称、图形、型号，或者直接表示商品的质量、主要原料、功能、用途、重量、数量及其他特点，或者含有地名，注册商标专用权人无权禁止他人正当使用。原告的注册商标为"金华火腿"，其中"火腿"是商品的通用名称，"金华"是地名，因此他人对"金华""火腿"有权依法正当使用。"金华"并非一般地名，由于"金华火腿"为该地特产，因而该地名已具有地理标志的含义。地理标志作为一种知识产权，应受到法律保护。《商标法》第十六条和《商标法实施条例》第六条已确立了对地理标志本身予以保护的原则和通过注册为集体商标或者证明商标予以保护的制度。本案中，"金华火腿"地理标志虽未注册为证明商标或者集体商标，但作为一种属于特定区域的、公共的知识产权仍然受法律保护。"金华火腿"作为地理标志，具有标示产品来源于原产地域，并以此标示产品的特定质量、信誉或者其他特征的功能。符合该地理标志使用条件者对"金华火腿"字样的使用，是基于该地理标志的上述功能，其使用具有自身的正当目的，不能推定有与原告产品混淆的恶意。被告的批复对"金华火腿"字样正当使用的方式也提出了要求，以在实际使用中使之与原告的注册商标有所区别，这与《商标法》保护注册商标专用权的原则并无冲突。因此，被告认定"金华特产火腿""××（商标）金华火腿"和"金华××（商标）火腿"属于《商标法实施条例》第四十九条所述的正当使用方式，并无违法之处。原告所称他人只能在生产厂家和生产地址中使用"金华"地名，没有法律依据；原告认为被告的批复违反《商标法》第五十二条和《商标法实施条例》第五十条，因《商标法实施条例》第四十九条有特别规定，其主张不符合法律规定。

北京市高级人民法院：中国《商标法》保护的对象是注册的商标，注册的商标应以商标注册证和商标档案中记载的商标图样为准。根据本案查明认定的事实，从双方当事人提供的第 130131 号商标注册证和第 130131 号注册商标档案中的内容来看，尽管记载有商标为"金华牌"、商标名称为"金华"的内容，但注册商标的图样均为"金华火腿"（方形排列）。因此，本案上诉人受法律保护的注册商标为"金华火腿"，而非"金华"。一审法院对此认定证据确凿，并无不当，上诉人认为一审法院判决认定事实错误没有事实和法律根据。《商标法》第十条第二款规定，县级以上行政区划的地名或者公众知晓的外国地名，不得作为商标，但是，地名具有其他含义或者作为集体商标、证明商标组成部分的除外；已经注册的使用地名的商标继续有效。第十六条规定，商标中有商品的地理标志，而该商品并非来源于该标志所标示的地区，误导公众的，不予注册，并禁止使用；但是，已经善意取得注册的继续有效。本案中，上诉人的注册商标是"金华火腿"，其中"金华"是县级以上行政区划的地名，"金华火腿"具有地理标志性质或含义，但原告持有的"金华火腿"商标，是在现行《商标法》修正之前已经取得注册，因此继续有效，依法享有注册商标专用权。根据《商标法》和《商标法实施条例》的有关规定，注册商标中含有的本商品的通用名称、图形、型号，或者直接表示商品的质量、主要原料、功能、用途、重量、数量及其他特点，或者含有地名，注册商标专用权人无权禁止他人正当使用。本案中上诉人的注册商标"金华火腿"中的"金华"是地名，"火腿"是商品的通用名称，因此他人对"金华""火腿"有权正当使用；被上诉人的批复对认定的"金华火腿"字样的三种正当使用方式的原则和界限进行了合理界定，并提出了具体要求，即"在实际使用中，上述正当使用方式应当文字排列方向一致，字体、大小、颜色也应相同，不得突出'金华火腿'字样"，此要求使之与上诉人的注册商标相区别，这与《商标法》保护注册商标专用权的原则并无冲突，被上诉人认定"金华特产火腿""××（商标）金华火腿"和"金华××（商标）火腿"属于《商标法实施条例》第四十九条所述的正当使用方式，并无违法之处。上诉人所称他人只能在生产厂家和生产地址中使用"金华"地名，没有法律依据。

（四）评析

周波法官曾经这样中肯评价北京市高级人民法院 2005 年高行终字第 162 号行政判决书："本案是目前能够查询到的涉及地理标志的最早的行政案件，除了在时间上具有特殊意义外，本案涉及的金华火腿商标是 1979 年注册，远早于《商标法》开始保护地理标志的时间。因此，本案为研究地理标志与在先商标权之间的关系，提供了宝贵的素材。"① 笔者曾在中国裁判文书网、知产宝等网站检索，尽管检索到时间最早的涉及地理标志的行政案件是红河商标争议案②，但无证据表明"红河"已成为啤酒、饮料制剂商品的地理标志。

本案的首要意义在于，商标局和两审法院分别从行政和司法层面澄清了第 130131 号受法律保护的注册商标是"金华火腿"，而不是"金华"。这对于确认当事人商标专用权的保护范围具有非常重要的意义。而权利人商标专用权保护范围的行政确认和司法确认，有助于当事人在日后的侵权诉讼中合理主张其权利。

其次，本案中，商标局在一审和二审阶段，均对"金华火腿"是地理标志做出了认定，并对作为地理标志的已经获准注册为商标的"金华火腿"的正当使用做出了界定。在商标局行政认定的基础上，两审法院结合史实和《商标法》有关规定，既对"金华火腿"地理标志进行了审查和确认，也对已经注册为商标的地理标志"金华火腿"的正当使用进行了审查和确认。不过，两审法院根据《商标法》第十六条的规定，在审查确认"金华火腿"地理标志以及"金华火腿"商标的正当使用方面，在表述上还是有差别的。一

---

① 周波、刘永:《地理标志商标典型案例评述》，中国工商出版社，2018 年，第 3 页。

② 北京市第一中级人民法院（2002）一中行初字第 508 号行政判决书，合议庭：马来客、姜颖、彭文毅，2003 年 2 月 12 日，书记员芮松艳。云南红河光明股份有限公司与国家工商行政管理总局商标评审委员会商标权撤销纠纷案二审行政判决书，北京市高级人民法院（2003）高行终字第 65 号行政判决书，合议庭：刘继祥、魏湘玲、李嵘，2003 年 7 月 8 日，书记员孙娜。

审法院直接阐明："金华火腿"属于地理标志；"金华"并非一般地名，由于"金华火腿"为该地特产，因而该地名已具有地理标志的含义。地理标志作为一种知识产权，应受到法律保护。《商标法》第十六条和《商标法实施条例》第六条已确立了对地理标志本身予以保护的原则和通过注册对集体商标或者证明商标予以保护的制度。本案中，"金华火腿"地理标志虽未注册为证明商标或者集体商标，但作为一种属于特定区域的、公共的知识产权仍然受法律保护。"金华火腿"作为地理标志，具有标示产品来源于原产地域，并以此标示产品的特定质量、信誉或者其他特征的功能。符合该地理标志使用条件者对"金华火腿"字样的使用，是基于该地理标志的上述功能，其使用具有正当目的，不能推定有与原告产品混淆的恶意。从这些说理看，一审法院不仅审查和确认了"金华火腿"地理标志的存在，还根据《商标法》《商标法实施条例》阐明了要保护地理标志这一知识产权。二审法院只是结合《商标法》第十六条确认了"金华火腿"具有地理标志性质，进而说明"金华火腿"字样如何正当使用，并未像一审法院明确陈词，地理标志这一知识产权受法律保护。

本案的审理，有助于我们进一步分析理解《商标法》第十六条规定中两个具体的问题。一是本条规定的"地理标志"，仅限于根据《商标法》获得地理标志商标注册的那些地理标志，还是包括原国家质检总局批准的地理标志和原农业部登记的农产品地理标志，甚至包括这三个部门均没有注册、授权或登记的那些事实上的地理标志。从中国已经生效的裁判文书来看，不同法院对这个问题的理解是不一致的。[①] 二是有关但书部分"已经善意取得注册的继续有效"的理解，即需不需要对在先善意取得注册的商标在时间上进行限制。本案在先商标取得注册的时间是 1979 年，早于中国现行《商标法》的颁布时间，当时中国的商标法律制度根本没有地理标志的相关规定，当时国内也很难找到有关地理标志的文献。但是，在中国开始保护地理标志之后，《商标法》不加时间限制的"已经善意取得注册的继续有效"的规定，对某些特定地域的地理标志相关权利人是否有失公平？世界贸易组织《与贸易有关的知识产权协定》第 24 条，针对葡萄酒和烈酒地理标志的保护规定了在先善意使用的例外，要求在 1994 年 4 月 15 日之前至少连续善意使用 10 年。

值得注意的是，金华火腿证明商标保护委员会于 2007 年 11 月 28 日成功注册了"金华市金华火腿"证明商标，本案中的第 130131 号注册商标"金华火腿"，尽管在 1979 年已经获准注册，但是在 2013 年到期后，浙江省食品有限公司续展注册没有成功。

地理标志与商标的关系，也是中国《商标法》修改和地理标志保护制度中一个非常重要的问题，无论从理论上，还是实践角度，我们都有必要做好对相关案例的分析和对涉案商标、地理标志的跟踪研究。

---

① 例如，在陆某某（住江苏省苏州市）与国家工商总局商评委"杨柳青"商标驳回复审纠纷案中，北京市高级人民法院鉴于天津"杨柳青"年画历史悠久、具有鲜明的特色和风格、为社会公众所熟知，开创性地根据《商标法》第十六条规定，认定"杨柳青"构成《商标法》第十六条规定的地理标志，支持了商评委和一审法院的结论，驳回了陆某某的诉讼请求。见北京市高级人民法院（2009）高行终字第 1437 号行政判决书，合议庭：张冰、莎日娜、钟鸣，2009 年 12 月 18 日，书记员张见秋。又如，在纳帕河谷酿酒人协会与国家工商总局商评委"螺旋卡帕 SCREW KAPPA NAPA"商标异议复审纠纷案中，北京市高级人民法院主要鉴于 2012 年 9 月 24 日国家质检总局第 144 号公告批准对纳帕河谷（葡萄酒）[Napa Valley(wine)] 在中华人民共和国境内实施地理标志产品保护的事实，认定"纳帕河谷（Napa Valley）"是在中国获得保护的使用在葡萄酒商品上的地理标志。见北京市高级人民法院（2016）京行终 2295 号行政判决书，合议庭：莎日娜、周波、赵岩，2016 年 8 月 30 日，书记员金萌萌。

二、服务商标"香宾"争议案

（一）基本案情 ①

上诉人（原审原告）：法国香槟酒行业委员会。

被上诉人（原审被告）：国家工商行政管理总局商标评审委员会。

第三人：周某某。

2002 年 11 月 13 日，周某某向商标局提出第 3367354 号"香宾"商标注册申请（争议商标），于 2004 年 8 月 28 日被核准注册，核定使用服务为第 43 类：咖啡馆、饭店、餐厅、快餐馆、自助餐厅、汽车旅馆、住所（旅馆、供膳寄宿处），专用期限至 2014 年 8 月 27 日。2007 年 10 月 12 日，法国香槟酒行业委员会向商评委提出撤销申请。② 2009 年 11 月 23 日，商标评审委员会商评字〔2009〕第 31467 号《关于第 3367354 号"香宾"商标争

---

① 本篇基本案情、争议焦点和法院判决内容资料主要来源：北京市第一中级人民法院（2010）一中知行初字第 1496 号行政判决书，合议庭：芮松艳、殷悦、王东勇，2010 年 11 月 18 日，书记员杨力。北京市高级人民法院（2011）高行终字第 816 号行政判决书，合议庭：张冰、谢甄珂、刘晓军，2012 年 3 月 2 日，书记员张见秋。

② 理由为："CHAMPAGNE/香槟"是具有极高知名度的法国葡萄酒原产地名称/地理标志及公众知晓的外国地名，在中国依法受到保护，他人不得将其作为商标或其他商业标识进行注册或使用，"CHAMPAGNE"已构成一项在先且驰名的知识产权。工商总局相关文件明令对"香槟 CHAMPAGNE"名称予以保护，商标局已做出的生效异议裁定也曾禁止他人在扬声器产品上将"CHAMPAGNE"作为商标注册。争议商标"香宾"与"香槟"近似，也是原产地名称/地理标志"CHAMPAGNE"的对应中文翻译，并广为公众所知晓。争议商标的注册及使用易造成消费者的产源地误认，侵犯了相关权利人的合法权益。争议商标作为公众知晓的外国地名的中文翻译，其注册违反了《商标法》第十条第二款的规定，并会带来不良社会影响，依据《商标法》第十条第一款第（八）项、第二款、第十六条、第三十一条、第四十一条第一款、第二款的规定，请求撤销争议商标注册。

议裁定书》（简称第 31467 号裁定）认定："香槟"是法文"CHAMPAGNE"的中文音译，"CHAMPAGNE"是法国东北部一省，以盛产一种起泡白葡萄酒而闻名，因而"CHAMPAGNE"及"香槟"属于公众知晓的外国地名。但争议商标为中文"香宾"二字，其与"香槟"在字形及外观上尚存在一定差别，法国香槟酒行业委员会提供的证据不足以证明"香宾"已成为"CHAMPAGNE"的对应中文翻译，将其用在咖啡馆等服务上，并不易使公众误认为该地名，从而对其提供的服务产生误认，因此争议商标的注册未违反《商标法》第十条第二款的规定。《商标法》第十条第一款第八项所指"有害于社会主义道德风尚或者有其他不良影响的"，是指作为商标使用的标志违背了社会的公序良俗等，本案中争议商标的文字构成及呼叫等并不属于上述条款所指情形，因此对法国香槟酒行业委员会该项主张，商标评审委员会不予支持。如上所述，由于争议商标与法国香槟酒行业委员会的"香槟"尚存在一定差别，法国香槟酒行业委员会提供的证据也不足以证明"香宾"已成为"CHAMPAGNE"的对应中文翻译而被公众知晓，且争议商标指定使用的咖啡馆等服务与法国香槟酒行业委员会的葡萄酒产品差别较大，并不易使消费者将二者相联系，因此争议商标的注册未违反《商标法》第十六条的规定。法国香槟酒行业委员会依据《商标法》第三十一条的规定所提理由，因未提供相关证据，商标评审委员会不予支持。综上，依据《商标法》第四十三条的规定，商标评审委员会裁定：对争议商标予以维持。法国香槟酒行业委员会不服该裁定，向北京市第一中级人民法院提起诉讼，请求撤销第 31467 号裁定，一审法院经审理，对第 31467 号裁定予以维持；法国香槟酒行业委员会不服一审判决，向北京市高级人民法院提起上诉，请求撤销原审判决及第 31467 号裁定，二审法院经审理，部分支持了法国香槟酒行业委员会的诉求，判决撤销第 31467 号裁定，撤销一审判决。

（二）当事人争议焦点

根据法国香槟酒行业委员会提出的争议商标"香宾"撤销理由与商标评

审委员会第 31467 号裁定内容，可以将双方争议焦点概括为以下几点：（1）争议商标的注册是否违反《商标法》第十条第一款第八项的规定，即争议商标是否有害于社会主义道德风尚或有其他不良影响；（2）争议商标的注册是否违反《商标法》第十条第二款的规定，即争议商标是否为公众知晓的外国地名；（3）争议商标是否符合《商标法》第十六条的规定。

（三）法院判决

在本案审理过程中，一审法院和二审法院均是在认定争议商标"香宾"是否为公众知晓的外国地名基础上，分析争议商标有否有害于社会主义道德风尚或有其他不良影响，最后就争议商标是否违反《商标法》第十六条进行说理。

就争议商标是否为公众知晓的外国地名，一审法院认定争议商标不是公众知晓的外国地名，理由是：鉴于本案原告已举证证明"CHAMPAGNE"及其对应翻译"香槟"系公众知晓的外国地名，故如果"香宾"为"CHAMPAGNE"的对应中文翻译，则争议商标应认定为公众知晓的外国地名，不符合《商标法》第十条第二款的规定。本案原告提交了百度网站的搜索结果，但鉴于其基于"香宾 CHAMPAGNE"关键词仅搜索到 1790 个搜索结果，且在上述结果中仅有部分涉及"香宾"与"CHAMPAGNE"的对应关系，这一数量相对于整个互联网的相关搜索而言很小，因此，该证据仅能证明实践中确实存在将"CHAMPAGNE"翻译成"香宾"的情况，但无法证明"香宾"系"CHAMPAGNE"的通用的中文翻译，相关公众通常并不会将"香宾"对应到"CHAMPAGNE"这一地名。二审法院则认为法国香槟酒行业委员会关于"香宾"系公众知晓的外国地名的主张成立。其说理为，商标评审委员会认定"CHAMPAGNE"及"香槟"属于公众知晓的外国地名，鉴于"香槟"与"香宾"的读音相同，形状、含义相近，结合法国香槟酒行业委员会提交的百度等网站的网页打印件内容，现实中存在将"CHAMPAGNE"翻译成"香槟"或"香宾"的情况，因此，"CHAMPAGNE"及其对应中文译文"香槟"或"香宾"均系公众知晓的外国地名。

两审法院均认为争议商标并不有害于社会主义道德风尚或有其他不良影响，但两审理由并不相同。一审法院认为，其已认定相关公众通常并不会将"香宾"对应到"CHAMPAGNE"这一地名上，因此，争议商标的使用并不会使相关公众产生产地的误认。此外，考虑到争议商标核定使用的系咖啡馆等服务，此类服务与该服务所处地域具有很紧密的联系，因此，即便相关公众会认为"香宾"系"CHAMPAGNE"的对应翻译，相关公众亦不会认为该服务系来源于法国的CHAMPAGNE省。综上，争议商标的注册不违反《商标法》第十条第一款第八项。二审法院认为，审查判断有关标志是否构成具有其他不良影响的情形时，应当考虑该标志或者其构成要素是否可能对中国政治、经济、文化、宗教、民族等社会公共利益和公共秩序产生消极、负面影响。虽然存在相关公众会将"香宾"对应到"CHAMPAGNE"这一地名，故争议商标的使用会使相关公众产生对"CHAMPAGNE"产地的误认，但该误认不属于对社会公共利益和公共秩序产生消极、负面影响的情形，争议商标的注册不会产生《商标法》第十条第一款第八项所指的不良影响。

两审法院均认为争议商标符合《商标法》第十六条的规定。一审法院认为，鉴于地理标志与商品或服务的特定质量、信誉和其他特征紧密相关，为保护该地区此类商品或服务经营者的利益，同时保护消费者利益，避免消费者产生商品或服务来源混淆，《商标法》第十六条对于地理标志的保护进行了规定。但应注意的是，地理标志与商品或服务的具体类别有着严格的对应关系，这一标志仅对某种特定类别商品或服务的特定质量、信誉或者其他特征具有标示作用，该标示作用并不延及其他类别的商品或服务。他人亦只有将这一标志使用在这一"特定"类别的商品或服务上时，该使用行为才会使该商品或服务的消费者产生误认，并对该地区经营者的利益造成损害。如果他人将该标志使用在该商品或服务之外的其他（包括类似及非类似）商品或服务上，则其使用行为通常并不会产生这一损害后果。《商标法》第十六条亦体现了这一保护原则，由该规定可以看出，对于构成地理标志的标识，其权利人及利害关系人有权利禁止该标志所示地区外的他人将该标志使用在该地理标志所指向的商品或服务上，但无权利禁止他人使用在除此之外的其他商品或服务上。本案中，"CHAMPAGNE"系产于法国CHAMPAGNE省的一种起泡白葡萄酒，该标志代表了这一地区出产的起泡白葡萄酒的特定质量及信誉，因此，该地区外的他人不得在该类商品上将"香槟"及"CHAMPAGNE"注册为商标或将其作为商标使用，否则将会影响消费者及该地区同业经营者的利益，不符合《商标法》第十六条的规定。但因该标志与除起泡白葡萄酒以外的其他商品或服务的特定质量、信誉或者其他特征并无关联，因此，如果该地区外的他人将该标志使用或注册在其他商品或服务上，则这一行为并不会产生上述损害后果，《商标法》第十六条对这一行为亦不予以禁止。本案中，鉴于争议商标指定使用的服务为咖啡馆等，并非葡萄酒商品，因此，在该类服务上注册"香槟"及"CHAMPAGNE"并不被《商标法》第十六条禁止。在此基础上，考虑到相关公众亦通常不会将"香宾"对应到"CHAMPAGNE"这一地名上，因此，争议商标的注册并未违反上述规定。二审法院也认为，由于地理标志与商品或服务的特定质量、信誉和其他特征紧密相关，故为了避免消费者产生商品或服务来源混淆，《商标法》禁止在并非来源于所标示地区的商品或服务上注册含有该地理标志的商标。由此可知，地理标志仅对某种特定类别商品或服务的特定质量、信誉或者其他特征具有标示作用，该标示作用并不延及其他类别的商品或服务。对于构成地理标志的标识，其权利人及利害关系人有权禁止该标志所示地区外的他人将该标志使用在该地理标志所指向的商品或服务上，但无权利禁止他人使用在除此之外的其他商品或服务上。本案中，"CHAMPAGNE"系产于法国CHAMPAGNE省的一种起泡白葡萄酒，该标志代表了这一地区出产的起泡白葡萄酒的特定质量及信誉。但该标志与除起泡白葡萄酒以外的其他商品或服务的特定质量、信誉或者其他特征并无关联，因此，如果该地区外的他人将该标志使用或注册在其他商品或服务上，则这一行为并不会产生上述损害后果。由于争议商标指定使用的服务为咖啡馆等，并非葡萄酒商品，因此，在该类服务上注册"香宾"，不属于《商标法》第十六条所禁止的情形。

（四）评析

本案二审尽管只是部分支持了法国香槟酒行业委员会的诉求，却从根本上使案件的结果发生反转，因为《商标法》第十条第二款的规定属于商标禁止注册并禁止使用的绝对条款，即涉及外国地名的商标一旦被认定为公众知晓的外国地名①，除非该地名具有其他含义或者是作为集体商标或证明商标的组成部分，或者是已经注册的使用地名的商标，否则就只能面临失去法律效力的结果。何谓"公众知晓"？由于《商标法》的地域性，判定"公众知晓"应该以中国公众对该外国地名的认知程度为依据。《商标法》第十条第二款中的"公众"与《商标法》中所说的"相关公众"并非同一概念。② 本条款强调普通公众对该地名的认知程度，而不是对该地名作为商标的知晓程度。这里的公众是指中国普通的公众。中国商标协会王泽秘书长认为，中国普通公众通过教育、书籍、媒体等途径容易得知的外国地名可以认为是本条款所指"公众知晓的外国地名"，有时由于中外文形式的不同也会导致外国地名是否为公众知晓出现不同结论。本案中，商标评审委员会认为争议商标"香宾"与"CHAMPAGNE"及其对应的中文翻译"香槟"在字形及外观上存在一定差别，法国香槟酒行业委员会提供的证据不足以证明"香宾"已成为"CHAMPAGNE"的对应中文翻译。本案一审阶段，根据原告提交的百度网站搜索结果，基于"香宾CHAMPAGNE"关键词仅搜索到1790个搜索

---

① 1982年《商标法》对于地名用作商标注册和使用并无相关禁止性规定，1993年商标法修订时才增加了"县级以上行政区划的地名或公众知晓的外国地名，不得作为商标"。

② 相关公众是指商标所标示的商品的生产者或服务提供者、商标所标示的商品或服务的消费者、商标所标示的商品或服务在经销渠道中所涉及的经营者或相关人员等，强调了主体与商标所标示的商品或服务的密切相关性。王泽主编《中国商标案例精读》，商务印书馆，2015年，第70—71页。

结果，且在上述结果中仅有部分涉及"香宾"与"CHAMPAGNE"的对应关系，一审法院认为这一数量相对于整个互联网的相关搜索而言很小，该证据仅能证明实践中确实存在将"CHAMPAGNE"翻译成"香宾"的情况，但无法证明"香宾"系"CHAMPAGNE"的通用的中文翻译，相关公众通常并不会将"香宾"对应到"CHAMPAGNE"这一地名上。但在二审阶段，法院结合法国香槟酒行业委员会提交的百度等网站的网页打印件内容，根据现实中存在将"CHAMPAGNE"翻译成"香槟"或"香宾"的情况，判定"CHAMPAGNE"及其对应中文译文"香槟"或"香宾"均系公众知晓的外国地名。2002年《最高人民法院关于行政诉讼证据若干问题的规定》第六十八条规定："下列事实法庭可以直接认定：（一）众所周知的事实；（二）自然规律及定理；（三）按照法律规定推定的事实；（四）已经依法证明的事实；（五）根据日常生活经验法则推定的事实。前款（一）、（三）、（四）、（五）项，当事人有相反证据足以推翻的除外。"据此，除属于上述规定中可以由法庭直接认定的事实外，应由当事人举证证明外国地名是否为公众所知晓。[①]本案中法国香槟酒行业委员会提交的证据[②]中，证据3、4、5、6显示"CHAMPAGNE"对应的中文翻译是"香槟"，证据7以及诉讼阶段提交的网

[①] 赵春雷：《外国地名的可注册性》，《中华商标》2005年第8期；刘晓军：《不为公众知晓的外国地名可以注册为商标》，《中国知识产权报》2012年2月10日第7版。

[②] 证据：1.有关法国香槟酒行业委员会的介绍；2."CHAMPAGNE"作为地理标志在世界知识产权局注册的文件；3.1989年8月2日商标局下发的《关于整顿酒类商标工作中的几个问题的通知》；4.1989年10月26日商标局下发的《关于停止在酒类商品上使用香槟或CHAMPAGNE字样的通知》；5.商标局做出的〔1996〕292号《关于依法制止在酒类商品上使用"香槟"或"CHAMPAGNE"字样行为的批复》；6."CHAMPAGNE"商标异议裁定书；7."香宾"作为"CHAMPAGNE"对应中文名称的网页公证件。在一审时，法国香槟酒行业委员会为证明在中国将"CHAMPAGNE"对应翻译成中文"香宾"或"香槟"的情形，提交了相关的网页打印件，百度网站的网页显示：香宾酒CHAMPAGNE；中国食品产业网页显示：法国香宾（CHAMPAGNE）地区是香宾酒的发源地，香宾位于法国北部等。二审时，法国香槟酒行业委员会为证明现实中存在将"CHAMPAGNE"翻译成"香宾"的情况，补充提交了《商标评审及审理标准》复印件，以及百度、谷歌、搜搜问问、有道等网站打印件，进一步证明"香宾"即"香槟"，均为CHAMPAGNE的中文译文，其既是地理标志，亦是公众知晓的外国地名。

页证据，通过裁判文书并不能确定网页内容具体的形成时间，这些证据是否可以证明中文翻译"香宾"是公众知晓的外国地名，是值得商榷的。二审法院以商标评审委员会认定"CHAMPAGNE"及"香槟"属于公众知晓的外国地名，基于"香槟"与"香宾"的读音相同、形状和含义相近的理由，结合法国香槟酒行业委员会提交的证据，判定"香宾"是公众知晓的外国地名。但结合商标局自20世纪80年代以来的几个通知，"香槟"属于公众知晓的外国地名不存在争议，至于"香宾"是否为公众知晓的外国地名，至今似乎仍有讨论的必要，"香槟"与"香宾"读音相同、形状相近，但含义相近么？本案之后，借助《商标法》"公众知晓的外国地名"的规定来撤销注册商标，成为法国国家原产地名称局和法国相关地理标志产品行业协会在商标异议和诉讼中必用的理由。例如在黄某某诉商标评审委员会案[①]中，黄某某2010年获准注册的商标为"博美隆"，法国国家原产地名称局诉称，法国葡萄酒原产地名称"POMEROL（波美侯）"在争议商标"博美隆"申请前已在中国享有较高知名度，争议商标是对该原产地名称/地理标志的翻译，虽然法国国家原产地名称局提供了相关证据，用以证明法国地名"POMEROL"为中国公众知晓的外国地名，但上述证据主要集中在特定行业和特定领域，且相当数量的证据所体现的并非中国大陆地区一般公众的认知情况。因此，现有证据尚不足以证明"POMEROL"为中国一般公众知晓的外国地名，即现有证据尚不足以证明"POMEROL"为《商标法》第十条第二款规定的公众知晓的外国地名。另外，争议商标"博美隆"与"POMEROL"存在明显区别。根据法国国家原产地名称局提供的证据，"POMEROL"存在多种中文译文，如：法国国家原产地名称局将其翻译为"波美侯"；相关报刊、书籍等除将"POMEROL"译为"波美侯"外，还将其译为"宝物隆""庞美卢""庞玛洛""柏美洛""庞马露""波慕罗""玻美侯""波玛隆""泡美乐尔"等多

种形式。现有证据均不能证明"POMEROL"与"博美隆"之间存在唯一的甚至是固定的对应关系，故"博美隆"不属于公众知晓的外国地名的中文译名、中文别称。

本案中另一个值得我们探讨的问题是《商标法》第十六条有关地理标志规定的效力范围问题。国内地理标志相关案例中，本案是最早将《商标法》第十六条地理标志的规定与服务相联系的案例。在世界贸易组织《与贸易有关的知识产权协定》中，第22条、第23条和第24条均没有明确规定地理标志适用于服务。曾有一种观点认为，英文"goods"翻译成中文有"货物、商品"的含义，服务也是一种商品，所以《与贸易有关的知识产权协定》关于地理标志的规定也适用于服务。对此观点，笔者不敢苟同，因为在世界贸易组织一揽子协定中，表示货物的是"goods"，表示服务的是"service"。但在中国《商标法》中，第四条第二款明确规定了"本法有关商品商标的规定，适用于服务商标"。第十六条规定："商标中有商品的地理标志，而该商品并非来源于该标志所标示的地区，误导公众的，不予注册并禁止使用；但是，已经善意取得注册的继续有效。前款所称地理标志，是指标示某商品来源于某地区，该商品的特定质量、信誉或者其他特征，主要由该地区的自然因素或者人文因素所决定的标志。"第十六条明确规定的是"商品的地理标志"，由于根据《商标法实施条例》的规定，地理标志可以注册为集体商标或证明商标，所以在商标法框架下解释第十六条，并不排斥《商标法》第十六条规定的"商品的地理标志"可以适用于服务。而且本案中关键的问题是，争议商标"香宾"核定使用的服务是第43类：咖啡馆、饭店、餐厅、快餐馆、自助餐厅、汽车旅馆、住所（旅馆、供膳寄宿处）。鉴于法国香槟酒行业委员会以争议商标违反《商标法》第16条规定作为撤销该商标的理由和依据，人民法院必须对这个问题进行审理。一审法院首先解释了《商标法》第16条规定地理标志保护的目的：地理标志与商品或服务的特定质量、信誉和其他特征紧密相关，为保护该地区此类商品或服务经营者的利益，同时保护消费者利益，避免消费者产生商品或服务来源混淆。并且，强调地理标志的保护与商品或服务的具体类别有严格的对应关系，这一标志仅对某种特定类别商品或服务的特定质量、信誉或者其他特征具有标示作用，该标示作用并不延及其他类别的商品或服务。本案中"CHAMPAGNE"系产于法国 CHAMPAGNE 省的一种起泡白葡萄酒，该标志代表了这一地区出产的起泡白葡萄酒的特定质量及信誉。但该标志与起泡白葡萄酒以外的商品或服务的特定质量、信誉或者其他特征并无关联，因此，如果该地区外的他人将该标志使用或注册在其他商品或服务上，则这一行为并不会损害消费者和 CHAMPAGNE 经营者。争议商标使用在咖啡馆等服务上，并非葡萄酒商品，因此不违反《商标法》第十六条的规定。2019 年 4 月《北京市高级人民法院商标授权确权行政案件审理指南》第 13.2 条就"商标中有商品的地理标志"的解释[①]，更有助于我们回看本案。一审法院鉴于本案争议商标指定使用的服务为咖啡馆等，并非葡萄酒商品，在该类服务上注册"香槟"及"CHAMPAGNE"并不被《商标法》第十六条禁止，并且结合争议商标的相关公众亦通常不会将"香宾"对应到"CHAMPAGNE"这一地名上，认定争议商标的注册不违反《商标法》第十六条规定。二审法院先确认了争议商标"香宾"为法国地理标志"CHAMPAGNE"的对应中文翻译，为公众知晓的外国地名，而后才对争议商标是否违反《商标法》第十六条进行说理。根据 2019 年《北京市高级人民法院商标授权确权行政案件审理指南》第 13.2 条，法院还需要基于"容易使相关公众对使用该商标的商品的真实产地发生误认的"证据，方能判定是否属于"商标中有商品的地理标志"的情形，只是我们不能苛求历史。

[①] 诉争商标完整包含地理标志，或者包含地理标志的主要识别部分，容易使相关公众对使用该商标的商品的真实产地发生误认的，属于"商标中有商品的地理标志"的情形。

三、纳帕河谷酿酒人协会诉商标评审委员会案

表 3-1 纳帕河协会诉商标评审委员会案所涉商标

第 4662547 号被异议商标	第 4502959 号引证商标
指定使用商品：国际分类第 33 类"果酒（含酒精）、开胃酒、烧酒、葡萄酒"等。	指定使用商品：国际分类第 33 类"产自美国葡萄种植区纳帕河谷的葡萄酒、产自美国葡萄种植区纳帕河谷的起泡葡萄酒、产自美国葡萄种植区纳帕河谷的加气葡萄酒"。

（一）基本案情

上诉人（原审原告）：纳帕河谷酿酒人协会（简称"纳帕河谷协会"）。

被上诉人（原审被告）：中华人民共和国国家工商行政管理总局商标评审委员会（简称"商标评审委员会"）。

原审第三人：浙江中商投资有限公司。

2005 年 5 月 18 日，浙江中商投资有限公司向商标局提出第 4662547 号"螺旋卡帕 SCREW KAPPA NAPA"商标（简称"被异议商标"）的注册申请，指定使用在国际分类第 33 类"果酒（含酒精）、开胃酒、烧酒、葡萄酒"等商品上。2005 年 2 月 6 日，纳帕河谷协会向商标局提出第 4502959 号"NAPA VALLEY100% 及图"证明商标（简称引证商标）的注册申请，并于 2007 年 12 月 28 日获准注册，核定使用在国际分类第 33 类"产自美国葡萄种植区

纳帕河谷的葡萄酒、产自美国葡萄种植区纳帕河谷的起泡葡萄酒、产自美国葡萄种植区纳帕河谷的加气葡萄酒"商品上,专用权期限至 2017 年 12 月 27 日。被异议商标经初步审定公告后,纳帕河谷协会在法定异议期限内对被异议商标提出异议。2013 年 6 月 18 日,商标局做出〔2013〕商标异字第 07968 号《"螺旋卡帕 SCREW KAPPA NAPA"商标异议裁定书》(简称"第 7968 号裁定"),以被异议商标指定使用在"果酒(含酒精)、开胃酒、烧酒、葡萄酒"等商品上,被异议商标与纳帕河谷协会引证的原产地名称纳帕河谷(Napa Valley)在读音、外观、文字构成上有明显区别,被异议商标的注册使用不会造成消费者的混淆为由,裁定:对被异议商标予以核准注册。纳帕河谷协会不服第 7968 号裁定,于 2013 年 7 月 5 日向商标评审委员会提出复审申请。

2014 年 4 月 15 日,商标评审委员会做出商评字(2014)第 063937 号《关于第 4662547 号"螺旋卡帕 SCREW KAPPA NAPA"商标异议复审裁定书》(简称"被诉裁定")。该裁定认为:被异议商标与引证商标在文字组成、呼叫等方面有区别,被异议商标在类似商品上的注册和使用不会造成相关公众的混淆、误认,因此,被异议商标与引证商标未构成使用在类似商品上的近似商标,被异议商标不属于 2001 年《商标法》第十条第一款第八项所调整的范围,对纳帕河谷协会的该项主张不予支持。纳帕河谷协会称"Napa"是葡萄酒原产地名称的主体部分,且原国家质检总局也批准了对"Napa Valley"实施地理标志保护,中商公司在相同、类似商品上使用与该地理标志构成混淆性近似的被异议商标,易使消费者对商品来源产生误认,违反《商标法》第十六条的规定,但鉴于纳帕河谷协会的地理标志"Napa Valley"与被异议商标"螺旋卡帕 SCREW KAPPA NAPA"在文字组成、呼叫等方面有区别,消费者不会将其与纳帕河谷协会的"Napa Valley"葡萄酒相联系,进而对商品来源产生混淆、误认,因此,商标评审委员会裁定:对被异议商标在复审商品上予以核准注册。纳帕河谷协会不服该裁定,向北京市第一中级人民法院提起诉讼。原告纳帕河谷协会诉称:中商公司将包含地理标志"Napa"的被异议商标申请注册，侵犯了纳帕河谷协会的商标注册权和"Napa Valley"这一地理标志，被异议商标的注册使用容易误导公众并损害纳帕河谷协会及其代表的酒商的利益以及广大消费公众的利益。商标评审委员会在案件评审中做出的裁定缺乏足够的事实和法律依据，被诉裁定损害了纳帕河谷协会的合法权益。纳帕河谷协会请求撤销被诉裁定，判令商标评审委员会重新做出裁定。

北京市第一中级人民法院经审理，判决驳回纳帕河谷协会的诉讼请求。纳帕河谷协会不服，向北京市高级人民法院提起上诉，请求撤销原审判决及被诉裁定。主要上诉理由为：1. 被异议商标与引证商标构成使用在相同商品上的类似商标，违反了《商标法》第二十九条的规定。2. 被异议商标的申请注册违反了《商标法》第十六条的规定。北京高院认为：原审判决在事实认定及法律适用方面均存在错误，应予以纠正。纳帕河谷协会的上诉理由成立，对其上诉请求予以支持。依照中国《行政诉讼法》第八十九条第一款第二项、第三款之规定，判决：撤销北京市第一中级人民法院（2014）一中行（知）初字第 10698 号行政判决；撤销商标评审委员会商评字（2014）第063937 号《关于第 4662547 号"螺旋卡帕 SCREW KAPPA NAPA"商标异议复审裁定书》；判决商标评审委员会就纳帕河谷酿酒人协会针对第 4662547号"螺旋卡帕 SCREW KAPPA NAPA"商标提出的异议复审申请重新做出裁定。[1]

（二）法院裁决

被异议商标的申请注册是否违反《商标法》第十六条第一款的规定？

北京市第一中级人民法院认为：因被异议商标与引证商标在文字构成、呼叫等方面区别明显，被异议商标的注册使用不易造成相关公众对于商品

---

[1] 北京市高级人民法院（2016）京行终 2295 号行政判决书，合议庭：莎日娜、周波、赵岩，2016 年 8 月 30 日，书记员金萌萌。

的来源产生混淆、误认，故被异议商标的申请注册并不违反《商标法》第
十六条的规定。①

北京市高级人民法院则认为：被异议商标由中文"螺旋卡帕"和英文
"SCREW KAPPA NAPA"组合而成。根据原国家质检总局第 144 号公告等
证据，"纳帕河谷（Napa Valley）"是在中国获得保护的使用在葡萄酒商品上
的地理标志。虽然被异议商标中仅包含地理标志"纳帕河谷（Napa Valley）"
中的一个英文单词，但"纳帕"和"Napa"分别是该地理标志中英文表达方
式中最为显著的部分，相关公众在葡萄酒商品上见到"NAPA"一词时，即
容易将其与"纳帕河谷（Napa Valley）"地理标志联系在一起，误认为使用
该标志的相关商品是来源于上述地理标志所标示地区的商品。因此，被异议
商标的申请注册违反了《商标法》第十六条第一款的规定。被诉裁定的相关
认定错误，依法应予纠正。

被异议商标的申请注册是否违反 2001 年《商标法》第二十九条的规定？

北京市第一中级人民法院认为：被异议商标指定使用的"果酒（含酒
精）、开胃酒、烧酒、葡萄酒"商品与引证商标核定使用的商品"产自美国
葡萄种植区纳帕河谷的葡萄酒"等商品虽构成相同或类似商品，但对于中国
消费者来说，被异议商标的显著识别部分应为中文"螺旋卡帕"，被异议商
标的英文部分亦与引证商标在读音、外观、文字构成方面区别明显，被异议
商标的注册、使用不易造成相关公众的混淆、误认，被异议商标未构成使用
在类似商品上的近似商标，故被异议商标的申请注册并不违反《商标法》第
二十九条的规定。

北京市高级人民法院认为：被异议商标于 2005 年 5 月 18 日申请注册，
引证商标于 2005 年 2 月 6 日申请注册，并于 2007 年 12 月 28 日获准注册，
引证商标相对于被异议商标已构成申请在先的商标。被异议商标指定使用

---

① 　纳帕河谷酿酒人协会诉国家工商行政管理总局商标评审委员会异议复审一审行政判决书，
(2014) 一中行 (知) 初字第 10698 号行政判决书，合议庭：刘彧、李斌、霍秀萍，2015 年 10 月
16 日，书记员冯盼盼。

的"果酒（含酒精）、开胃酒、烧酒、葡萄酒"等商品与引证商标核定使用的"产自美国葡萄种植区纳帕河谷的葡萄酒、产自美国葡萄种植区纳帕河谷的起泡葡萄酒、产自美国葡萄种植区纳帕河谷的加气葡萄酒"商品已构成同一种或者类似商品。认定商标是否近似，既要考虑商标构成要素及其整体的近似程度，也要考虑相关商标的显著性和知名度、所使用商品的关联程度等因素，以是否容易导致混淆作为判断标准。本案中，被异议商标由中文"螺旋卡帕"和英文"SCREW KAPPA NAPA"组合而成。引证商标由英文"NAPA VALLEY"、数学符号"100%"及图形组合而成，其中的"NAPA VALLEY"为其识别、呼叫和记忆对象，已构成引证商标的主要识别部分。虽然"NAPA"在被异议商标中所占比例较小，仅是被异议商标英文部分的构成要素之一，但是，由于"纳帕河谷（Napa Valley）"在相关公众中具有一定的知名度，已在中国作为葡萄酒商品上的地理标志予以保护，相关公众容易将使用被异议商标的葡萄酒商品误认为来源于"纳帕河谷（Napa Valley）"地理标志标示地区的商品，从而产生混淆、误认的后果，因此，被异议商标与引证商标已构成使用在同一种或者类似商品上的近似商标。被异议商标的申请注册违反了《商标法》第二十九条的规定，被诉裁定的相关认定错误，依法应予纠正。

被异议商标的申请注册是否违反《商标法》第十条第一款第八项的规定？

北京市第一中级人民法院认为：商标法第十条第一款第八项所称"有害于社会主义道德风尚或者有其他不良影响"的标志主要是指对中国社会公共利益和公共秩序产生消极、负面影响的标志。本案中，并无证据表明被异议商标的申请注册会导致不良的社会影响，故被异议商标的申请注册并不违反商标法第十条第一款第八项的规定。

（三）评析

2017年12月11日，经北京市高级人民法院审判委员会第23次会议讨论通过，确定本案为北京法院第十批参阅案例的两个案例之一。[①]本案为地理标志的认定及地理标志商标的近似判断提供了较为明确的指引。据介绍，本案的参阅要点有二：其一，将地理标志中的显著识别部分作为普通商标的构成要素，使相关公众误认为使用该普通商标的商品来源于该地理标志所标示地区的，属于《商标法》第十六条第一款规定的禁止注册的情形；其二，普通商品商标与地理标志证明商标近似，容易导致相关公众混淆、误认的，应当依照 2001 年修正的《商标法》第二十八条、第二十九条（2019 年修正的《商标法》第三十条、第三十一条）的规定，不予核准注册。

1.地理标志的认定

在实践中，如何认定地理标志是一个有争议的问题。一种观点认为，地理标志的认定应坚持整体认定的原则。理由是中国《商标法》第十六条第二款对地理标志的概念做出了明确规定，因此，必须严格按照《商标法》的规定进行认定。仅包含其中某一构成要素的标志，不应认定为地理标志，否则会不适当地扩大地理标志产品的范围，将不具备地理标志产品质量、信誉或者其他特征要求的产品纳入地理标志产品的范围。另一种观点认为，不能单纯从地理标志本身的构成来确定该条款的法律适用，理由是《商标法》第十六条第一款强调的是因商标中包含商品的地理标志并因此而导致误导公众的后果，才属于不予注册并禁止使用的情形，因此，如果商标中包含地理标志的主要识别部分，而相关公众在看到该标志时，容易误认为使用该商标的商品来源于相关地理标志所标示地区，即使该商品符合地理标志产品的特定质量、信誉或者其他特征要求，亦应当适用《商标法》第十六条第一款的规定予以调整。

分析一审和二审判决书可知，本案中两审法院从避免误导的立法目的出

---

① 周波、谷升：《北京法院第十批参阅案例发布》，中国法院网，http://www.chinacourt.org/article/detail/2017/12/id/3139331.shtm。

发，采纳了第二种观点。不同之处在于：北京市第一中院认为被异议商标与引证商标在文字构成、呼叫等方面区别明显，被异议商标的注册、使用不易造成相关公众对于商品的来源产生混淆、误认；北京高院则认为，虽然被异议商标中仅包含地理标志"纳帕河谷（Napa Valley）"中的一个英文单词，但"纳帕"和"Napa"分别是该地理标志英文表达方式中最为显著的部分，相关公众在葡萄酒商品上见到"NAPA"一词时，即容易将其与"纳帕河谷（Napa Valley）"地理标志联系在一起，误认为使用该标志的相关商品是来源于上述地理标志所标示地区的商品。

　　从裁判文书的内容来看，无论是在一审阶段，还是二审阶段，纳帕河谷协会既没有向人民法院出示中国的相关公众看到被异议商标的英文部分"SCREW KAPPA NAPA"，会对于商品的来源产生混淆、误认的调查证据，也没有向人民法院出示中国的相关公众看到被异议商标的英文部分"SCREW KAPPA NAPA"，容易将其与"纳帕河谷（Napa Valley）"地理标志相联系、误认为使用该标志的相关商品是来源于上述地理标志所标示地区的商品的调查证据。在缺乏证据支持的前提下，依据《商标法》第十六条做出支持其主张的判决，在一定程度上，是难以令人信服的。但如果我们结合世贸组织《与贸易有关的知识产权协定》第二十三条对葡萄酒和烈酒地理标志的高水平保护，再结合中国《集体商标、证明商标注册和管理办法》第十二条 ① 来解释《商标法》第十六条的适用，就纳帕河谷协会而言，只要使用了NAPA 字样或者其翻译，就可认为违反了《商标法》第十六条的规定。但就本案而言，依然存在一个问题，那就是笔者在一审判决和二审判决中，只看到纳帕河谷酿酒人协会的第 4502959 号"NAPA VALLEY100% 及图"证明商标表述，不见有第 4502959 号"NAPA VALLEY100% 及图"地理标志证

---

① 《集体商标证明商标注册和管理办法》第十二条规定："使用他人作为集体商标、证明商标注册的葡萄酒、烈性酒地理标志标示并非来源于该地理标志所标示地区的葡萄酒、烈性酒，即使同时标出了商品的真正来源地，或者使用的是翻译文字，或者伴有诸如某某'种'、某某'型'、某某'式'、某某'类'等表述的，适用商标法第十六条的规定。"

明商标的表述。^① 纳帕河谷酿酒人协会为何不直接向中国商标局申请地理标志证明商标，其原因何在？为何需要中国的司法机关认定地理标志？因为对中国《商标法》第十六条的不同理解么？而在本案中胜诉的纳帕河谷协会，则在之后的商标异议案中，依旧在提及其第 4502959 号注册商标时没有地理标志证明商标的表述，继续不提供相关公众会产生误认的调查证据，而且还提出了其引证商标已经被认定为地理标志的理由做支撑。

例如，在日照欧亚达贸易有限公司诉国家工商总局商标评审委员会异议复审一案中^②，纳帕河谷协会称诉争商标（欧亚达公司的 NAPA GENTRY）^③与其第 4502959 号"NAPA VALLEY100% 及图"证明商标（简称"引证商标"）使用在相同或类似商品上会引起消费者混淆，并且诉争商标中含有地理标志，其指定使用的商品并非来源于地理标志所标示的地区，易造成消费者误认。纳帕河谷协会的引证商标已被认定为地理标志，诉争商标含有该地理标志主要识别部分"NAPA"，无证据表明欧亚达公司的商品来源于该地理标志所标示的地区，故诉争商标在指定商品上使用，易造成消费者对商品产地的误认，已构成 2013 年《商标法》第十六条第一款所禁止的情形。北京知识产权法院认为，纳帕河谷协会提交的证明商标注册证等证据足以证明在诉争商标申请注册前，"Napa Valley"已被认定为使用在葡萄酒商品上的地理标志。诉争商标"NAPA GENTRY"含有该地理标志最为显著识别部分"NAPA"，相关公众在葡萄酒商品上见到"NAPA"一词时，即容易将其与"纳帕河谷 (Napa Valley)"地理标志联系在一起，在无证据证明原告的商品

①　在 2020 年 9 月 17 日国家知识产权局商标局 (2020) 商标异字第 0000099225 号第 33083305 号"纳帕格"商标不予注册的决定中，笔者才看到"在先注册的第 4502959 号'NAPA VALLEY100% 及图'地理标志证明商标"的表述。资料来源 http://wssq.sbj.cnipa.gov.cn:9080/tmsve/yycw_detail.xhtml?appId=B2AA23C41788061AE053640B5023BBFC。
②　北京知识产权法院 (2015) 京知行初字第 551 号行政判决书，审理时长 797 天。合议庭：刘炫孜、杨钊、郭灵东，2017 年 4 月 12 日，书记员赵延冰。
③　欧亚达公司于 2011 年 1 月 5 日向商标局提出第 9023218 号"NAPA GENTRY"商标（即诉争商标）的注册申请，指定使用的商品为国际分类第 33 类的葡萄酒、开胃酒、烧酒等。

来源于该地理标志所标示地区的情况下，诉争商标使用在指定商品上，容易误导公众。因此，被诉裁定关于诉争商标已构成2013年《商标法》第十六条第一款所禁止之情形的认定正确。

在GQ国际有限公司（GQ International，Inc）诉商标评审委员会商标异议复审一案中[①]，商评委认为：GQ国际有限公司申请注册的第9937252号"那柏USNAPA"商标[②]，与第三人纳帕河谷酿酒人协会第4502959号"NAPA VALLEY100%及图"商标构成《商标法》第三十条所规定的近似商标，而且"那柏USNAPA"商标在指定商品上使用易造成消费者对商品产地的误认，已构成《商标法》第十六条第一款所禁止的情形，因此裁定对该商标不予注册。GQ国际有限公司不服，向北京知识产权法院提起诉讼。法院认为："2012年144号质检总局关于批准对纳帕河谷（葡萄酒）实施地理标志产品保护的公告中载明，'现批准自即日起对纳帕河谷（葡萄酒）[Napa Valley（Wines）]在中华人民共和国境内实施地理标志产品保护'，由此可以证明'纳帕河谷（葡萄酒）Napa Valley（Wines）'已经成为地理标志。"该案中，北京知识产权法院直接依据国家质检总局的2012年第144号公告判定"纳帕河谷（葡萄酒）Napa Valley（Wines）"是《商标法》第十六条规定的地理标志。在此基础上，法院将涉案争议商标与引证商标进行比较说理：诉争商标"USNAPA那柏"中的"那柏"为"NAPA"的音译，与"纳帕河谷"中的"纳帕"在读音、外观上均近似，而"USNAPA"包含"Napa Valley"中的"Napa"，且容易被理解为"US"＋"NAPA"，即美国纳帕。诉争商标指定使用在葡萄酒等商品上，极易使相关公众将其与地处美国的"纳帕河谷（葡萄酒）Napa Valley（Wines）"的地理标志相联系，认为诉争商标指定使用的葡萄酒等商品产自纳帕河谷地区，或认为其与纳帕河谷有一定联系。然

---

① 北京知识产权法院(2015)京知行初字第4854号行政判决书，合议庭：张晰昕、郭艳芹、李淑云，2015年12月21日，法官助理刘梦玲，书记员刘彬彬。

② 指定使用商品（第33类3301）：果酒（含酒精）、苹果酒、鸡尾酒、葡萄酒、酒（饮料）、威士忌酒、酒精饮料（啤酒除外）、含酒精果子饮料、含水果的酒精饮料、汽酒。

而，在案证据均未能证明原告的商品源于纳帕河谷地区，故诉争商标的注册申请属于《商标法》第十六条规定的不予注册并禁止使用的情形。

第 9937252 号"那柏 USNAPA"商标异议复审纠纷案在审结时间上早于北京高院（2016）京行终 2295 号判决，但北京知识产权法院和北京市高级人民法院都基于纳帕河谷酿酒人协会提供的质检总局的 2012 年第 144 号公告，直接认定了"纳帕河谷（葡萄酒）Napa Valley（Wines）"是《商标法》第十六条规定的地理标志。不同之处是，作为指引案例的北京高院（2016）京行终 2295 号判决，在裁判说理时强调了将地理标志的主要识别部分注册为普通商标可能误导公众时适用《商标法》第十六条第一款。

2. 普通商品商标与地理标志商标的近似性比对

有关普通商标与地理标志证明商标可否进行商标近似性比对的问题，北京高院法官周波和刘永在《地理标志商标典型案例评述》一书中，曾做了梳理，认为其经历了一个探索、过渡到成熟的过程，探索期的典型案例是"恩施玉露"商标异议复审案，北京高院明确不应将具有不同功能的证明商标与商品商标、服务商标进行比较；过渡期的典型案例是斐济共和国政府的"FPM"商标驳回复审案，法院认识到不进行近似性比对在理论上难以自圆其说，开始进行一种假设性的近似性比对；成熟期的典型案例即本篇探讨的"螺旋卡帕"商标异议复审案，法院不考虑商标的具体类型，直接对两个商标进行近似性比对。

但北京高院在"恩施玉露"案中明确的地理标志商标与普通商标不比对的裁判规则，为下级法院北京知识产权法院所遵循，在之后的"泰国商业部外贸厅诉商评委商标行政纠纷案"中，北京知识产权法院认为商评委"将作为地理标志商标的诉争商标与作为商品商标的引证商标进行近似性比对不当"，判决撤销商评委的决定。北京高院后期否认先前的观点之后，引发了一系列具有现实意义的问题：北京知识产权法院遵循北京高院在先案例做出的裁判是否属于错案？如若该裁判生效，是否应启动再审程序？如若该生效裁判被再审改判，但商评委已经基于之前法院生效判决就诉争商标做出初步审定，对此情况又该如何处理？① 可见，如何减少援引在先案例所带来的风险，是下一步需要研究的问题。

认定商标是否近似，既要考虑商标构成要素及其整体的近似程度，也要考虑相关商标的显著性和知名度、核定使用商品的关联程度等因素，以是否容易导致混淆作为判断标准。在日照欧亚达贸易有限公司诉国家工商总局商标评审委员会异议复审一案中，法院考虑到"纳帕河谷 (Napa Valley)"在相关公众中具有一定知名度并已被认定为地理标志的情况下，诉争商标"NAPA GENTRY"包含引证商标最为显著识别部分"NAPA"，且二者含义并无明显区别，认定共存于类似商品上易造成相关公众的混淆、误认。因此，被诉裁定关于诉争商标与引证商标已构成 2013 年《商标法》第三十条规定之情形的认定正确。"NAPA GENTRY"商标异议复审案的审理是在"螺旋卡帕 SCREW KAPPA NAPA"商标异议复审案二审之后的第二年进行的，北京知识产权法院法官的审理思路与北京市高级人民法院（2016）京行终2295 号案件的审理思路基本一致。

在阿瓦提县红宝石穆塞勒斯厂诉原国家工商总局商标评审委员会一案②中，诉争商标为第 5717691 号"阿瓦提慕萨莱思 AWAT MUSALLES 及图"地理标志证明商标，申请日为 2006 年 11 月 13 日，于 2009 年 12 月 14 日获准注册，核定使用在第 33 类含酒精的饮料商品上。证明商标专用权人为新疆阿瓦提县慕萨莱思协会（简称"慕萨莱思协会"），专用期限至 2019 年 12 月 13 日。引证商标一为第 5441282 号"啊佤提 AWAT 及图"商标，由红宝石穆赛勒斯厂于 2006 年 6 月 26 日提出注册申请，2009 年 8 月 14 日获准注册，核定使用在第 33 类含酒精的饮料商品上。商标专用权人为红宝石穆赛

---

① 许波：《知识产权诉讼指导案例与在先案例应用指南》，法律出版社，2019 年，第 202 页。
② 北京知识产权法院（2015）京知行初字第 5160 号行政判决；北京市高级人民法院行政判决书（2017）京行终 5531 号，2017 年 11 月 30 日受理，合议庭：刘晓军、蒋强、陈曦，2018 年 2 月 23 日，书记员田丹。

勒斯厂，专用期限至 2019 年 8 月 13 日。引证商标二为第 1502675 号"穆赛勒斯 AWAT 及图"商标，由红宝石穆赛勒斯厂于 1999 年 9 月 7 日提出注册申请，2011 年 1 月 7 日获准注册。核定使用在第 32 类果汁饮料、无酒精饮料、水饮料商品上。商标专用权人为红宝石穆赛勒斯厂，专用期限至 2021 年 1 月 6 日。本案中诉争商标为地理标志证明商标，引证商标一、二为普通商标，北京高院指出，证明商标也可以与普通商标进行近似性比对，但比对时应充分考虑证明商标的知名度、显著性、相关公众的认知等因素。诉争商标由汉字"阿瓦提慕萨莱思"、字母"AWAT MUSALLES"及维吾尔语和图案组成，引证商标一由汉字"啊伍提"、字母"AWAT"及维吾尔语和近似于钻石的图案组成，引证商标二由汉字"穆塞勒斯"、字母"AWAT"及维吾尔语和近似于钻石的图案组成。"慕萨莱思""穆塞勒斯""MUSALLES"及该词维吾尔文所表示的含义均为"用葡萄汁酿造而成的一种饮料"。"穆塞勒斯""慕萨莱思"均是对同一维吾尔语文字的汉语音译，消费者可以将上述汉字组合识别为用葡萄汁酿造而成的一种饮料。诉争商标所含"AWAT"及该词维吾尔文的含义为"繁荣"，但该词也用作表示阿瓦提县。具有地名含义的"阿瓦提"和表示产品名称的"慕萨莱思"使用在无酒精饮料等商品上对商品的产地及产品名称具有描述性，不属于商标中具有区分性和识别性的部分。诉争商标与引证商标一、二在图形部分和整体视觉效果等方面有一定区别，且诉争商标作为证明商标经过使用已经产生了一定的知名度，故诉争商标与引证商标一、二共存不易造成相关公众混淆，诉争商标与引证商标一、二未构成使用在类似商品上的近似商标。因此，诉争商标的注册未违反 2001 年《商标法》第二十八条、第二十九条的规定。

　　笔者在此篇举这几起与葡萄酒地理标志相关的案例，是想探讨，我们可否学习世贸组织《与贸易有关的知识产权协定》第 23 条的规定，针对葡萄酒和烈酒地理标志，只要其产品并非来源于地理标志标示的产地，直接就争议商标的显著部分是否包含或构成了对葡萄酒或烈酒地理标志的翻译、模仿进行认定，减省认定"混淆、误认"的环节，节约司法成本？因为根据《与贸易有关的知识产权协定》的规定，有无构成混淆或者误认，是仅就葡萄酒和烈酒之外的其他地理标志而言。

四、"阿鲁科尔沁牛肉及图"指定颜色商标无效宣告案

表 3-2 本案所涉商标

引证商标一	引证商标二	争议商标

（一）基本案情

上诉人（原审原告）：内蒙古新三维国际经济技术合作股份有限公司，住所地内蒙古自治区呼和浩特市新城区新华大街。

被上诉人（原审被告）：国家工商行政管理总局商标评审委员会。

委托代理人：国家工商总局商标评审委员会审查员吴彤。

原审第三人：阿鲁科尔沁旗牛业管理协会，住所地内蒙古自治区赤峰市阿鲁科尔沁旗天山镇。

内蒙古新三维国际经济技术合作股份有限公司（简称"新三维公司"）

是第 1522672 号"科爾沁 KERCHIN 及图"商标[①]（简称"引证商标一"）与第 3626524 号"科尔沁"商标[②]（简称"引证商标二"）的商标权人；阿鲁科尔沁牛业协会系第 10891804 号"阿鲁科尔沁牛肉 A LU KE ER QIN NIU ROU 及图（指定颜色）"地理标志证明商标[③]（以下简称"争议商标"）的商标权人。这三件商标核定使用的商品均为第 29 类。新三维公司认为在后注册的争议商标与引证商标构成近似，且是使用在相同或类似商品上的近似商标，因此向商评委申请宣告争议商标无效。

2016 年 2 月 26 日商评委裁定认为，虽然新三维公司提交的证据材料能够证明引证商标一、二已具有较高的知名度，但是争议商标为地理标志证明商标，其标志的商品具有特定的质量、信誉或其他特征，并且其特定品质主要是由当地的自然因素或人文因素所决定的，其有一定的历史渊源，已具备一定的市场基础和公众认可。并且，双方商标构成要素、整体认读和视觉效果等方面尚有一定差异，争议商标与引证商标不会导致相关公众对商品来源产生混淆、误认，争议商标与引证商标一、二不构成近似商标；新三维公司无证据证明争议商标对引证商标一存在恶意复制、模仿。综上，商评委裁定对争议商标予以维持。[④] 新三维公司不服，向北京知识产权法院提起诉

---

① 第 1522672 号"科爾沁 KERCHIN 及图"商标由新三维公司于 1999 年 9 月 9 日申请注册，核定使用商品第 29 类"肉；加工过的肉；火腿；香肠；牛肚；肉片；牛肉清汤"等，专用期限至 2021 年 2 月 13 日。商标局 2005 年 12 月 30 日商标驰字〔2005〕第 72 号《关于认定"科尔沁 KERCHIN 及图"商标为驰名商标的批复》，认定第 1522672 号"科尔沁 KERCHIN 及图"为第 29 类"加工过的肉"商品上的驰名商标。

② 第 3626524 号"科尔沁"商标由新三维公司于 2003 年 7 月 10 日申请注册，核定使用商品第 29 类"肉；火腿；香肠；牛肚；肉片；牛肉清汤；肉冻；肉糜；油炸丸子；肝"等，专用期限至 2025 年 9 月 6 日。

③ 第 10891804 号"阿鲁科尔沁牛肉 A LU KE ER QIN NIU ROU 及图（指定颜色）"地理标志证明商标由阿鲁科尔沁牛业协会于 2012 年 5 月 10 日申请注册，并于 2012 年 11 月 7 日获准注册，核定使用商品第 29 类"牛肉"。

④ 2016 年 2 月 26 日商标评审委员会商评字〔2016〕第 19538 号《关于第 10891804 号"阿鲁科尔沁牛肉 A LU KE ER QIN NIU ROU 及图（指定颜色）"商标无效宣告请求裁定书》。

讼，一审法院经审理，驳回新三维公司的诉讼请求。新三维公司不服，上诉至北京市高级人民法院，请求撤销原审判决及被诉裁定，判令商评委重新做出裁定。主要理由为：1. 在争议商标申请注册日前，引证商标一、二已经驰名，具有极高的知名度和影响力。2. 争议商标完整包含引证商标中的汉字部分，商标的显著识别部分、含义完全相同，已构成相同、类似商品上的近似商标。"阿鲁科尔沁"是地名，位于内蒙古自治区中部。"阿鲁科尔沁"是蒙古语音译，"阿鲁"是山北之意，代表方向，"科尔沁"意为弓箭手。争议商标中的"阿鲁科尔沁"即为"山北的弓箭手"，而引证商标中的"科尔沁"即为"弓箭手"。争议商标的注册违反了《商标法》第十三条、第二十八条、第三十条之规定，依法应予以无效宣告。3. 1990 年，内蒙古自治区人民政府就将哲里木盟选育的牛正式命名为"科尔沁牛"，"科尔沁牛"出自哲里木盟。1999 年 1 月 13 日，国务院发文撤销哲里木盟改为通辽市。阿鲁科尔沁牛业协会于 2012 年在后恶意抢注争议商标的做法具有误导商品来源的后果。4. 阿鲁科尔沁牛业协会作为当地毗邻同行不可能不知道新三维公司的引证商标，争议商标的注册具有明显的仿名牌、搭便车的故意，违反了《商标法》第十条第一款第（八）项的规定，依法应予无效宣告。5. 在争议商标与引证商标构成相同或类似商品上的近似商标的情况下，不能仅因为争议商标是地理标志证明商标就享有法外特权而维持注册。二审法院经审理，纠正一审法院从区分不同类型商标功能的角度认定争议商标与两引证商标不近似的做法，驳回上诉，维持原判。[①]

（二）法院判决

鉴于各方当事人对争议商标与引证商标所核定使用的商品系类似商品均

[①] 内蒙古新三维国际经济技术合作股份有限公司与国家工商行政管理总局商标评审委员会因商标权无效宣告请求行政纠纷二审行政判决书，北京市高级人民法院（2016）京行终 5209 号行政判决书，合议庭：莎日娜、周波、樊雪，2017 年 1 月 22 日，书记员金萌萌。北京知识产权法院（2016）京 73 行初 1966 号行政判决书。

无异议，故仅对商标是否构成近似进行判断。

北京知识产权法院认为：争议商标的标志与引证商标一的标志均为图形加文字形式，两者区别比较明显。争议商标的文字部分"阿鲁科尔沁牛肉"完整包含引证商标一的文字部分"科尔沁"。根据当事人提供的解释，"阿鲁"系蒙语山北之意，但从相关公众的角度来看，对此含义多数消费者应不了解，故不能认为"阿鲁"二字系具有固定含义的固定搭配词语。在此情况下，尽管争议商标的标志中完整包含引证商标二的标志部分，但相关公众亦不会认为二者构成近似。同时，本案争议商标为证明商标，作为证明商标而申请注册的争议商标，其主要功能在于表明所提供商品的原产地、质量、形态特征等特定品质。上述特定品质主要由其核定使用的商品的产地的自然条件以及人文因素所决定。引证商标为商品商标，其主要功能在于区分商品的来源，与使用该商标的商品是否来源于某地区，以及该商品的特定品质等其他特征是否主要由该地区的自然因素或者人文因素所决定并无直接关联。故在适用2001年《商标法》第二十八条①时应区分商标的不同功能。即便在商标构成近似的情况下，不同功能的商标亦不会在相关公众中造成混淆后果，不能仅因标志近似直接判断其为近似商标。

北京市高级人民法院认为：争议商标核定使用的"牛肉"商品与引证商标一、二核定使用的商品，已分别构成同一种或者类似商品。认定商标是否近似，既要考虑商标构成要素及其整体的近似程度，也要考虑相关商标的显著性和知名度、所核定使用商品的关联程度等因素，以是否容易导致混淆作为判断标准。虽然《商标法》第三条规定注册商标包括商品商标、服务商标、集体商标和证明商标，且集体商标和证明商标与商品商标、服务商标在具体的功能、用途方面有所区别，但《商标法》第二十八条并未就不同类型商标的近似性判断做出特别规定，因此，原审判决从区分不同类型商标功能

---

① 2001年《商标法》第二十八条："申请注册的商标，凡不符合本法有关规定或者同他人在同一种商品或者类似商品上已经注册的或者初步审定的商标相同或者近似的，由商标局驳回申请，不予公告。"

的角度认定争议商标与两引证商标不近似的做法缺乏法律依据，对此予以纠正。争议商标由汉字"阿鲁科尔沁牛肉"、汉语拼音"A LU KE ER QIN NIU ROU"、英文"A LU KE ER QIN BEEF"、相应蒙古文及图形组合而成并指定了颜色，从字体大小、文字呼叫等方面综合考虑，汉字"阿鲁科尔沁牛肉"及相应蒙古文属于争议商标的显著识别部分。引证商标一由汉字"科尔沁"、字母"KERCHIN"及图形部分组合而成，引证商标二由汉字"科尔沁"构成，"科尔沁"为两引证商标的显著识别部分。根据在案证据，"阿鲁科尔沁"是内蒙古自治区赤峰市下辖的县级行政区划的名称，"科尔沁"是内蒙古自治区通辽市下辖的县级行政区划的名称；"科尔沁"还是经内蒙古自治区人民政府批准的牛品种名称。因此，虽然争议商标的显著识别部分"阿鲁科尔沁"完整包含了两引证商标的显著识别部分"科尔沁"，但由于二者分别具有明确的固定含义，相关公众不易产生混淆、误认，且争议商标标志整体与两引证商标亦有所区别，因此，争议商标与两引证商标未构成近似商标。"阿鲁科尔沁"与"科尔沁"含义区分明确，"阿鲁科尔沁"是阿鲁科尔沁牛业协会所在地行政区划的名称，"阿鲁科尔沁牛肉"亦被商标注册主管机关作为地理标志加以认定，阿鲁科尔沁牛业协会申请注册本案争议商标具有合理性和正当性，不属于复制、摹仿或者翻译他人已注册的驰名商标的情形，亦不易导致相关公众混淆、误认，因此，即使引证商标一曾被商标局认定为驰名商标，争议商标的注册亦不属于违反《商标法》第十三条第二款规定的情形。

（三）评析

本案引证商标一"科爾沁 KERCHIN 及图"于 2005 年 12 月被认定为第 29 类"加工过的肉"商品上的驰名商标，争议商标"阿鲁科尔沁牛肉"指定颜色商标于 2012 年 11 月获准注册为第 29 类"牛肉"商品上的地理标志证明商标。因而，本案是一起涉及在先驰名商标与在后地理标志商标关系的典型案例。

在中国，驰名商标的认定保护工作从时间上讲要早于对地理标志的保护。在中国商标法框架下，驰名商标和地理标志商标均属于具有高知名度、易受他人不当攀附的特点的商标，从维护相关权利人利益和维护公平竞争以及消费者的权益出发，从理论上讲，《商标法》不应厚此薄彼，应当给这两种商标高于普通商标的保护。但是，相较于驰名商标，对地理标志的认识和理解，无论深度还是广度，理论界还是实务界，在一段时间内，总体上要显得落后。这点在《商标法》有关地理标志保护和驰名商标保护的具体规定上也有明显体现。并且，最高人民法院 2009 年专门出台《关于审理涉及驰名商标保护的民事纠纷案件应用法律若干问题的解释》来保护驰名商标，而最高人民法院明确保护地理标志商标的规定，最早的是 2017 年 3 月 1 日起施行的《最高人民法院关于审理商标授权确权行政案件若干问题的规定》第十七条①，根据该条第二款的规定，地理标志商标是可以依据《商标法》第十三条的规定，获得相当于驰名商标所享有的特殊保护；②但十七条的内容只适用于地理标志商标权人或利害关系人为在先权利人时的情形。本案争议商标"阿鲁科尔沁牛肉"地理标志证明商标相较于引证商标，是在后权利，如何处理两者的关系，从现行《商标法》以及其司法解释中找不到相应的依据。

况且，本案行政纠纷的发生和两审时间均早于《最高人民法院关于审理商标授权确权行政案件若干问题的规定》施行的时间。在缺乏明确法律规定和司法解释的前提下，人民法院处理涉及在先驰名商标与在后地理标志商标

① 《最高人民法院关于审理商标授权确权行政案件若干问题的规定》第十七条："地理标志利害关系人依据商标法第十六条主张他人商标不应予以注册或者应予无效，如果诉争商标指定使用的商品与地理标志产品并非相同商品，而地理标志利害关系人能够证明诉争商标使用在该产品上仍然容易导致相关公众误认为该产品来源于该地区并因此具有特定的质量、信誉或者其他特征的，人民法院予以支持。如果该地理标志已经注册为集体商标或者证明商标，集体商标或者证明商标的权利人或者利害关系人可选择依据该条或者另行依据商标法第十三条、第三十条等主张权利。"

② 2019 年《北京市高级人民法院关于商标授权确权行政案件的审理指南》第 13.6 条则规定："地理标志集体商标或者证明商标已经达到驰名状态的，可以适用商标法第十三条第三款予以保护。"这一规定较之于《最高人民法院关于审理商标授权确权行政案件若干问题的规定》第十七条，要求地理标志商标已经达到"驰名状态"的条件。

关系的纠纷，自然有很大程度的探索成分。

处理商标确权授权纠纷，人民法院只能就事实认定和适用法律进行审查。本案中，商标评审委员会裁定对作为地理标志证明商标的争议商标予以维持，主要基于争议商标与引证商标不构成近似商标、新三维公司无证据证明争议商标存在对引证商标的恶意复制模仿、争议商标不具有任何消极贬损的含义三点理由。北京知识产权法院在认定争议商标与引证商标不构成近似时，从相关公众的角度认定争议商标中的"阿鲁"不是具有固定含义的固定搭配词语，在对争议商标作为地理标志商标的功能和引证商标作为商品商标的功能进行区别的基础上，认为适用2001年《商标法》第二十八条时应区分商标的不同功能，即便在商标构成近似的情况下，不同功能的商标也不会在相关公众中造成混淆的后果。新三维公司在上诉理由中就一审判决提出了"不能仅因为争议商标是地理标志证明商标就享有法外特权而维持注册"的强烈抗议。北京高院在认定争议商标与引证商标是否构成近似之前，首先明确了《商标法》第二十八条并未就不同类型商标的近似性判断做出特别规定，纠正了一审法院缺乏法律依据的做法——从区分不同类型商标功能的角度认定争议商标与两个引证商标不近似。北京高院的生效判决在说理上具有很强的逻辑性，结合在案证据并根据《商标法》的规定，做出了与一审法院结论一致的判决。

1."阿鲁科尔沁"是否具有明确的固定含义

两审法院就"阿鲁科尔沁"是否具有明确的固定含义的认定截然不同。二审法院基于在案证据所证明的"阿鲁科尔沁"和"科尔沁"分别是内蒙古自治区赤峰市和通辽市下辖的县级行政区划名称，具有明确的固定含义，这是站在专业人士角度 ① 得出的结论；一审法院站在相关公众的角度，认定争议商标中的"阿鲁"不是具有固定含义的固定搭配词语。相关公众是否知晓争议商标和引证商标各指不同的行政区划名称，二审法院实际上没有就这个问题进行审查和认定，从裁判文书也看不出法院基于别的证据认定相关公众是否会产生混淆，就认定争议商标与引证商标没有构成近似商标；二审法院基于"阿鲁科尔沁"和"科尔沁"含义区别明确，认定争议商标不属于复制、摹仿或翻译他人已注册的驰名商标。然而，根据有关的司法解释，这两个认定存在一定的跳跃之处。

2. 本案争议商标与引证商标是否构成近似商标

2010 年《最高人民法院关于审理商标授权确权行政案件若干问题的意见》第十四条规定："人民法院在审理商标授权确权行政案件中判断商品类似和商标近似，可以参照《最高人民法院关于审理商标民事纠纷案件适用法律若干问题的解释》的相关规定。"2002 年《最高人民法院关于审理商标民事纠纷案件适用法律若干问题的解释》第八条、第九条和第十条就相关公众、商标近似及认定商标近似应当遵循的原则做了规定。司法解释明确《商标法》所称相关公众，是指与商标所标示的某类商品或者服务有关的消费者和与前述商品或者服务的营销有密切关系的其他经营者。所谓商标近似，是指被控侵权的商标与原告的注册商标相比较，其文字的字形、读音、含义或者图形的构图及颜色，或者其各要素组合后的整体结构相似，或者其立体形状、颜色组合近似，易使相关公众对商品的来源产生误认或者认为其来源与原告注册商标的商品有特定的联系。人民法院认定商标相同或者近似应按照以下原则进行 :(1) 以相关公众的一般注意力为准；(2) 既要进行对商标的整

---

① 笔者课堂上分析"阿鲁科尔沁牛肉"无效宣告纠纷案之前，曾问同学们是否认为"阿鲁科尔沁"和"科尔沁"分别有明确的含义，即便是几名来自内蒙古的蒙古族同学，也不知晓蒙语中"科尔沁"意为弓箭手、"阿鲁"意为"山北"，不知晓"阿鲁科尔沁"和"科尔沁"分别是内蒙古自治区两个不同的县级行政区划名称。

体比对，又要进行对商标主要部分的比对，比对应当在比对对象隔离的状态下分别进行；(3) 判断商标是否近似，应当考虑请求保护注册商标的显著性和知名度。在没有相关公众调查的基础上，一审法院认定了"不同功能的商标不会在公众中造成混淆后果"，二审法院认定商标各自有明确的固定含义，"相关公众不易产生混淆误认"，在一定意义上讲，两审法院实际上忽视了相关公众的一般认知这一要素在判断商标是否构成近似中的重要地位。况且，司法解释明确了以相关公众的一般注意力为准作为首要原则，实践中会有多少涉案商标核定使用商品的相关消费者和经营者去考察"阿鲁科尔沁"和"科尔沁"的含义，会有多少消费者和经营者认为"阿鲁科尔沁牛肉"和新三维公司"科尔沁"商标标示的商品有联系？

3. 本案争议商标是否违反《商标法》第十三条第二款的规定

本案争议商标和引证商标核定使用的商品均为第 29 类，属于相同或类似商品，涉及已注册驰名商标在相同或类似商品上获得保护的法条适用问题。《商标法》第十三条仅规定了在相同或类似商品上对未注册驰名商标的保护，以及在不相同或不相类似的商品上对驰名商标的保护。考虑到维护2001 年《商标法》第十三条和第二十八条之间的适用平衡以及驰名商标的被动保护、按需认定原则，在相同或类似商品上复制、摹仿或翻译他人已注册驰名商标的情形，原则上不适用 2001 年《商标法》第十三条而应适用第二十八条的规定。但是，从《商标法》第十三条的立法本意出发，在相同或类似商品上复制、摹仿或翻译他人已注册驰名商标的情形，相较于在不相同或不类似商品上复制、摹仿或翻译他人已注册驰名商标更有保护的理由。因此本案可以适用 2001 年《商标法》第十三条第二款。

其一，复制、摹仿或翻译他人驰名商标的判定。复制指争议商标与他人驰名商标相同；摹仿指争议商标沿袭他人驰名商标的显著部分；翻译指争议商标将他人驰名商标以不同的语言文字表达，且该语言文字已经与他人驰名商标建立对应关系，并为相关公众广为知晓或习惯使用。本案中争议商标包含引证商标的显著识别部分，按通常理解应该判定为对引证驰名商标的摹仿，但由于"阿鲁科尔沁"是争议商标权利人所在地行政区划的名称，"阿鲁科尔沁牛肉"已经被注册为地理标志加以保护，二审法院认定争议商标不属于对他人已注册驰名商标的复制、摹仿或翻译。其二，误导公众，致使该驰名商标注册人的利益可能受到损害的判定。2010年《最高人民法院关于审理商标授权确权行政案件若干问题的意见》第十条规定："人民法院审理涉及驰名商标保护的商标授权确权行政案件，可以参照《最高人民法院关于审理涉及驰名商标保护的民事纠纷案件应用法律若干问题的解释》第五条、第九条、第十条等相关规定。"就本案而言，我们主要看2009年5月1日起施行的《最高人民法院关于审理涉及驰名商标保护的民事纠纷案件应用法律若干问题的解释》第九条[①]，将《商标法》第十三条第二款"误导公众，致使该驰名商标注册人的利益可能受到损害"解释为足以使相关公众认为被诉商标与驰名商标具有相当程度的联系，而减弱驰名商标的显著性、贬损驰名商标的市场声誉，或者不正当利用驰名商标的市场声誉的。本案适用2001年《商标法》第十三条第二款的规定，需要对争议商标的注册是否会误导公众，致使该驰名商标注册人的利益可能受到损害进行判定。二审法院在认定"阿鲁科尔沁牛肉"争议商标不属于对他人已注册驰名商标的复制、摹仿或翻译的情形后，紧接着认定"亦不易导致相关公众混淆、误认"，缺乏相应证据的支撑。根据2014年2月10日《最高人民法院关于商标法修改决定施行后商标案件管辖和法律适用问题的解释》第7条的规定，尽管本案在实体问题上适用2001年《商标法》，但本案的审理发生在《北京市高级人民法院关于

---

① 2009年《最高人民法院关于审理涉及驰名商标保护的民事纠纷案件应用法律若干问题的解释》第九条第二款："足以使相关公众认为被诉商标与驰名商标具有相当程度的联系，而减弱驰名商标的显著性、贬损驰名商标的市场声誉，或者不正当利用驰名商标的市场声誉的，属于商标法第十三条第二款规定的'误导公众，致使该驰名商标注册人的利益可能受到损害'。"

商标授权确权行政案件的审理指南（2014）》[①] 适用期间，2014 年《指南》第 13 条规定，对于相关公众能否将诉争商标和引证商标相区分，当事人可以提供市场调查结论作为证据。市场调查应当尽可能模拟相关公众实际购买商品时的具体情形，并应当对相关公众的范围、数量及其确定，相关公众购买商品时的注意程度以及整体比对、隔离观察、主要部分比对等方法的运用等进行详细描述，缺少上述要素、对上述要素使用错误或者无法核实其调查真实性的市场调查结论，不予采信。但从裁判文书内容看，新三维公司并没有提供相应的市场调查结论证据。2019 年《北京市高级人民法院商标授权确权行政案件审理指南》第 13 条，对地理标志商标无效宣告请求人提出了更明确具体的证据要求："当事人依据商标法第十三条第三款申请地理标志集体商标或者证明商标不予核准注册或者宣告无效的，应当结合地理标志客观存在情况及其知名度、显著性、相关公众的认知等因素，认定地理标志集体商标或者证明商标的注册是否会误导公众、致使普通商标注册人的利益可能受到损害。"因此，注册驰名商标权人在类似案件中，需要提供地理标志商标的注册会误导公众、致使普通商标注册人的利益可能受到损害的充足证据。

但是，每每看到此案，笔者脑海中都会浮现另外一个问题，那就是本案当事人使用在第 29 类牛肉商品上的注册商标"科尔沁"，本质上是否是一个地理标志呢。当事公司生产第 29 类"加工过的肉"，主要的原材料源自哪里，如果是科尔沁的牛……基于本案在案证据，"阿鲁科尔沁"是内蒙古自治区赤峰市下辖的县级行政区划名称，"科尔沁"是内蒙古自治区通辽是下辖的县级行政区划名称，那么本案在实质上就涉及同名同音地理标志的保护问题。

[①] 2019 年《北京市高级人民法院商标授权确权行政案件审理指南》自下发之日 (2019 年 4 月 24 日) 起执行，2014 年 1 月 22 日发布的《北京市高级人民法院关于商标授权确权行政案件的审理指南》不再适用。

五、"镜泊乡大豆 DADOU 及图"集体商标驳回复审案

图 3-2 第 5070510 号申请商标

镜泊乡大豆

DADOU

（一）基本案情

上诉人（原审被告）：国家工商行政管理总局商标评审委员会。

委托代理人：刘某某，商标评审委员会审查员。

被上诉人（原审原告）：黑龙江省宁安市镜泊湖大豆协会。

2005 年 12 月 19 日，宁安市镜泊湖大豆协会（简称"镜泊湖大豆协会"）向国家工商行政管理总局商标局（简称"商标局"）提出第 5070510 号"镜泊乡大豆 DADOU 及图"商标（简称"申请商标"）的注册申请，指定使用在第 31 类"豆（未加工的）、大豆（未加工的）"商品上。2007 年 8 月 15 日，商标局发出通知书，驳回了申请商标的注册申请；镜泊湖大豆协会不服，向商标评审委员会提出复审请求。2014 年 12 月 24 日，商标评审委员会做出商评字〔2014〕第 0000106897 号《关于第 5070510 号"镜泊乡大豆 DADOU 及图"商标驳回复审决定书》（简称"被诉决定"）。该决定认为：1. 申请商标由中文"镜泊乡大豆"和拼音"DADOU"组成，指定使用在"豆（未加工的）和大豆（未加工的）"商品上，其中中文"镜泊乡"为镜泊湖大豆协会所在地的地名，"大豆"为申请商标指定使用商品的名称。虽然镜泊湖大豆协会明确申请商标不是以地理标志作为集体商标申请注册，但申请

商标的组合形式易使相关公众误认为其所提供的商品的特定质量、信誉或者其他特征主要由镜泊乡地区的人文因素或者自然因素所决定,从而误认为申请商标为以地理标志注册的集体商标,违反了《商标法》第十六条的规定。2.镜泊湖大豆协会提交的《"镜泊乡大豆"集体商标使用管理规则》并没有明确规定使用该集体商标的商品所应达到的标准及品质,亦未明确镜泊湖大豆协会对使用该集体商标商品的检验监督制度,因此该管理规则不符合《集体商标、证明商标注册和管理办法》第十条的规定。综上,依照《商标法》第十六条、第三十条和《集体商标、证明商标注册和管理办法》第十条的规定,决定对申请商标予以驳回。

镜泊湖大豆协会不服商标评审委员会商评字〔2014〕第0000106897号驳回决定,向北京知识产权法院提起诉讼。诉讼中,镜泊湖大豆协会提交证据,证明己方于2007年8月7日向商标局以EMS方式寄发了修改后的《"镜泊乡大豆"集体商标使用管理规则》,该EMS件的收件单位名称为"国家工商行政管理总局商标局审查五处",商评委驳回的依据,是修改前的管理规则。镜泊湖大豆协会同时向法院提交了修改后的《"镜泊乡大豆"集体商标使用管理规则》文本,其中第五条、第八条和第九条,分别对使用该集体商标的成员所经营商品的质量、成员义务,以及镜泊湖大豆协会作为该集体商标管理机构应承担的责任做出规定。经审理,北京知识产权法院判决:撤销被诉决定,商标评审委员会重新做出复审决定。商标评审委员会不服一审判决,向北京市高级人民法院提起上诉,请求撤销原审判决。在二审阶段,法院查明:由于申请商标的申请被驳回,而镜泊湖大豆协会又急于使用商标,因此镜泊湖大豆协会重新申请了"鏡泊芎大豆"商标,该商标已于2010年3月28日注册,注册号为6251356号。经审理,二审法院认定,原审判决的相关认定虽有不当,但裁判结论正确,在纠正相关错误的基础上,维持一审裁判结论，因此判决驳回上诉，维持原判。①

（二）法院判决

分析裁判文书，我们可以将本案的争议焦点概括为：（1）商标评审委员会依据《商标法》第十六条对申请商标予以审查，是否属于法律适用错误。（2）镜泊湖大豆协会提交的《"镜泊乡大豆"集体商标使用管理规则》是否符合《集体商标、证明商标注册和管理办法》第十条的规定。

（1）商标评审委员会依据《商标法》第十六条对申请商标予以审查，是否属于法律适用错误？

北京知识产权法院认为：（1）《商标法》第十六条适用的前提条件，是商标中有商品的地理标志、商品并非来源于该标志所标示的地区。本案中，申请商标由"镜泊乡大豆"与拼音"DADOU"组成。没有任何在案证据证明"镜泊乡大豆"属于《商标法》第十六条规定的地理标志；镜泊湖大豆协会亦明确申请商标并非以地理标志作为集体商标申请注册的商标；即便申请商标确实包含地理标志，在案证据亦不能证明商品并非来源于该标志所标示的地区。（2）商评委援引《商标法》第十六条对申请商标进行审查属于法律适用错误。申请商标是否容易被误认为以地理标志注册的集体商标，不属于《商标法》第十六条规范的内容；不能因为申请商标含有地名即认定其容易被误认为地理标志，否则意味着所有含有地名且并非地理标志的集体商标、证明商标均无法注册。

北京市高级院人民法院认为：根据《商标法》第三条、第十六条和《集体商标、证明商标注册和管理办法》第四条、第六条、第七条、第八条、第十条的规定，集体商标是《商标法》规定的与商品商标、服务商标、证明商标并列的一种商标类型，但作为集体商标申请注册的标志并不必然就是地理

---

① 北京市高级人民法院（2016）京行终 1872 号行政判决书，合议庭：莎日娜、周波、樊雪，2016 年 6 月 12 日，书记员金萌萌。

标志,《商标法》允许地理标志以外的其他标志作为集体商标申请注册。以地理标志作为集体商标申请注册的,应当满足比普通集体商标更为严格的要求,提交该办法另行规定的相关文件。因此,对于申请注册的集体商标,应采用不同的标准予以审查,不应将所有类型的集体商标注册申请,均按照地理标志集体商标的标准予以审查。在具体案件中,如果商标注册申请人未明确所申请注册的集体商标为地理标志集体商标,或商标注册申请人明确所申请注册的集体商标非地理标志集体商标,但商标注册主管行政机关认为该申请注册的集体商标中包含地理标志,应按地理标志集体商标申请注册标准予以审查时,应有充分证据证明这一判断,并据此做出行政行为;在因此导致的行政诉讼中,商标注册主管行政机关对这一行为负有举证责任。否则,商标注册主管机关不应将适用于地理标志集体商标申请注册时的特殊规定适用于申请注册的该集体商标。本案中,申请商标系作为集体商标申请注册,该商标标志由"镜泊乡大豆"与拼音"DADOU"组合而成,指定使用在"豆(未加工的)、大豆(未加工的)"商品上。镜泊湖大豆协会在商标评审理由中已明确申请商标并非是以地理标志作为集体商标申请注册的,但商标评审委员会并未提交证据证明申请商标中包含地理标志,因此,不应适用以地理标志作为集体商标申请注册的特殊规定,而应以集体商标申请注册的一般规定予以审查。商标评审委员会适用《商标法》第十六条对申请商标予以审查缺乏事实依据,属于适用法律错误。

　　(2)镜泊湖大豆协会提交的《"镜泊湖大豆"集体商标使用管理规则》是否符合《集体商标、证明商标注册和管理办法》第十条的规定?

　　北京知识产权法院认为:商评委认定镜泊湖大豆协会提交的《"镜泊湖大豆"集体商标使用管理规则》不符合《集体商标、证明商标注册和管理办法》第十条的规定。但根据镜泊湖大豆协会提交的修改后的《"镜泊湖大豆"集体商标使用管理规则》,其中第五条载明了申请商标商品应达到的品质,第八条以及第九条体现了注册人对使用申请商标商品的检验监督制度,符合《集体商标、证明商标注册和管理办法》第十条的规定,商标评审委员会的认定没有事实依据。

北京市高级人民法院认为：镜泊湖大豆协会提出申请商标的注册申请时提交的《"镜泊湖大豆"集体商标使用管理规则》，其规定缺乏明确具体的可操作性标准和监督检验制度，完全流于形式而并未满足《集体商标、证明商标注册和管理办法》第十条规定的实质性要求。现有证据不能证明商标局在做出《商标驳回通知书》前，确实收到了镜泊湖大豆协会修改后的《"镜泊乡大豆"集体商标使用管理规则》，镜泊湖大豆协会在向商评委提出复审申请时，亦未提交上述修改后的管理规则；商标评审委员会于 2010 年 1 月 17 日发出《商标驳回复审案件评审意见书》，要求镜泊湖大豆协会补充提交申请商标符合集体商标注册条件的证据材料后，镜泊湖大豆协会仍未提交该修改后的管理规则。因此，镜泊湖大豆协会所主张的修改之后的《"镜泊乡大豆"集体商标使用管理规则》，并非商评委做出本案被诉决定的依据。在不能确定商标局是否收到修改后的《"镜泊乡大豆"集体商标使用管理规则》、商标评审委员会未对该修改后的管理规则进行审查的情况下，原审判决直接认定上述管理规则符合《集体商标、证明商标注册和管理办法》第十条规定的要求显属不当，法院予以纠正。

在此我们注意商评委请求撤销原判的理由与协会的辩护。

商评委上诉请求撤销原审判决的主要理由为：申请商标由中文"镜泊乡大豆"和拼音"DADOU"组成，其中中文"镜泊乡"为镜泊湖大豆协会所在地的地名，"大豆"为申请商标指定使用商品的名称。该种商标组合形式易使相关公众误认为其所提供的商品的特定质量、信誉或者其他特征主要由镜泊乡地区的人文因素或者自然因素所决定，从而误认为申请商标为以地理标志注册的集体商标，违反了《商标法》第十六条的规定。而且，镜泊湖大豆协会名下有第 6251356 号"鏡泊芗大豆"普通商标，其与本案申请商标高度近似，且指定使用的商品相同，在此情况下若申请商标作为集体商标获准注册，势必造成相关公众的误认。

镜泊湖大豆协会辩称：（1）申请商标只是普通的集体商标，不是地理标志，商标局及商评委无权将镜泊湖大豆协会申请的普通集体商标认定为地理标志并按地理标志进行审查。不能因为商标中含有地名即认定其容易被误认为地理标志，否则所有含有地名且并非地理标志的集体商标、证明商标均无法注册。（2）集体商标与普通商标的识别功能并无本质差别，商标局及商评委已经核准很多"××乡"的普通商标注册，其中很多还是自然人注册的商标，并未导致社会公众将这些普通商标误认为以地理标志注册的集体商标。（3）商评委在上诉状中提及的第6251356号"鏡泊芗大豆"商标，在商标局的驳回理由、商评委的被诉决定中均未涉及，该商标不是被诉做决定的依据和理由，与本案无关。

（三）评析

"镜泊乡大豆DADOU及图"商标驳回复审案，是笔者2017年春季民商法专业研究生课上用过的案例，这是一起司法对行政行为纠错的案件，对以后同类型的商标申请意义重大。并且，本案从另一个角度反映出中国地理标志保护制度的不完善。

"镜泊乡大豆DADOU及图"商标驳回复审案反映出的关键问题是，对于一件含有地名的集体商标申请，中国商标主管机关有无职权依据《商标法》第十六条进行主动审查。[①] 根据欧盟2436/2015号商标指令序言第38段以及第5条第3款c项规定，地理标志的保护可以成为阻却商标注册或使其

---

① 地理标志相较于姓名权、肖像权、企业的商标或驰名商标权、专利权等，毕竟是一项具有集体性特征的知识产权。本案中商标局和商评委就包含地名的集体商标，依据《商标法》第十六条规定主动进行审查的行为无疑是值得称赞的。

无效的理由；① 在美国，《兰哈姆法典》第 1052（a）条② 和 1064（3）条也明确规定了葡萄酒和烈酒地理标志可以作为驳回商标注册的绝对理由，即使该商标获得了注册，也可基于保护地理标志使该商标丧失法律效力。

普通的集体商标与地理标志集体商标的注册申请，根据中国《商标法》《集体商标、证明商标注册和管理办法》的有关规定，核准的具体条件是有所差别的。二审法院在本案中明确阐明："对于申请注册的集体商标，应当根据其是否包含地理标志，采用不同的标准予以审查，不应将审查以地理标志作为集体商标申请注册的标准适用于所有类型的集体商标申请注册的情形。"二审法院的裁判说理中指出就本案而言，"申请商标并非以地理标志商标的形式申请注册，此时，商标评委员会再以地理标志商标审查的相关标准要求本案申请商标的注册人，就必须证明该申请商标包含地理标志，否则，其相关要求就缺乏事实基础"。③ 二审法院有关商标注册主管行政机关举证责任的观点，有无增加商标主管机关的行政负担呢？就本案情形来看，针对一个含有地名却明确不申请地理标志商标、只申请普通集体商标的个案，商标行政主管机关要依据什么证据来判断有无构成地理标志？

《集体商标、证明商标注册和管理办法》第六条规定："申请以地理标志作为集体商标、证明商标注册的，还应当附送管辖该地理标志所标示地区的人民政府或者行业主管部门的批准文件。外国人或者外国企业申请以地理标志作为集体商标、证明商标注册的，申请人应当提供该地理标志以其名义在其原属国受法律保护的证明。"根据该规定，商标行政机关不能在没有证据的情况下自行判断某个地名是否构成地理标志，需要申请者提供标志标示地

---

① 　DIRECTIVE (EU) 2015/2436 OF THE EUROPEAN PARLIAMENT AND OF THE COUNCIL of 16 December 2015 to approximate the laws of the Member States relating to trade marks，https://eur-lex.europa.eu/legal-content/EN/TXT/?uri=CELEX%3A32015L2436。

② 　《兰哈姆法典》将包含葡萄酒、烈酒地理标志与包含不道德、欺骗或诽谤性内容，或含有对生者或死者、机构、信仰或国家象征有贬损或引起错误联想的内容，或包含使之蒙受鄙视或破坏其名誉的内容并列作为驳回商标注册的首项理由。

③ 　周波、刘永：《地理标志商标典型案例评述》，中国工商出版社，2018 年，第 225 页。

区的人民政府或者行业主管部门的批准文件，外国人或者外国企业的则提供受法律保护的证明。言下之意，由地方人民政府或者行业主管部门先行判断是否构成地理标志，判断构成了地理标志，则开具证明，商标行政机关根据规定进行审查，确定是否予以注册，在实践中也确实如此。但《集体商标、证明商标注册和管理办法》第六条明确适用于当事人主动申请注册地理标志商标的情形，本案中恰恰镜泊湖大豆协会明确表示不注册地理标志商标，而是注册普通集体商标。此时，商标行政机关考虑到申请商标可能是地理标志，认为这种情况下可以参考《集体商标、证明商标注册和管理办法》第六条规定，但中国的商标法制度没有做出这样的法律安排。那么，商标注册主管行政机关要求地方人民政府或地方行业主管部门提供批准文件的依据又是什么？

本案中，协会在二审阶段辩称："镜泊乡大豆"集体商标根本不存在所谓的"有害于社会主义道德风尚或者有其他不良影响"。笔者曾看到《中国知识产权报》2016年刊发的一篇文章[①]，该文第一段第一句这样写道："凭借粒大饱满、金黄光亮的品质，黑龙江省宁安市镜泊乡所产的大豆备受消费者青睐。"这句话不由得让人产生"镜泊乡大豆"是一个事实上的地理标志的想法。何况，在镜泊湖大豆协会向商标评审委员会申请复审的理由中，有这样一段话："尽管镜泊湖大豆协会的产品与镜泊乡的自然因素、人文因素有着极其密切的联系，但镜泊湖大豆协会无意以地理标志申请集体商标，仅愿意以一般集体商标的形式注册。"实际上，即便"镜泊乡大豆"是一个事实上的地理标志，《商标法》第十六条也难以规制本案的情形，因为协会就是镜泊乡当地的协会，不会对公众产生误导。那么，商标主管机关可否依据"有害于社会主义道德风尚或者其他不良影响"阻却申请商标的注册呢？

本案中镜泊湖大豆协会诉称，商评委在上诉状中提及的第6251356号

---

① 《商标中因包含地名注册受阻，历时9年权属追索终审告捷——"镜泊乡大豆"化解"有商无标"尴尬》，《中国知识产权报》，https://www.ip1840.com/case/trademark/34765.html。

"鏡泊芎大豆"商标不是被诉做出决定的依据和理由，与本案无关。笔者窃以为，商评委将镜泊湖大豆协会的本案申请商标与其"鏡泊芎大豆"进行比较，是为了防止注册商标后不实际使用，导致有限的商标资源的浪费。因为，针对同一民事主体相同商品上不同商标的比对，确实不是为了防止消费者产生混淆。

本案中值得我们关注的另外一点是，镜泊湖大豆协会在向商标评审委员会提交的《答复第 5070510 号"镜泊乡大豆"集体商标〈商标驳回复审案件评审意见书〉》一文中做出如下回应："镜泊乡大豆"商标根本不是地理标志。协会根据《原产地标记管理规定》和《原产地标记管理规定实施办法》的规定认定为地理标志（原产地标记）后，将列入《受保护的原产地标记产品目录》，然后根据《地理标志产品保护规定》使用相关标志并受质检机构依法保护。以上程序才是地理标志（资格）认定与保护的法定程序。而《集体商标、证明商标注册和管理办法》中的"地理标志"是指某标志本身已经是地理标志（即经官方认定或认可，或约定俗成），然后将该地理标志注册为集体商标或证明商标，这一点从该《办法》的文字中即可解读出。因此，地理标志与商标不可混为一谈。"镜泊乡大豆"未经法定机构（在中国为国家质检总局）评审及认定，根本不是地理标志。这一段话实际上直指中国当前地理标志保护二元模式的缺陷和痛处。地理标志专门法保护的低位阶、专门法保护与商标法保护的协调与衔接问题，亟待解决。

六、"祁门红茶"商标无效案

安徽国润茶业有限公司与祁门县祁门红茶协会、国家工商行政管理总局商标评审委员会商标权无效宣告请求行政纠纷案[①]，既是 2017 年中国法院 50

---

① 北京市高级人民法院（2017）京行终 3288 号行政判决书，合议庭：周波、俞惠斌、苏志甫。

件典型知识产权案例之一①，也是2017年北京市法院知识产权"十大创新性"案例之一②。

图 3-3 第 4292071 号"祁门红茶及图（指定颜色）"商标

（一）当事人

再审申请人（一审原告、二审被上诉人）：祁门县祁门红茶协会。

被申请人（一审被告、二审第三人）：国家工商行政管理总局商标评审委员会。

被申请人（一审第三人、二审上诉人）：安徽国润茶叶有限公司。

（二）事实背景及诉讼概况

2004 年 9 月 28 日，祁门县祁门红茶协会（简称"祁门红茶协会"）向原国家工商行政管理总局商标局（简称"商标局"）提出第 4292071 号"祁门红茶及图（指定颜色）"商标（简称"争议商标"）的注册申请，后经核准，核定使用的商品范围为第 30 类"茶、茶叶代用品"等商品，专用期限

① 《2017 年中国法院 50 件典型知识产权案例》，资料来源 http://www.court.gov.cn/zixun-xiangqing-91322.html。

② 《北京市高级人民法院公布 2017 年北京市法院知识产权"十大创新性"案例》，资料来源 http://bjzcfy.chinacourt.gov.cn/article/detail/2018/04/id/3277627.shtml。

自 2008 年 11 月 7 日至 2018 年 11 月 6 日。

2011 年 12 月 27 日，安徽国润茶业有限公司（简称"国润公司"）针对争议商标向商标评审委员会提出异议申请，认为祁门红茶的产区不仅包括祁门县，而且包括邻近的贵池、东至、祁门、石台、黟县等地，因此提出异议。在安徽省工商行政管理局等部门的调停下，2011 年 8 月，商标局准予安徽国润茶业有限公司撤回异议申请。①2015 年 9 月，通过补证程序，祁门红茶协会在提出注册申请的 11 年之后终于领到了"祁门红茶"证明商标注册证。

2015 年 10 月 19 日，商标评审委员会做出商评字〔2015〕第 84747 号《关于第 4292071 号"祁门红茶"商标无效宣告请求裁定书》（简称"被诉裁定"），认为祁门红茶协会以"祁门红茶"地理标志作为证明商标向商标行政机关申请注册时，将该地理标志所标示地区仅限定在祁门县所辖行政区划的做法违背了客观历史，违反了申请商标注册应当遵守的诚实信用原则，因此构成 2001 年《商标法》第四十一条第一款所指以欺骗手段取得注册之情形。综上，商标评审委员会依照 2001 年《商标法》第四十一条第一款、2013 年《商标法》第四十四条第一款、第三款和第四十六条的规定，裁定对争议商标予以无效宣告。

祁门红茶协会认为被诉裁定认定事实错误，适用法律错误，并严重违反法定程序，诉至北京知识产权法院请求依法予以撤销。经审理，北京知识产权法院于 2017 年 4 月 24 日做出判决：撤销被诉裁定；商标评审委员会重新做出裁定。②国润公司不服原审判决，向北京市高级人民法院提起上诉。二审法院经审理，于 2017 年 12 月 25 日做出判决：撤销一审判决；驳回祁门

---

① 2009 年 4 月 9 日，商标局就本案争议商标向国润公司发出发文编号为"2008 异 20905SL"的《商标异议申请受理通知书》，该通知书载明商标局收文时间为 2008 年 10 月 27 日。

② 北京知识产权法院 2015 年京知行初字第 06629 号行政判决书，合议庭：袁伟、王东、高睿，2017 年 4 月 24 日，法官助理逯遥，书记员于天娇。

红茶协会的诉讼请求。^①祁门红茶协会不服北京市高级人民法院（2017）京行终 3288 号行政判决，向最高人民法院申请再审，请求撤销二审判决，维持一审判决。最高人民法院于 2018 年 9 月 20 日裁定驳回祁门红茶协会的再审申请。^②

（三）法院裁决

从裁判文书看，本案的争议焦点是：祁门红茶协会取得第 4292071 号"祁門红茶及图（指定颜色）"地理标志商标注册的行为是否构成 2001 年《商标法》第四十一条第一款以欺骗手段取得注册或者以其他不正当手段取得注册的情形？

商标评审委员会认为祁门红茶协会在取得"祁門红茶及图（指定颜色）"地理标志商标注册时违反了商标申请应当遵循的诚实信用原则，构成 2001 年《商标法》第四十一条第一款所指以欺骗手段取得注册之情形；一审法院经审理，认为无在案证据显示祁门红茶协会在申请该证明商标时实施了伪造申请材料等欺骗行为，商评委亦未举证证明祁门红茶协会申请注册诉争商标时所标示地区违背了客观历史的行为系出于欺瞒商标行政机关之故意，因此诉争商标的申请不构成 2001 年《商标法》第四十一条第一款"以欺骗手段或者其他不正当手段取得注册"的情形。二审法院经审理认定：祁门红茶协会未全面准确地向商标注册主管机关报告该商标注册过程中地域范围存在的争议，构成以"其他不正当手段取得注册"的情形；再审法院经审查，认定祁门红茶协会在对诉争商标标示的地区范围和行业主管部门的意见明确知悉的情况下，未主动向商标注册机关如实披露上述争议协调处理的情况和安徽省农业委员会作为主管部门关于证明商标标示"大产区"的最终说明，违反

---

① 北京市高级人民法院（2017）京行终 3288 号行政判决书，合议庭：周波、俞惠斌、苏志甫，2017 年 12 月 25 日，书记员金萌萌。

② 最高人民法院（2018）最高法行申 4767 号行政裁定书，合议庭：林广海、李剑、秦元明，2018 年 9 月 20 日，法官助理马云鹏，书记员焦媛。

了地理标志商标申请人应负的义务，构成以"其他不正当手段取得注册"的情形。

北京知识产区法院认为，2001年《商标法》第四十一条第一款[①]中"以欺骗手段或者其他不正当手段取得注册"的情形，系指申请商标注册人违背诚实信用原则，以弄虚作假的手段欺骗商标行政主管机关取得注册，或出于不正当竞争、牟取非法利益的目的，恶意进行注册的行为。上述以弄虚作假的手段欺骗商标行政主管机关取得商标注册的行为，主要表现为商标注册人在申请注册商标的时候，采取了向商标行政主管机关虚构或者隐瞒事实真相、提交伪造的申请书件或者其他证明文件等骗取商标注册的行为。因此，诉争商标的注册行为属于"以欺骗手段或者其他不正当手段取得注册"，至少应满足以下两项要件：一是商标注册人主观上系出于不正当竞争、牟取非法利益的目的，具有欺骗商标行政主管机关的故意；二是商标注册人客观上实施了向商标行政主管机关虚构或者隐瞒事实真相、提交伪造的申请书或者其他证明文件等行为。在此基础上，依据相关法律法规，结合本案的在案证据显示的相关事实，法院认为，诉争商标的申请不构成2001年《商标法》第四十一条第一款规定中所指的"以欺骗手段或者其他不正当手段取得注册"的情形，具体理由如下：首先，祁门红茶协会将诉争商标作为证明商标予以注册时，其提交的相关材料符合相关法律法规[②]对于申请注册证明商标的形式要求；其次，判断诉争商标之申请是否属于2001年《商标法》第四十一条第一款规定中所指的"以欺骗手段或者其他不正当手段取得注册"的情形，并不在于确定祁门红茶的产区范围客观如何，而在于祁门红茶协会在申请该证明商标时主观上是否有欺瞒商标行政机关之故意，客观上是否实

[①] 2001年《商标法》第四十一条第一款规定："已经注册的商标，违反本法第十条、第十一条、第十二条规定的，或者是以欺骗手段或者其他不正当手段取得注册的，由商标局撤销该注册商标；其他单位或者个人可以请求商标评审委员会裁定撤销该注册商标。"

[②] 北京知识产权法院将《商标法实施条例》第四条、《商标法》第十六条、《集体商标、证明商标注册和管理办法》有关规定和本案证据情况相结合进行裁判说理。

施了伪造申请材料等欺骗行为。根据本案在案证据，并无证据显示祁门红茶协会在申请该证明商标时实施了伪造申请材料等欺骗行为，且被告亦未举证证明祁门红茶协会申请注册诉争商标时所标示地区违背了客观历史的行为系出于欺瞒商标行政机关之故意。因此，北京知识产权法院认为，诉争商标的申请不构成 2001 年《商标法》第四十一条第一款规定中所指的"以欺骗手段或者其他不正当手段取得注册"的情形，被诉裁定中相关认定属于适用法律错误，予以纠正。①

北京市高级人民法院经审理认为，祁门红茶协会在明知祁门红茶地域范围存在争议的情况下，未全面准确地向商标注册主管机关报告该商标注册过程中存在的争议，尤其是在国润公司按照安徽省二商局会议纪要的要求撤回商标异议申请的情况下，仍以不作为的方式等待商标注册主管机关核准该商标的注册，其行为已构成以"其他不正当手段取得注册"的情形，因此二审判决：撤销一审判决；驳回祁门红茶协会的诉讼请求。

最高人民法院经审查认为：安徽省行业主管部门安徽省农业委员会针对祁门红茶的生产地域范围所引起的相关主体的争议多次主持协调处理，最后对地域范围明确以"大产区"范围为准，并在本案诉讼期间再次提交了与"大产区"内容一致的说明。祁门红茶协会和国润公司在商标注册争议期间均参加了由安徽省工商行政管理局主持的协调会，会后形成的会议纪要亦载明诉争商标应以"大产区"范围进行标示。据此，足以认定祁门红茶协会对诉争商标标示的地区范围和行业主管部门的意见有了明确的知悉，在此情况下，祁门红茶协会既未撤回先前提交的失效的安徽省农业委员会先前关于诉争商标产区范围的说明，亦未主动向商标注册机关如实披露上述争议协调处理的情况和安徽省农业委员会作为主管部门关于证明商标标示"大产区"的最终说明，违反了地理标志商标申请人应负的义务，被诉裁定和二审判决据

---

① 北京知识产权法院 2015 年京知行初字第 06629 号行政判决书，合议庭：袁伟、王东、高睿，2017 年 4 月 24 日，法官助理逯遥，书记员于天娇。

此认定其构成 2001 年《商标法》第四十一条第一款中规定的以"其他不正当手段取得注册"的情形，对诉争商标应予以无效宣告，是正确的。

（四）评析

本案是 2017 年北京市法院知识产权"十大创新性"案例中的第三大创新性案例，根据北京市高级人民法院的创新性评价，"祁门红茶"商标无效宣告请求行政案的裁判，"是法院在商标授权确权行政案件中对特定地理标志的地域范围进行司法认定的首次实践，是地理标志保护核心问题。在二审判决中，法院明确了两个问题：其一，对于这种地域范围限定不准确的地理标志证明商标，依法不应予以注册；其二，地理标志商标注册申请人在提交商标注册申请文件方面，应当负有较之于普通的商品商标、服务商标注册申请人更多的诚实信用义务，违反该义务，则将使其商标注册申请行为丧失正当性基础，属于'以欺骗手段'取得注册或者'其他不正当手段取得注册'的情形"。

本案中祁门红茶协会和国润公司主要争议的问题是：祁门红茶的产区究竟仅限于安徽省祁门县境内，还是还包括安徽省石台、贵池、东至、黟县等地区。最高人民法院将本案二审判决列为 2017 年度全国法院 50 件典型知识产权案例，实际上是支持此种判决。特定地理标志产品生产地域范围的确定，是地理标志保护的关键。二审法院结合《商标法》第十六条规定，认为如果申请注册的地理标志商标文件中所确定的产地范围与该地理标志所标示的实际地域范围不符，无论是不适当扩大还是不适当缩小，都将误导公众，并难以起到证明使用该商标的商品来自特定产区、具有特定品质的作用。因此，对于这种地域范围限定不准确的地理标志证明商标，依法不应予以注册。

1. 地方人民政府和行业主管部门有关祁门红茶地域范围的文件

根据《集体商标、证明商标注册和管理办法》的相关规定，申请注册地理标志商标的，应当附送管辖该地理标志所标示地区的人民政府或者行业主管部门的批准文件，并应当在申请书件中说明该地理标志所标示地区的范围。本案中，就祁门红茶产地，作为行业主管部门的安徽省农业委员会在不同时间界定的地域范围是不一致的；由于原国家质检总局2001年受理并于2002注册保护"祁门红茶"原产地标记，根据本案裁判文书，笔者以时间为序，将与祁门红茶地理标志保护工作有关的地方人民政府和行业主管部门有关地域范围的文件引述如下：

祁门县人民政府于2000年7月向安徽省出入境检验检疫局出具的《关于"祁红"生产地域的界定》，其中载明："'祁红'生产地域界定：认定为祁门县境内除梅溪河向北流入秋浦河（城安乡、赤岭乡、雷湖乡）、凫溪河南流入新安江外（凫丰乡），其余诸水均汇于阊江入鄱阳湖的乡镇是'祁红'生产区域，这些区域，都为优质的'祁红'提供良好的条件。"

2004年7月1日，安徽省农业委员会致安徽省工商行政管理局的《关于祁门红茶协会申请办理"祁门红茶"证明商标的证明》[皖农农（经作）〔2004〕2号]具体内容为："祁门红茶协会为祁门县数家祁门红茶生产、加工企业发起组成的茶业社团组织，挂靠在祁门县农业委员会。作为祁门红茶行业的代表，在行业内开展服务、协调和自律活动。祁门红茶是祁门县的特有传统茶叶产品，该协会为进一步规范祁门红茶的生产、经营，强化管理力度，受县委、县政府的委托，特提出申请办理'祁门红茶'证明商标的要求。该协会依托安徽省农业科学院茶叶研究所和县农委及组成企业的质检技术力量，具备了对祁门红茶产、加、销过程的检测和监督管理能力。特此证明。"该证明所附《关于"祁门红茶"生产地域的有关说明》中载明："本着充分尊重历史与现状的精神，我们认为祁门红茶协会提出的'祁门红茶'生产地域限定在祁门县境内的说法是可以采信的……综上所述，将'祁门红茶'的产地划定在祁门县境内是比较妥切的，也有利于'祁门红茶'品牌的保护。"

2006年1月9日，安徽省农业委员会致池州市农业委员会的《关于申报

"祁门红茶"证明商标涵盖茶区请示的答复》[皖农农（经作）函〔2006〕1号]具体内容为："你委池农〔2005〕119号《关于申报'祁门红茶'证明商标涵盖茶区的请示》收悉，针对所提问题答复如下：一、关于'祁门红茶'产区范围历来有两种看法，即大、小祁门红茶产区之说。小祁门红茶产区，不言而喻，仅指祁门县境内除安凌区外的所有产茶区，所产红茶叫'祁门红茶'无可争议；大祁门红茶产区，除祁门县外，还包括周边的黟县（渔亭以北）、石台、东至、贵池以及江西省的浮梁县等地，所产红茶除祁门县所产外，长期以来叫过'祁红'，也叫过'池红''浮红'等名称，有争议的就在于此。我们支持祁门县申报主要是基于以下几点理由：1. 先有县，后有茶。'祁门红茶'是因为产于祁门县而得名。……2. 先有名，后扩张。从大多有关'祁红'发展的历史资料可看出，'祁红'产区之所以有所扩张，完全是因为'祁红'出名后，各地茶商纷纷来祁门县设点设庄收购，并因效益好，销量增加，带动了周边地区仿效生产这种红茶，并经拼配后，对外统称'祁红'销售。……3. 祁门县是生产中心。即使是大祁红说法也承认，之所以叫'祁红'，是因为历史上'产量以祁门为主'或'因祁门县的产量较多'等原因。……4. '祁门红茶'的茶文化发展传播基于祁门县。……因此，从原产地保护的角度考虑，祁门县申报，理由较为充分。……二、来文要求我委向国家商标局函请异议，似乎不妥。正确的做法，应是行使你们的权利，由你委直接向国家商标局说明理由，提请异议。"

2007年8月7日，安徽省农业委员会致安徽省工商行政管理局的《关于祁门红茶协会申请办理"祁门红茶"证明商标的证明》，内容与该委2004年7月1日做出的《关于祁门红茶协会申请办理"祁门红茶"证明商标的证明》[皖农农（经作）〔2004〕2号]基本一致。2007年的该份证明所附《关于"祁门红茶"生产地域和特定品质的有关说明》中载明："本着充分尊重历史与现状的精神，我们认为祁门红茶协会提出的'祁门红茶'生产地域限定在祁门县境内，即限定在祁山镇、小路口镇、金字牌镇、平里镇、历口镇、闪里镇、安凌镇、大坦乡、柏溪乡、塔坊乡、祁红乡、溶口乡、芦溪乡、渚口乡、古溪乡、新安乡、箬坑乡、凫峰乡 18 个乡镇的说法是确信无误的,并支持该协会通过申请'祁门红茶'证明商标,管理、监督好祁门红茶的产、加、销工作,重振'祁门红茶'的声誉。……综上所述,'祁门红茶'为在祁门县境内,选用华茶 22 号祁门种(又名祁门槠叶种)及以此为资源选育的无性系良种为主的茶树品种生长的鲜叶,按照'祁门红茶'传统而独特的加工工艺制作而成,具有似花、似果、似蜜独特'祁门香'品质特征的红茶,故将'祁门红茶'的产地划定在祁门县境内是客观与历史确定的,也有利于'祁门红茶'品牌的保护。"

安徽省农委于 2007 年 9 月 19 日出具的《关于调整"祁门红茶"生产地域范围的说明》,载明:"'祁门红茶'生产地域限定在祁门、石台、贵池、东至、黟县境内……"

2009 年 6 月 12 日印发的安徽省工商行政管理局专题会议纪要(第 1 号)《"祁门红茶"地理标志注册协调会会议纪要》,内容为:"2009 年 6 月 10 日下午,在安徽省工商局九楼会议室,召开了'祁门红茶'地理标志注册协调会。会议由安徽省工商局副局长黄家华主持。出席会议的有关市、县政府和协会、企业的代表有黄山市人民政府副市长徐健敏、池州市人民政府副市长章霞生,安徽省工商局商标局局长刘国建、副局长李丹玲,黄山市工商局副局长王庆荣、商标科科长宋皓,池州市工商局副局长黄德云、商标科科长王效愚,祁门县政府副县长陈洁、农委主任李胜杰,祁门红茶协会秘书长何胜利,池州市农委副主任王德方,安徽国润茶业有限公司董事长殷天霁。会上,黄山市和池州市就'祁门红茶'地理标志的注册发表了各自的观点,经友好协商,达成如下共识:一、尽快完成'祁门红茶'地理标志的注册,对于保护祁门红茶这一享誉国内外的历史名茶品牌声誉,规范祁门红茶生产经营秩序,保障消费者和生产经营者的利益,做大做强祁红产业,促进产区茶农增收和地方经济发展具有十分重要的作用,有关各方要大力支持,协助祁门红茶协会完成'祁门红茶'地理标志的注册。二、本着'尊重历史、有力发展、科学管理、强化保护'的原则,按照安徽省农业委员会 2007 年 9

月 19 日向国家工商行政管理总局商标局提交的《关于调整'祁门红茶'生产地域范围的说明》重新划定的'祁门红茶'地理标志使用范围，由祁门红茶协会向国家工商总局商标局递交变更'祁门红茶'地理标志使用范围的申请，黄山市政府予以协调指导，黄山市农委、市工商局督办。三、异议人安徽省国润茶业有限公司、石台县茶业协会主动向国家工商总局商标局撤销对'祁门红茶'地理标志注册的异议，以便'祁门红茶'地理标志注册程序尽快完成，池州市政府予以协调指导，池州市农委、市工商局督办。四、安徽省工商局在收到两市工作完成的书面材料后，及时向国家工商总局商标局呈报加快'祁门红茶'地理标志的异议裁定和使用范围调整的报告，并负责协调国家工商总局商标局尽快完成'祁门红茶'地理标志注册程序。五、'祁门红茶'地理标志注册后，凡在国家工商总局商标局核定的产区内的茶叶生产经营者，只要产品符合祁门红茶的品质标准，均可申请使用'祁门红茶'证明商标；祁门红茶协会应加强商标管理，及时受理、审核商标使用申请，符合条件的应及时办理相关手续。（商标局整理）"该会议纪要主送：池州市人民政府、黄山市人民政府、池州市农委、黄山市农委、池州市工商局、黄山市工商局、国润公司、祁门县农委、祁门红茶协会、石台县茶业协会。

安徽省质量技术监督局于 2009 年 12 月 10 日发布并实施的安徽省地方标准《祁门红茶》中载明"祁门红茶"的术语解释为"以安徽省祁门县为核心产区，以祁门槠叶种及以此为资源选育的无性系良种为主的茶树品种鲜叶为原料，按传统工艺及特有工艺加工而成的具有'祁门香'品质特征的红茶"。

2017 年 6 月 26 日，安徽省农业委员会致商标评审委员会的《关于"祁门红茶"生产地域范围的说明函》，该函对"祁门红茶"的生产地域范围说明如下："关于'祁门红茶'生产地域范围，我委早在 2007 年就已向国家工商行政管理总局商标局出具了《关于调整'祁门红茶'生产地域范围的说明》的函，函中指出'祁门红茶'的生产地域限定在祁门、石台、贵池、东至、黟县境内，即限定在祁门县祁山、小路口、金字牌、平里、历口、闪里、安凌、大坦、柏溪、塔坊、祁红、溶口、芦溪、渚口、古溪、新安、箬坑、凫峰 18 个乡镇，石台县珂田、占大、大演、横渡、七都与兰关等 6 个乡镇，贵池区高坦、梅村 2 个镇，东至县利安、木塔、马坑、葛公、洪方等 5 个乡，黟县渔亭以北地区。"

2017 年 9 月 27 日，安徽省农业委员会致商标评审委员会《关于祁门红茶生产地域范围说明的函》（皖农特函〔2017〕978 号），其内容为："我委农业局分别于 2004 年 7 月 1 日、2006 年 1 月 9 日、2007 年 8 月 7 日出具了祁门红茶产地范围的相关说明，将祁门红茶产地限定在祁门县境内，当时主要是为了支持祁门县发展红茶产业。我委在深入了解祁门红茶产业发展历史和现状的基础上，本着'尊重历史，尊重现实，有利于整个祁门红茶区域公用品牌整体全面地做大做强'原则，于 2007 年 9 月 19 日出具了《关于调整'祁门红茶'生产地域范围的说明》，明确了'祁门红茶'的生产地域限定在祁门、石台、贵池、东至、黟县境内，并在之后的多份文件中一直沿用此生产地域范围。特此说明。"

2. 农学专家有关祁门红茶地理标志地域范围的观点

祁门县祁红产业发展局农艺师耿其明认为，确定祁门红茶原产地域首先考虑的是祁门红茶的最本质的品质特征与祁门红茶生产环境之间的关系，即在何种环境下生长、生产的红茶才能保证其独特品质。不能用祁红茶区代替祁门红茶原产地域范围，不管特征、香气、主要成分含量的差别，还是历史上祁门红茶与周边地区红茶收购价格的差别，均显示，祁门红茶与至德、浮梁、贵池、石台等地的红茶有着明显的品质区别。2002 年 1 月 8 日，原国家质检总局认定"祁山牌"祁门红茶为原产地标记产品，划定的祁门红茶产地范围是祁门县境内阊江河流域范围内的地域，而县境内的新安江流域及秋浦河流域的乡镇为非祁红产区。[①]

---

① 祁门档案馆：《祁门茶厂档案资料汇编》，2005 年。转引自耿其明：《祁门红茶原产地域范围考析》，《安徽农学通报》2014 年第 20 期，第 161—165 页。

　　池州市农业技术推广中心高级农艺师认为，据 1935 年吴觉农、胡浩川
所著《中国茶业复兴计划》一书，祁红产区为祁门、至德、石台、贵池、黟
县及江西浮梁县；1952 年，农业部批准中国茶叶公司关于茶区划分的意见，
根据自然经济资源和产业发展现状，确定祁红产区范围为：安徽祁门、东至、
石台、贵池、黟县（渔亭以北）、江西浮梁；1993 年，民政部、建设部编纂
的《中国县情大全》华东卷也有同样的明确标示。为维护祁红产区人民的共
同利益，保护生态群落的整体性、资源优化配置的系统性、茶产业供给侧改
革的一致性，应该认定东至、祁门、石台、贵池、黟县（渔亭以北）、浮梁是
祁红产区，牯牛降自然保护区周围是优质祁红原料的生产基地。[①]

3. 欧盟梅尔顿·莫布雷猪肉馅饼（Melton Mowbray Pork Pie）争议案的启示

　　在地理标志保护制度发源地欧洲，地理标志保护制度具有双重的目的：
一是保护产品的生产者免于不公平竞争，二是保护消费者免于产品虚假描述
的误导。

　　在欧洲，也曾经发生过一起类似于祁门红茶生产地域范围争议的案件，
即梅尔顿·莫布雷猪肉馅饼（Melton Mowbray Pork Pie）案。梅尔顿·莫
布雷是英国莱斯特郡的一个小镇，梅尔顿·莫布雷猪肉馅饼协会（Melton
Mowbray Pork Pie Association，简称 MMPPA）于 2002 年 12 月根据 EC2081
/ 92 号条例，寻求将"Melton Mowbray Pork Pie"注册为受保护的地理标志
（简称 PGI），但该项注册申请遭到了北方食品公司（Northern Foods plc）的
强烈反对，因为北方食品公司是"Melton Mowbray Pork Pie"一词的现有用
户，而根据申请划定的生产地域范围，北方食品公司被排除在划定的生产区
域之外，因此 2004 年北方食品公司通过司法审查申请予以反对。梅尔
顿·莫布雷的地理边界的划定，引发了人们对地理标志保护基础的质疑。葡

---

① 江平：《称述祁红产区形成与客观认定》，《安徽农业科学》2018 年第 35 期，第 234—236 页。

萄酒是地理标志产品的典型例子，基于自然和人为因素而与其原产地相关联。生产者可以根据土壤条件和微气候来识别生产区。专家们断言，葡萄酒的品质取决于其原产地，专家们谈到香槟白垩土壤的独特性，然后以此为划分原产地的基础。然而，随着地理标志保护范围的扩大，出现许多地理标志商品更多地与其原产地的"声誉"相联系，而不是基于可验证的自然特征，致使界定原产地范围变得困难。当人们都瞩目法院会如何处理本案中地域范围的认定问题时，北方食品公司于 2006 年 11 月撤诉，这使得法院以适当界定 PGI 边界的方式结束这一旷日持久的案件不再有实际意义。2007 年，北方公司关闭了原有工厂，在诺丁汉的 Queens Drive 投资了 1200 万英镑，随后搬迁到诺丁汉并开始生产符合 PGI 标准的馅饼，2009 年 6 月，"Melton Mowbray Pork Pie"在欧盟成功注册为受保护的地理标志（PGI）。

窃以为，人民法院对于生产地域范围有争议的地理标志商标申请不予支持，实际是给予了相关主体更多的自主性和时间，以妥善协商处理争议。毕竟，在中国明确给予外资和国内企业同等知识产权保护的今天，在世界贸易越来越重视地理标志的今天，中国相关的企业和协会，更要本着保护地理标志产品特有的品种、特征和声誉的目的，基于产品特有品质特征与地理来源的关联，最终确定地理标志产品的生产地域范围，从而通过地理标志保护，促进中国地方经济可持续发展，维护公平竞争的市场秩序。

七、"新会陈皮饼及其制备方法"专利无效纠纷案

（一）基本案情

上诉人（原审原告）：江门市澳新食品有限公司。

被上诉人（原审被告）：国家知识产权局专利复审委员会。

原审第三人：江门丽宫酒店。

涉案专利名称为"新会陈皮饼及其制备方法"，申请日为 2002 年 11 月 23 日，授权公告日为 2005 年 6 月 8 日，专利号为 02152056.9，专利权人为江门丽宫酒店（简称"丽宫酒店"）。2014 年 10 月 16 日，江门市澳新食品有限公司（简称"澳新公司"）向国家知识产权局专利复审委员会提出了无效宣告请求，请求宣告涉案专利权利要求 1—5① 全部无效。同时澳新公司向专利复审委员会提交了关于批准对新会陈皮实施地理标志产品保护的公告，新会陈皮申报地理标志产品保护陈述报告作为证据 1。2015 年 4 月 1 日，专利复审委员会做出第 25640 号无效宣告请求审查决定，认定：澳新公司并未提交证据 1 的原件，也没有对其取得过程进行公证，其真实性无法确认，而且证据 1 中明确记载的公告日和申报日也均在本专利申请日之后，不属于本专利的现有技术，不能用于评价本专利的新颖性和创造性。专利复审委员会最终认定"新会陈皮饼及其制备方法"发明专利有效。

澳新公司不服专利复审委员会的裁定，向北京知识产权法院提起诉讼。北京知识产权法院经审理认为：专利复审委员会未采信澳新公司提交的证据 1，并无不当，判决驳回澳新公司的诉讼请求。澳新公司不服一审判决，向

---

① "新会陈皮饼及其制备方法"发明专利授权公告时的权利要求书内容如下：1. 新会陈皮饼，主要成分是陈皮、馅蓉料、面粉、糖、食用油，其特征在于所述陈皮为新会陈皮。2. 权利要求 1 所述的新会陈皮饼，其特征在于各主要成分所占百分比分别为新会陈皮 2%—10%、馅蓉料 45%—50%、面粉 13%—20%、糖 13%—20%、食用油 5%—10%。3. 权利要求 2 所述的新会陈皮饼，其特征在于各主要成分所占百分比分别为新会陈皮 6%、馅蓉料 48%、面粉 19%、糖 19%、食用油 8%。4. 权利要求 1 或 2 或 3 所述的新会陈皮饼，其特征在于馅蓉料可以是莲子或杏仁或核桃或冬瓜或南瓜其中一种或几种的组合。5. 新会陈皮饼的制作方法，其特征在于该方法包括以下步骤：a. 将莲子或杏仁或核桃中一种或几种组合，蒸熟打碎成蓉料，或将冬瓜或南瓜中一种或几种组合去皮，再切丝，榨干水分制成蓉料，然后将其中一种或几种组合蓉料放入糖浆中慢火蒸煮，制成馅蓉糖浆；b. 将新会陈皮放入清水中浸泡，去除附着在新会陈皮上的内膜，再切碎，然后放入步骤 a 中制成的馅蓉糖浆中一起慢火蒸煮，制成陈皮馅蓉；c. 取适量面粉，拌入糖浆、食用油，另加少许碱水，搓揉后制成面团，再擀为饼皮；d. 用步骤 c 中制成的饼皮作为外皮，包住步骤 b 中制成的陈皮馅蓉，放入饼模中成型，再放入烤炉中烘烤，然后在常温下自然散热，制成新会陈皮饼。

北京市高级人民法院提出上诉，请求撤销原审判决和被诉决定，责令专利复审委员会重新做出无效决定。二审法院经审理，认为澳新公司的上诉主张缺乏事实及法律依据，对其上诉请求不予支持。①

（二）法院判决

就澳新公司提交的证据1，北京知识产权法院认为：《新会陈皮申报地理标志产品保护陈述报告》（2006年9月）、《关于批准对新会陈皮实施地理标志产品保护的公告》（2006年10月25日）为网络打印件，澳新公司未提交原件以供核对，且证据1中明确记载的申报日和公告日也均在本专利申请日之后，专利复审委员会未采信证据1，并无不当。澳新公司在无效宣告请求书以及无效程序的口审中均未提及2001年施行的《中华人民共和国专利法》（简称《专利法》）第五条的无效理由，而且其在后提交的书面代理词也已超过法定期限，专利复审委员会未对有关本专利是否符合《专利法》第五条规定的问题进行审理，并无不妥。

就澳新公司提出的上诉请求，北京市高级人民法院经审理查明，原审判决查明的事实清楚，且有本专利授权公告文本、证据1、证据3、证据4、当事人陈述等证据在案佐证，所以，对原审法院查明的事实予以确认。北京高院认为，根据《专利法》第二十二条第三款的规定，发明的创造性，是指同申请日以前已有的技术相比，该发明有突出的实质性特点和显著的进步。判断发明是否具有突出的实质性特点，就是要判断对本领域技术人员来说，要求保护的发明相对于现有技术是否显而易见。发明具有显著的进步，是指发明与最接近的现有技术相比，能够产生有益的技术效果。北京高院并未对澳新公司提交的证据1，即关于批准对新会陈皮实施地理标志产品保护的公告、新会陈皮申报地理标志产品保护陈述报告进行说理。而是就证据3和证

① 本篇基本案情和法院裁决的资料均来源于江门丽宫酒店、江门市澳新食品有限公司与国家知识产权局专利复审委员会二审行政判决书，北京市高级人民法院（2017）京行终4242号行政判决书，合议庭：刘继祥、孔庆兵、亓蕾，2017年11月30日，书记员郑皓泽。

据 4 与"新会陈皮饼及其制备方法"发明专利的权利要求 1—5 项进行说理，认定新会陈皮为新会地区的主要农作物，并不影响公众将其作为食品成分申请发明专利，涉案专利获得授权不会妨害公共利益。本专利权利要求 1—5 应当维持有效。

（三）评析

本案中，涉案专利授权的专利名称为"新会陈皮饼及其制备方法"，权利要求 1 请求保护一种新会陈皮饼，主要成分是陈皮、馅蓉料、面粉、糖、食用油，其特征在于所述陈皮为新会陈皮。涉案发明专利的名称和内容都包含地理标志产品新会陈皮。关于新会陈皮为地理标志产品这一点，从北京市高级人民法院（2017）京行终 4242 号行政判决书来看，澳新公司是将其作为第一项证据提交专利复审委员会的，并且在之后的专利无效纠纷诉讼中，也是作为首项证据提交人民法院的。新会陈皮于 2006 年 10 月 25 日获得国家地理标志产品保护，保护范围以广东省江门市新会区人民政府《关于建议划定新会陈皮地理标志产品保护范围的请示》（新府报〔2006〕8 号）提出的范围为准，为广东省江门市新会区会城街道办、大泽镇、司前镇、罗坑镇、双水镇、崖门镇、沙堆镇、古井镇、三江镇、睦洲镇、大鳌镇等 11 个街道办事处、镇和围垦指挥部现辖行政区域。[①]

本案中，涉案专利的名称、主题和内容都包含地理标志，是否构成 2001 年《专利法》第五条规定的妨害公共利益？如果不构成妨害公共利益，那么专利名称、专利的主题名称和成分包含地理标志，该地理标志会落入该专利的保护范围么？以地理标志产品保护公告日和申请日来确定涉及地理标志专利案的现有技术，是否合理？

[①]　国家质检总局关于批准对新会陈皮实施地理标志产品保护的公告（2006 年第 159 号），2006 年 10 月 25 日。

1. 发明专利的名称、主题和内容包含地理标志，是否妨害公共利益

涉案专利妨害公共利益，是澳新公司向北京市高级人民法院提出的主要上诉理由之一。就妨害公共利益的问题，2001年《专利法》第五条规定："对违反国家法律、社会公德或者妨害公共利益的发明创造，不授予专利权。"一般认为，"公共利益"是指社会公众的共同利益，包括公共安全、环境保护、公共秩序等。根据《专利审查指南》的规定，专利审查人员就《专利法》第五条"妨害公共利益"的规定，主要从专利的主题是否妨害公共利益、专利中是否包含妨害公共利益的内容等方面进行审查。《专利审查指南》（2010）规定："妨害公共利益，是指发明创造的实施或使用会给公众或社会造成危害，或者会使国家和社会的正常秩序受到影响。发明创造以致人伤残或损害财物为手段的，如一种使盗窃者双目失明的防盗装置及方法，不能被授予专利权；发明创造的实施或使用会严重污染环境、严重浪费能源或资源、破坏生态平衡、危害公众健康的，不能被授予专利权；专利申请的文字或者图案涉及国家重大政治事件或宗教信仰、伤害人民感情或民族感情或者宣传封建迷信的，不能被授予专利权。"可见，指南中就妨害公共利益所举的事例主要限于人身财产损害、环境污染、国家重大政治事件或涉及宗教信仰的内容，地理标志不属于专利审查人员考虑的公共利益范畴。2020年《专利审查指南》就第五条做出了这样的解释："法律、行政法规、社会公德和公共利益的含义较广泛，常因时期、地区的不同而有所变化，有时由于新法律、行政法规的颁布实施或原有法律、行政法规的修改、废止，会增设或解除某些限制，因此审查员在依据专利法第五条进行审查时，要特别注意。社会公德，是指公众普遍认为是正当的、并被接受的伦理道德观念和行为准则。它的内涵基于一定的文化背景，随着时间的推移和社会的进步不断地发生变化，而且因地域不同而各异。中国专利法中所称的社会公德限于中国境内。……"就妨害公共利益的考察，仍与2010年指南的内容相一致。

结合《专利审查指南》的规定，可见，就是否妨害公共利益，要从专

利主题和专利申请的内容两个方面来审查。根据中药材天地网的一篇报道，2006 年新会陈皮地理标志产品保护申报办公室提交的申报材料载明，新会当时已经有不下百家加工经营新会陈皮的企业和商户，从百年老字号的新会大有凉果厂到新兴企业李锦记（新会）食品有限公司都对陈皮食品有深入研发。澳新公司的代理律师赵连玉认为，涉案发明专利已严重妨害公共利益，他根据《广东柑桔图谱》一书载明的 "大红柑原产新会，主产新会，果皮是制中药陈皮及陈皮系列食品的正宗原料"、2006 年江门市政府《新会陈皮申报地理标志产品保护陈述报告》指明的新会陈皮产业以及围绕新会陈皮深加工而形成的新会陈皮食品产业是一个未来关系到几百万江门百姓公共利益的重要经济支柱产业和民生产业，得出结论：新会陈皮蕴含的经济价值和社会福祉应归新会全体人民享有和享用，而不应当被某些个人或企业垄断；澳新公司在接受《羊城晚报》记者采访时指出：丽宫酒店在获得涉案专利后，一方面只是象征性地生产少量陈皮食品，另一方面却不放过任何机会打击其他食品企业使用新会陈皮开发食品，使当地食品企业均放弃了新会陈皮食品开发，从而阻碍了新会陈皮深加工产业的发展。但通常所理解的妨害公共利益，主要包括诸如无故危害人、动植物生命或健康，或对环境造成严重污染，或破坏生态平衡。①

但是，丽宫酒店认为其专利并不妨害社会公共利益。丽宫酒店在接受《羊城晚报》记者采访时指出：近年来新会陈皮的市场情况发生了翻天覆地的变化，市场上有不少外地的果皮滥竽充数，为了行业的发展，酒店才考虑以这一种方式来保护新会陈皮；不仅就新会陈皮饼申请了专利，还就其他产品申请了专利，这反而是为了让行业更健康地发展。

经审理，北京高院认为，新会陈皮为新会地区的主要农作物，并不影响公众将其作为食品成分申请发明专利，本专利获得授权不会妨害公共利益。需要指出的是：北京高院没有就地理标志问题和澳新公司提供的有关地理标

---

① 汤宗舜：《专利法教程》，法律出版社，2003 年，第 77 页。

志的证据进行任何直接的说理，而是说明"新会陈皮为新会地区的主要农作物"，在"农作物"这个大前提下，并不影响"新会当地企业将本地的主要农作物作为食品成分"，所以涉案专利获得授权不会妨害公共利益。

2. 发明专利名称、主题和内容包含地理标志，地理标志会由专利权人独占么

发明专利的名称通常指出现在专利请求书表格与说明书第一页第一行的专利名称，《专利审查指南》第一部分第一章 4.1.1 节规定："请求书中的发明名称和说明书中的发明名称应当一致。发明名称应当简短、准确地表明发明专利申请要求保护的主题和类型。"专利的主题名称出现在独立权利要求的前序部分，以及从属权利要求的引用部分，2020 年《专利审查指南》在第二部分第二章 3.2.2 节中对主题名称的"清楚性"进行了规定："权利要求的主题名称应当能够清楚地表明该权利要求的类型是产品权利要求还是方法权利要求。不允许采用模糊不清的主题名称，例如，'一种……技术'，或者在一项权利要求的主题名称中既包含有产品又包含有方法，例如，'一种……产品及其制造方法'。另一方面，权利要求的主题名称还应当与权利要求的技术内容相适应。"根据以上规定可以看出，专利的发明名称与主题名称并不是同一概念，两者存在差别同时又紧密联系，一项专利的发明名称可以是"一种……产品及其制造方法"，但是出现在权利要求中只能分列为"一种……产品"和"一种……产品的制造方法"两个主题名称；只有单项主题的情况下，发明名称与主题名称才可能是相同的。

本案中，根据授权公告时的权利要求书可知，发明专利名称为"新会陈皮饼及其制备方法"，专利主题名称包括"新会陈皮饼"和"新会陈皮饼的制作方法"；进一步分析 5 项权利要求，权利要求 1 为新会陈皮饼的主要成分，权利要求 2—3 均是列明各主要成分的所占比例以描述新会陈皮饼的特征，排在首位的均是新会陈皮的占比，权利要求 5 为"新会陈皮饼的制作方

法，其特征在于该方法包括以下步骤……"涉案专利从专利名称、专利主题名称到专利内容，均包含新会陈皮这一国家地理标志产品。

接下来要考虑的是，既然专利名称、专利主题名称和专利内容包含地理标志，该地理标志会由专利权人独占么？这就要分析专利权的保护范围了。根据中国司法实践，有的案例认为专利主题名称属于专利权的保护范围，有的案例认为专利主题名称不属于专利权的保护范围。也就是说，专利主题名称中包含地理标志，并不意味着专利权人可以对该地理标志享有独占权。根据以往案例，本案中的丽宫酒店（专利权人）是否享有对新会陈皮的独占权利，单就专利名称或专利主题名称来看，在未来还是一件两可的事情。但是，技术特征属于专利权的保护范围则是无可争议的，本案中，权利要求1明确新会陈皮饼的主要成分。这样看来，丽宫酒店作为"新会陈皮饼及其制备方法"的发明专利权人，在一定范围内，无疑是享有对新会陈皮的独占权的。

3. 以地理标志产品保护公告日和申请日来确定将地理标志作为技术特征的专利的现有技术，是否合理

《专利法》第二十二条第三款规定："创造性，是指同申请日以前已有的技术相比，该发明有突出的实质性特点和显著的进步……"创造性是一个相对的概念，是与申请日之前的已有技术对比而言的，对比的时间界限是申请日，对比的技术是该申请日之前已有的技术。《专利法》中所说的"已有的技术"，是指"申请日前在国内外出版物上公开发表论文、在国内公开使用或以其他方式为公众所知的技术"。创造性定义中所说的"突出的实质性特点"，是指申请专利的发明同申请日之前的技术相比具有本质上的区别。根据汤宗舜老师的理解，既然是一种创造，它就应该与以前已经存在的任何东西都不一样。这就是有本质的不同。尽管创造也指利用已经存在的某种东西来制造某种东西，但这种东西必须具有意想不到的效果，这就是要有创造

性。创造性定义中所说的"显著的进步"是指申请专利的发明同申请日以前的技术相比，具有良好的效果。[①]

在本案中，澳新公司认为"新会陈皮饼及其制备方法"发明专利，不仅妨碍了新会陈皮产业的发展，而且没有新颖性和创造性。因此，在向专利复审委员会提出无效宣告请求时，提交的首要证据是《关于批准对新会陈皮实施地理标志产品保护的公告》（2006年10月25日）、《新会陈皮申报地理标志产品保护陈述报告》（2006年9月）。而丽宫酒店则表示，这项专利有无新颖性和创造性，要放在历史背景下分析：最初新会陈皮主要是用于做药，本地人也有用于煲汤的，知名度并不高，之所以能发展到现在，是因为背后有一群人在推动；将新会陈皮放在月饼里面，并不是简单的添加，而是邀请了业内人士进行研究，经过多次测试，才决定了陈皮的含量。专利复审委员会认为澳新公司并未提交这两个报告的原件，也没有对其取得过程进行公证，其真实性无法确认，而且两个公告中明确记载的公告日和申报日也均在本专利申请日之后，不属于本专利的现有技术，不能用于评价本专利的新颖性和创造性。在一审阶段，北京知识产权法院认为澳新公司提交的两个公告为网络打印件，澳新公司未提交原件以供核对，且两个公告中明确记载的申报日和公告日也均在涉案专利申请日之后，专利复审委员会未采信证据1，并无不当。在二审阶段，澳新公司的主要上诉理由是：第一，涉案专利的发明点就是将新会陈皮加入饼的馅蓉料中，而食用和药用新会陈皮是新会家喻户晓的习俗，其发明点显然没有实质性特点和显著的进步。根据证据3、4公开的内容，本专利亦无创造性。第二，涉案专利权利要求1所限定的主要成分，将新会陈皮与馅蓉料分开列明，只不过是一种文字表述的方式，并不代表新会陈皮实质上独立于所谓的馅蓉料而存在。北京高院重点结合澳新公司提供的其他证据和权利要求对创造性进行了说理，最终认定澳新公司的上诉主张缺乏事实及法律依据，维持一审判决。

---

① 汤宗舜：《专利法教程》，法律出版社，2003年，第93—94页。

总的来看，终审判决只是在"北京知识产权法院审理查明"和"北京知识产权法院认为"部分有关于地理标志新会陈皮的表达，"北京市高级人民法院认为"部分，只字未提新会陈皮地理标志，这也许是因为澳新公司未能就《关于批准对新会陈皮实施地理标志产品保护的公告》（2006 年 10 月 25 日）、《新会陈皮申报地理标志产品保护陈述报告》（2006 年 9 月）提供原件或其他证据。但一审判决以批准地理标志公告的日期晚于涉案专利申请日为由，认定不属于现有技术，这个理由是值得商榷的。

4. 涉及地理标志产品特征的技术方案是否具有可专利性

有相当多的人认为，地理标志产品特征具有一定的区域共性，属于一定范围内公开公知的知识，因此，涉及地理标志产品特征的技术方案不具有可专利性。在本案中，澳新公司的代理律师就认为，澳新公司的陈皮月饼显然与对方专利保护范围不一样，新会陈皮是地方性标志产品和特色资源，任何企业和个人通过申请专利的途径垄断自然资源的利用和开发，都势必构成对公共利益的侵害。澳新公司认为，丽宫酒店的专利没有创新性，也不新颖，更重要的是此举扼杀了新会陈皮的发展空间，将新会人民的利益变为一个企业的私利。

李祖明教授在微信上有一篇《地理标志与专利保护》的文章认为，地理标志产品的特征与可专利保护的技术方案是两个概念，地理标志产品的特征相当于《专利法》中的技术方案所要实现的技术效果，达到这个技术效果的手段可能很多，就这些技术手段而言，只要符合专利的三性，就可能获得专利保护。

但笔者以为，鉴于中国现行的专利制度没有规定专利授权前的异议程序，一旦一项专利获得授权，将其宣告无效并不是一件容易的事。结合本案，建议中国《专利法》就将地理标志作为专利技术特征做出具体的规定，尤其是要考虑将包含地理标志产品的地方特色食品名称作为专利名称、将地理标志作为申请专利主要的技术特征，应当尊重历史，考虑这些地方特色食品的利害关系人的权利与专利独占权之间的平衡。

5.巴斯马蒂大米案的启示

在国际上，有一个与"新会陈皮饼及其制备方法"发明专利无效纠纷比较相似的案件，那就是被称为里程碑式案件的巴斯马蒂大米（Basmati Rice）专利纠纷案。巴斯马蒂大米（Basmati Rice）专利纠纷案的最终结果，或许能为我们提供一些有益的启示。

巴斯马蒂大米是一种在南亚次大陆喜马拉雅山南麓生长的长粒、芳香型大米，几个世纪以来主要由印度和巴基斯坦农民培育和种植。巴斯马蒂大米之于印度，就如同香槟葡萄酒之于法国、苏格兰威士忌之于苏格兰。在1997年9月，美国专利商标署决定授予美国的一家大米公司（RiceTec）[①]名为"巴斯马蒂和谷物"（Basmati Rice Lines and Grains）的专利，专利号为5663484。这项发明专利的新颖性高度可疑，因为数百年来，旁遮普农民都在进行各种印度香米的杂交育种。更为重要的是，这种授予专利的方法极其不公平，这等于授予RiceTec公司在美国西部种植杂交巴斯马蒂大米的独占权利，并且由于专利定义中包括"巴斯马蒂"的名称，RiceTec可以要求对"巴斯马蒂"这一名称的广泛权利。该专利的将危害印度巴斯马蒂大米供应商向美国和其他西方国家的出口利益。[②]

[①] RiceTec是一家总部位于美国得克萨斯州阿尔文市的跨国公司，以新颖的"谷物"（又称"巴斯马蒂"）闻名。该公司声称"巴斯马蒂"新品种要比原始作物更好。它已经在国际大米市场上以"Jasmati"或"Kasmati"的名称销售该作物的几种版本。此外，据称它还通过将巴斯马蒂大米与另一种称为美国巴斯马蒂或"德士马蒂"（Texmati）的农作物进行杂交而开发出了一种新型香米。RiceTec公司长期以来努力进入世界大米市场，但一直劳而无功。RiceTec获得专利的不是巴斯马蒂大米的基因组，也不是遗传资源开发的品种（RiceTec指出其所有产品都是天然的），只是通过与美国长稻品种杂交获得的香米的混合物。

[②] Ayush Verma, Basmati rice and patent battle : when indigenous knowledge is patented for profit, https://blog.ipleaders.in/basmati-rice-patent-battle-indigenous-knowledge-patented-profit/, 2020年11月1日访问。

1997 年"巴斯马蒂和谷物"专利的授予，迅速引发了一波抗议和司法挑战，最初来自美国和加拿大的非政府组织，他们组织呼吁抵制 RiceTec 的产品。世界大米专家 Swaminathan 指出：RiceTec 的专利是"不合理的"（unreasonable），是有违道德的；几个世纪以来几代农民的努力培育和种植才造就了巴斯马蒂大米，夺走一个国家历史悠久的骄傲，这太无礼了；这家美国大米公司的行为是不可接受的，也是不光彩的。[①] 后来，印度非政府组织如印度科学研究基金会和食品安全中心提出了反对，最后，印度科学和工业研究中心也对该项专利提出反对。在 2000 年，印度政府联系美国专利商标署，并敦促美国专利商标署重新审查该专利，以保护印度的利益；印度政府也把这个问题提交给了世界贸易组织，提出如果美国不撤销巴斯马蒂大米专利，印度将提起诉讼，请求世贸组织做出美国违反了《与贸易有关的知识产权协定》的裁决。2002 年，迫于司法和政治挑战，RiceTec 公司撤回了20 项中权利要求中的 15 项权利要求，从而消除了印度向美国出口巴斯马蒂大米的障碍。更重要的是，美国专利商标署下令将专利名称更改为" Rice Lines Bas867，RT 1117 和 RT1121"。RiceTec 试图维持公司的形象，已将其基于巴斯马蒂的产品 Texmati，Jasmati and Kasmati 重新命名，并谨慎地在其网站上避免提及专利或专利诉讼。[②]

---

① Surabhi Dhole & Suvigya Vidyarthi, Basmati- Pride Of India- A Case Comment, https://www.lawctopus.com/academike/basmati-pride-india-case-comment-1998-case-493/，2019 年 4 月 3 日访问。

② Charles Goldfinger, The story of the basmati rice patent battle, https://sciencebusiness.net/news/72228/The-story-of-the-basmati-rice-patent-battle，2017 年 5 月 16 日访问。

第二节 民事案件

一、金华火腿侵权纠纷案

（一）基本案情

原告：浙江省食品有限公司（简称"浙食品公司"）。

被告：上海市泰康食品有限公司（简称"泰康公司"）。

被告：浙江永康四路火腿一厂（简称"永康火腿厂"）。

据考证，金华火腿始于唐代，盛于宋代，是世界公认的三大著名火腿之一。1979 年 10 月，浙江省浦江县食品公司在第 33 类商品（火腿）上申请注册了注册证号为第 130131 号的商标，商标注册证记载"商标金华牌"，该文字下面有一底色为红色的长方形，长方形中有装饰性线条组成的方框，方框中间是"金华火腿"字样，下端有"浦江县食品公司"字样。2000 年 10 月 7 日，商标注册人变更为原告浙食品公司。

2003 年 7 月，浙食品公司的工作人员发现泰康公司门店销售的火腿上使用了"金华火腿"的金字招牌，但这批火腿并非出自浙食品公司。同年

---

① 浙江省食品有限公司诉上海市泰康食品有限公司、浙江永康四路火腿一厂商标侵权纠纷案，上海市第二中级人民法院（2003）沪二中民五（知）初字第 239 号民事判决书，合议庭：吕国强、陆卫民、吴登楼，2005 年 8 月 25 日，书记员印勇、李晶晶。本篇案情介绍、争议焦点和法院判决资料均主要来源于（2003）沪二中民五（知）初字第 239 号民事判决书。

10 月 14 日，浙食品公司的代理人在公证人员见证下，在泰康公司购买了一只标有"金华火腿""浙江金华永康四路火腿一厂"等字样的"真方宗"牌火腿。2003 年 11 月 13 日，浙食品公司向上海市第二中级人民法院提起诉讼，请求法院判令泰康公司立即停止销售侵权商品的行为，公开向原告赔礼道歉，支付原告购买火腿的费用 165 元及保全证据的公证费 2000 元，支付原告律师费 1 万元，向原告赔偿 5 万元。2004 年 3 月，浙食品公司向法院提出申请，要求追加永康火腿厂为本案共同被告，并提出 6 项诉讼请求：（1）判令泰康公司停止销售侵权商品的行为，公开向原告赔礼道歉；（2）判令永康火腿厂停止生产与原告注册商标相同或近似的侵权商品的行为，并公开向原告赔礼道歉；（3）永康火腿厂在 30 日内消除其已生产火腿上与原告注册商标相同或近似的标识，收缴其擅自制作的"金华火腿"皮印；（4）判令两被告共同向原告赔偿 5 万元，并相互承担连带责任；（5）判令两被告共同向原告支付购买证据火腿的费用计 165 元，及保全证据的公证费计 2000元；（6）判令两被告共同向原告赔偿其他经济损失律师费 1 万元。[①]

（二）当事人争议焦点

浙食品公司：注册商标由"金华火腿"字样外加印章形方框构成，是具有显著性特征的可视性标志。永康火腿厂擅自使用"金华火腿"字样，侵犯了原告的注册商标专用权；泰康公司销售明知是侵犯他人注册商标专用权的商品，也侵犯了原告注册商标专用权；两被告共同向赔偿 5 万元。

永康火腿厂：原告注册商标是"金华"，而不是"金华火腿"；"金华火腿"是原产地域产品名称，被告使用该名称未侵犯原告的注册商标专用权。被告使用"金华"属于合理使用。

泰康公司：售前确认外包装上标明的"真方宗"商标是永康火腿厂的注册商标，使用的原产地域名称和标记经国家职能部门审批；"金华火腿"是

---

① 潘巳申、吴艳燕：《真金不怕火炼》，《人民法院报》2006 年 4 月 25 日。

知名的商品名称，被告销售的金华火腿产自金华地区，不会误导消费者，也没有对消费者造成侵害；被告店铺拥有"中华老字号"美名，金华火腿是其经营的传统产品。

综上，本案的争议焦点在于：原告注册商标专用权的保护范围有多大；被告是否享有"金华火腿"地理标志使用权，其行为属于正当使用，还是构成对原告商标权的侵害；原告要求两被告承担民事责任是否于法有据。

（三）法院判决

上海市第二中级人民法院经审理认为：原告注册商标专用权保护范围的核心是"金华火腿"，其专用权受法律保护。任何侵犯原告注册商标专用权的行为，均应依法承担责任。但是，原告无权禁止他人正当使用。"金华火腿"经国家质检总局批准实施原产地域产品保护，被告永康火腿厂获准使用"金华火腿"原产地域产品专用标志，因此，永康火腿厂的行为属于正当使用。但是，被告永康火腿厂今后应当规范使用原产地域产品专用标志。原、被告均应尊重对方的知识产权，依法行使自己的权利。原告指控两被告侵犯其注册商标专用权的依据不足，上海市第二中级人民法院不予支持。

（四）评析

本案是上海法院首例涉及商标权与地理标志权冲突的新类型案件，法院在依法维护注册商标专用权人合法权益的同时，对合法使用原产地域专用标志的行为确认属正当使用。本案判决后，原、被告双方均服判息诉，社会效果良好，被誉为上海精品案件，《人民日报》《文汇报》《上海商报》《人民法院报》《新闻早报》《新闻午报》《新闻晚报》等均做了报道。2007 年，本案入选最高人民法院公报，明确地理标志与注册商标受同等法律保护，妥善解决了商标权和地理标志权的冲突，对之后处理同类纠纷具有一定的参考价值。

本案的审判，充分体现了诚实信用和尊重历史的原则。主要表现在：

（1）关于原告注册商标专用权的保护范围。原告享有商标专用权的商标是在1979年获准注册的，20世纪70年代末的注册商标形式、商标注册证等，与目前有明显不同，但是这并不会改变商标专用权的保护范围。原告商标注册证右下角注中明确注明将"'发展经济、保障供给'、企业名称及装潢内容"排除在专用范围外。商标局作为中国商标注册和管理工作的主管部门也在其批复中明确，食品公司的注册商标为"金华火腿"商标。法院由此认定，原告注册商标专用权保护范围的核心是"金华火腿"。本案对原告商标权保护范围的确定，起到定纷止争作用。[①]（2）关于原产地域产品[②]的保护。金华火腿有着悠久的历史，品牌的形成凝聚着金华地区以及相关地区几十代人的心血和智慧。2002年8月28日，国家质检总局发布2002年第84号公告，批准自公告日起对金华火腿实施原产地域产品保护。2003年9月24日，国家质检总局发布2003年第87号公告，通过了对永康火腿厂等55家企业提出的金华火腿原产地域产品专用标志使用申请的审核，并给予注册登记。自该日起，永康火腿厂等55家企业可以按照有关规定在其产品上使用"金华火腿"原产地域产品专用标志。2003年10月16日，金华火腿原产地域产品保护管理委员会核发给永康火腿厂《金华火腿原产地域产品专用标志使用证书》。2003年4月21日，永康火腿厂在核定使用的第29类商品（火腿、肉等）上申请注册了"真方宗"注册商标，注册有效期10年。

建议运用权利与义务相平衡的原则，解决商标权与地理标志权的冲突。对于因历史原因形成的、含有地名的注册商标，虽然商标权人根据《商标法》享有商标专用权，但是如果该地名经国家专门行政机关批准成为地理标志，则获得授权的民事主体可以在法定范围内使用该地理标志。商标权人以

---

① 吕国强、吴登楼：《中国地理标志法律制度的完善》，《法学》2006年第1期。

② 1999年以来，原国家质量技术监督局制定了《原产地域产品保护规定》和《原产地域产品通用要求》。2005年7月15日，原国家质检总局公布的《地理标志产品保护规定》开始施行，将原产地域产品改称为地理标志产品，原国家质量技术监督局公布的《原产地域产品保护规定》同时废止。

行为人合法使用地理标志侵犯自己的商标专用权为由诉至人民法院，请求侵权损害赔偿的，人民法院不予支持。

在本案结案后，合议庭成员对完善中国地理标志制度提出的建议至今仍具有重要的现实意义，例如，"进一步规范地理标志行业协会职能，充分发挥行业协会在具体地理标志管理中的核心作用"。他们结合《地理标志产品保护规定》第八条和第九条规定，指出地理标志毕竟是带有私法性质的，地方人民政府在地理标志的申请、管理中发挥着主导作用，这种强烈的行政管理色彩与地理标志的性质及国际上通行的管理模式相悖；建议从法律、法规层面明确地理标志行业协会的职能，强化行业协会在管理中的作用，完善地理标志使用标准、准入制度，拟定具有指导意义的行业协会规则，规范地理标志产品质量保障机制。如果我们深入分析本案以后国内发生的有关地理标志的商标授权确权纠纷或侵权纠纷，就会发现，地理标志行业协会的建设问题是地理标志保护过程中一个非常重要的问题，例如，本书分析的沁州黄小米纠纷案、祁门红茶商标无效案、新会陈皮饼专利侵权以及无效宣告案等都反映了这一点。

二、"古丈毛尖及图"证明商标侵权纠纷案

（一）基本案情

原告：古丈茶业发展研究中心（简称"古丈茶业中心"）。

被告：湖南省华茗茶业有限公司（简称"华茗公司"）

被告：湖南平和堂实业有限公司（简称"平和堂公司"）。

2001 年 7 月，古丈茶业中心获准注册第 1607997 号"古丈毛尖 + 图形"证明商标，核定使用商品为第 30 类茶叶，注册有效期自 2001 年 7 月 21 日

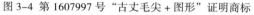

图 3-4　第 1607997 号"古丈毛尖 + 图形"证明商标

至 2011 年 7 月 20 日。古丈茶业中心《"古丈毛尖"证明商标使用管理规则》对商标使用申请程序、管理、保护等予以明确，并规定被许可使用者"不得向他人转让、不得许可他人使用古丈毛尖证明商标"。2007 年 12 月 26 日，国家质量监督检验检疫总局批准对古丈毛尖实施地理标志产品保护，2008 年"古丈毛尖 + 图形"证明商标被认定为湖南省著名商标。

华茗公司成立于 2001 年，经营范围包括收购、加工、销售茶叶，其茶叶生产方式为分装。华茗公司通过在各大商场设立茶业专柜的方式开展经营，其在第 30 类商品上持有"壶珍 + 图形"注册商标。古丈茶业中心委托代理人分别在 2007 年 2 月 13 日和 4 月 3 日，在平和堂商场华茗茶业专柜分两次购买 250 克罐装毛尖茶（花费 28.8 元）和 100 克散装毛尖茶叶（花费 120 元），其中 4 月 3 日的购买行为由长沙市蓉园公证处公证，所购物品由公证处封存。庭审经拆封查证，该茶叶内包装袋印有"华茗""华茗茶业"字样及"壶珍 + 图形"注册商标，外包装罐上竖排粘贴有"古丈毛尖"四字。2007 年 6 月 13 日，古丈茶业中心委托律师向华茗公司发函，称华茗公司在经营中使用"古丈毛尖"注册商标的行为侵犯了古丈茶业中心的商标所有权，要求华茗公司立即停止侵权行为。华茗公司收到该律师函后未做答复。2008 年 5 月，古丈茶业中心委托代理人在平和堂商场华茗专柜购买罐装毛尖茶，该包装罐同样贴有"壶珍 + 图形 + 古丈毛尖"的浅绿色标贴，字体大小、颜色与 2007 年 2 月 13 日的相同，仅标贴、文字由横排改为竖排。2009 年 1 月 4 日，古丈茶业中心委托代理人分别在通程广场、阿波罗商业广场的华茗专柜购买了 250 克罐装毛尖茶,罐底标贴内容为"品名:古丈毛尖""原产地:湖南古丈""厂名:湖南省华茗茶业有限公司"等。古丈中心在 3 次购买中支出 121 元,另支付律师代理费 20000 元、公证费 1000 元、工商登记信息查询费 120 元。

华茗公司的毛尖茶叶主要从古丈沁心有机茶场购入,其中 2007 年 6 月 17 日华茗公司从该茶场购进一级毛尖 10 斤、三级毛尖 80 斤,支付购茶款 3600 元。再查明,平和堂公司与华茗公司签订合同,出租场地给华茗公司经营茶叶、茶具及茶食品销售,经营商品限于华茗公司系列商品,平和堂公司向华茗公司收取了相关费用。在本案诉讼中,华茗公司、平和堂公司各支付律师代理费 10000 元。

古丈茶业中心诉称:被告华茗公司未经原告许可擅自使用"古丈毛尖"商标,被告平和堂公司销售侵犯原告商标权的产品,均属商标侵权行为,严重侵害了原告的合法权益。请求法院判令:(1) 被告华茗公司立即停止生产、销售侵犯原告商标权的产品;(2) 被告华茗公司赔偿原告经济损失 50 万元;(3) 被告平和堂公司立即停止销售侵犯原告商标权的产品并连带赔偿原告经济损失 25 万元;(4) 两被告连带赔偿原告为制止侵权行为所发生的合理费用 21508.8 元;(5) 两被告承担本案诉讼费用。

被告华茗公司答辩称:答辩人使用的"古丈毛尖"是茶叶品名,是根据湖南省技术监督局颁发的标签许可证书依法使用的,且使用了答辩人持有的"图形 + 壶珍"注册商标,没有使用原告注册管理的"图形 + 古丈毛尖"组合商标。原告组合商标的显著性在于图形与文字的组合,不等于"古丈毛尖"文字商标,原告只是该证明商标的管理人而不是所有人,无权向他人主张证明商标专用权及"古丈毛尖"文字专用权。答辩人分装、销售的古丈毛尖系直接从古丈沁心有机茶场购入,该茶场持有原告出具的《授权证明书》,原告无权限制答辩人对"古丈毛尖"通用名称的合理使用,请求驳回其诉请。

被告平和堂公司答辩称:"古丈毛尖"是包含地名的茶叶通用名称,答辩人从未使用涉案商标"古丈毛尖",也未销售标有"古丈毛尖"商标的任何商品。华茗公司租赁答辩人专柜以自己名义对外进行销售,也未使用"古丈毛尖"商标。原告是"图形＋古丈毛尖"证明商标管理人,不是"古丈毛尖"文字商标所有人,无权就"古丈毛尖"文字向他人主张《商标法》上的禁止使用权。且原告不履行管理职责,滥用权利谋利,其证明商标因连续三年不使用和不正当使用,依法可以要求撤销或应当失效,故原告诉请应予驳回。

湖南省长沙市天心区人民法院 2008 年 12 月 30 日受理本案后,依法组成合议庭进行审理。2009 年 2 月 9 日,两被告向法院申请延长举证期限;2009 年 2 月 27 日,两被告向法院提起反诉。2009 年 3 月 17 日法院公开开庭审理本案,2009 年 6 月 3 日,长沙市天心区人民法院裁定驳回两被告的反诉,并中止本诉诉讼。6 月 11 日,两被告针对反诉部分提出上诉,湖南省长沙市中级人民法院于 2009 年 7 月 2 日裁定驳回上诉,维持原裁定。[①]2009 年 7 月 7 日本诉恢复审理,因案情复杂,8 月 3 日本案依法经该院院长批准延长审限 3 个月。[②]

(二)法院判决

本案当事人争议焦点:(1)原告作为证明商标注册人享有哪些权利;(2)被告的行为是否构成侵权;(3)华茗公司的行为是否属于正当使用;(4)赔偿责任如何确定。

就原告作为证明商标注册人享有哪些权利的问题,长沙市天心区人民法院认为:中国《商标法》所称注册商标包括商品商标、服务商标、集体商标、证明商标。根据《商标法》及其实施条例、《集体商标、证明商标注册

[①]　长沙市中级人民法院(2009)长中民三终字第 2050 号民事裁定,合议庭:余晖、尹承丽、肖娟闻,2009 年 7 月 2 日,书记员谢晋。

[②]　古丈茶业发展研究中心诉被告湖南省华茗茶业有限公司、湖南平和堂实业有限公司侵犯商标专用权纠纷案,湖南省长沙市天心区人民法院(2008)天民初字第 2500 号民事判决书,合议庭:赵纯、唐文东、郑新文,2009 年 12 月 15 日,书记员欧燕。

和管理办法》的相关规定，相对于商品商标和服务商标，证明商标具有一定的特殊性：就功能而言，证明商标在某种程度上弱化了对商品或服务来源的识别特征，而侧重于对商品或服务原产地、原料、制造方法、质量或其他特定品质的证明，因此证明商标中可以包含地名、商品名等要素；就主体而言，证明商标注册人是对某种商品或服务具有监督能力的组织，而使用人是该组织以外的其他符合条件的单位或个人，因此证明商标的申请、注册、管理与普通商标略有不同，证明商标对生产来源的标示亦不如普通商标，而可能指向符合条件的某一商品提供者群体；就商标的使用而言，证明商标注册人不得在自己提供的商品上使用该证明商标，不得拒绝其他符合条件的人要求使用该证明商标。基于此，证明商标注册人必须通过使用管理规则公开相关的使用条件、手续等，以使他人可以申请并获得该证明商标的使用权。除此之外，证明商标与其他注册商标并无本质区别，其法律保护亦无例外规定，《商标法》同样赋予证明商标注册人商标专用权，并给予同等法律保护。古丈茶业中心作为第 1607997 号"古丈毛尖 + 图形"证明商标的注册人，依法对该证明商标享有商标专用权，两被告主张原告只享有管理权、不享有商标专用权的理由不能成立。原告对该证明商标的使用通过许可方式得以实现，故对被告平和堂公司关于原告不使用证明商标而应予撤销的抗辩意见法院不予支持，且该抗辩主张已超出民事诉讼管辖范畴，原告注册商标依法有效存续，则其享有的商标专用权即应受法律保护。

　　就被告的行为是否构成侵权的问题，长沙市天心区人民法院认为：未经商标注册人许可，在相同商品或类似商品上使用与其注册商标相同或者近似商标的，构成对注册商标专用权的侵犯。第 1607997 号证明商标虽是文字与图形的组合，但主要是通过"古丈毛尖"文字以表述商品的产地、原料及特定品质，实现该商标的证明功能，因此，无论从识别习惯还是商标注册目的来判断，"古丈毛尖"文字都是该证明商标中最为显著和最应当受到保护的信息，构成商标的主要部分。被告华茗公司将构成原告注册商标主要部分的文字作为商业标识在相同商品上突出使用，该行为极易使相关公众误认其商品符合该证明商标所证明的原产地、质量及其他特定品质，或者误认华茗公司与原告之间存在证明商标的许可使用关系，故被告华茗公司的行为构成对原告第 1607997 号注册商标专用权的侵犯。被告华茗公司、平和堂公司辩称"古丈毛尖＋图形"组合商标与"古丈毛尖"文字不同，该理由与注册商标专用权对近似商标禁用的法律规定相悖，不予支持。将"古丈毛尖"文字作为原告注册商标的主要部分给予商标专用权保护，并不意味着原告对古丈毛尖资源的垄断，相反，这正是通过证明商标的特殊功能对古丈毛尖资源的有效保护。

就被告华茗公司的行为是否属于正当使用的问题，长沙市天心区人民法院认为：注册商标中含有地名的，注册商标专用权人无权禁止他人正当使用该地名，但被告华茗公司并非仅使用原告证明商标中的地名，而是完整使用其中文字部分；商品历史悠久不等于其名称通用，两被告并无充分证据证明"古丈毛尖"属于某类商品的通用名称，产品标签认可证书等尚不足以作为认定商品通用名称的证据；《商标法》中的正当使用为善意使用，被告华茗公司刻意隐藏其"壶珍＋图形"注册商标，而突出"古丈毛尖"文字，该使用行为易造成混淆、误认，故其主观非属善意；证明商标注册人在符合条件者要求使用该证明商标时不得拒绝，被告华茗公司即使符合使用原告证明商标的条件，也应当提出申请并获得准许，而不能自行使用；《"古丈毛尖"证明商标使用管理规则》规定，被许可使用者不得再许可他人使用证明商标，即使古丈沁心有机茶场获得了使用原告证明商标的授权，亦无权许可被告华茗公司使用。综上，被告华茗公司的行为不属于正当使用。

就赔偿责任的确定问题，被告华茗公司主张其属于销售者，商品来源合法，不用承担赔偿责任。长沙市天心区人民法院认为：根据《最高人民法院关于产品侵权案件的受害人能否以产品的商标所有人为被告提起民事诉讼的批复》①，任何将自己的姓名、名称、商标或者可资识别的其他标识体现在产品上，表示其为产品制造者的企业或个人，均属于《民法通则》第一百二十二条规定的"产品制造者"和《产品质量法》规定的"生产者"。故被告华茗公司将茶叶分装并作为自己的产品提供给消费者，属于生产行为，而不是销售行为，不能据此主张免除赔偿责任。至于被告平和堂公司，销售涉案侵权商品构成对原告注册商标专用权的侵犯。但被告平和堂公司并非专业的茶叶经营者，并不具备识别涉案证明商标功能及其授权问题的一般能力，本案现有证据尚不足以证明被告平和堂公司在销售涉案侵权商品中存在主观过错。被告平和堂公司能证明商品的来源及提供者，符合《商标法》第五十六条第三款的免责条件，可不承担赔偿责任。

法院最终判决：华茗公司立即停止侵害原告古丈茶业中心享有的第1607997号注册商标专用权；平和堂公司立即停止销售由华茗公司生产的涉案侵权商品；华茗公司在本判决生效后7日内赔偿原告古丈茶业中心经济损失25000元；驳回原告古丈茶业中心的其他诉讼请求。

（三）评析

本案入选2009年中国法院知识产权司法保护50件典型案例，其典型意义在于，天心区人民法院就证明商标注册人享有的权利、证明商标专用权和

---

① 法释〔2002〕22号中华人民共和国最高人民法院公告《最高人民法院关于产品侵权案件的受害人能否以产品的商标所有人为被告提起民事诉讼的批复》于2002年7月4日由最高人民法院审判委员会第1229次会议通过，自2002年7月28日起施行。内容为："北京市高级人民法院：你院京高法〔2001〕271号《关于荆其廉、张新荣等诉美国通用汽车公司、美国通用汽车海外公司损害赔偿案诉讼主体确立问题处理结果的请示报告》收悉。经研究，我们认为，任何将自己的姓名、名称、商标或者可资识别的其他标识体现在产品上，表示其为产品制造者的企业或个人，均属于《中华人民共和国民法通则》第一百二十二条规定的'产品制造者'和《中华人民共和国产品质量法》规定的'生产者'。本案中美国通用汽车公司为事故车的商标所有人，根据受害人的起诉和本案的实际情况，本案以通用汽车公司、通用汽车海外公司、通用汽车巴西公司为被告并无不当。"

公共资源的保护、侵犯证明商标专用权确定赔偿责任的特殊性方面所做的说理裁判具有代表性。笔者以为,这篇十多年前由基层人民法院所做的裁判文书,时至今日仍然具有重要的指导意义。

1."古丈毛尖"是通用名称的抗辩理由不成立

经检索,(2008)天民初字第2500号民事判决书共有五处提到了"通用名称",第一处是被告华茗公司答辩称"原告无权限制答辩人对'古丈毛尖'通用名称的合理使用";第二处是被告平和堂公司答辩称"'古丈毛尖'是包含地名的茶叶通用名称,答辩人从未使用涉案商标'古丈毛尖',也未销售标有'古丈毛尖'商标的任何商品";第三处和第四处是天心区人民法院说理:"商品历史悠久不等于其名称通用,二被告并无充分证据证明'古丈毛尖'属于某类商品的通用名称,产品标签认可证书等尚不足以作为认定商品通用名称的证据。"

针对两被告以"古丈毛尖"是通用名称主张不构成侵权,合议庭认为,本案由于被告并没有举证证明"古丈毛尖"属于商品通用名称或其他公共资源,人民法院对此不应主动进行审查认定。证明商标与传统公共资源之间并不存在必然的冲突,原告将"古丈毛尖"作为商标的主要部分申请注册证明商标,并不意味着对古丈毛尖的垄断,而是通过证明商标的特殊功能对带有一定的传统资源特性的古丈毛尖进行有效保护。本案中,人民法院认为被告举证的产品标签认可证书等不足以作为认定"古丈毛尖"成为商品通用名称的证据,并明确了法院不应该主动进行审查认定的主张,同时就证明商标专用权恰恰是对带有一定的传统资源特性的古丈毛尖的保护进行了很好的说理。人民法院这段证明商标专用权与公共资源保护之间关系的精彩说理,其实质就是不认可获得地理标志保护的"古丈毛尖"同时也是通用名称。

2.确定侵犯地理标志证明商标专用权赔偿额的依据

证明商标与普通商标的主要区别在于:证明商标注册人不得在自己提供

的商品上使用该商标，只能由注册人以外的符合条件的组织或个人使用。因此，证明商标注册人不能通过对商标的经营来获利，其本身对商标没有直接的经济利益，不具有直接营利性。人民法院基于证明商标与普通商标的区别，认为证明商标注册人所受损失一般不宜作为确定侵犯证明商标专用权诉讼赔偿数额的依据。鉴于被告侵权所得及原告实际损失均无法确定，依法酌定侵犯证明商标专用权的赔偿额，主要考虑权利人对证明商标进行管理、维护所需的资金以及在诉讼中的合理开支，本案最终判定赔偿额 25000 元（含原告为制止侵权行为所支付的合理费用），并明确该赔偿款应由原告用于对第1607997 号证明商标的维护、管理等事项，对原告过高的赔偿要求不予支持。

检索发现，与其他茶叶类地理标志相比，"古丈毛尖"地理标志的法律纠纷就此一例，这与本案的裁判说理应该有很大关联。该裁判说理能够让涉案企业乃至当地企业对"古丈毛尖"是地理标志而非通用名称有一个清醒而明确的认识。在本案一审之前，中共古丈县委办公室、古丈县人民政府办公室于 2008 年 2 月 28 日发布的《关于建设红星茶叶专业市场实行有关优惠奖励政策的通知》（古办发〔2008〕9 号）第五条规定："3 月 20 日前不迁入红星茶叶专业市场，没有办理'古丈毛尖'地方证明商标、地理标志及 QS 认证的老城区茶叶经营户一律停止上柜经营。"综合来看，是地方政府、市场主体和人民法院合力保护了"古丈毛尖"地理标志。

三、"舟山带鱼 ZHOUSHAN DAIYU 及图"侵权纠纷案

图 3-5 第 5020381 号"舟山带鱼 ZHOUSHANDAIYU 及图"证明商标

（一）基本案情 ①

上诉人（原审原告）：舟山市水产流通与加工行业协会（简称"舟山水产协会"）。

被上诉人（原审被告）：北京申马人食品销售有限公司（简称"申马人公司"）。

被上诉人（原审被告）：北京华冠商贸有限公司（简称"华冠公司"）。

舟山水产协会为第 5020381 号"舟山带鱼 ZHOUSHAN DAIYU 及图"证明商标的注册人，核定使用商品为第 29 类带鱼（非活的）、带鱼片，有效期至 2019 年 2 月 20 日。《"舟山带鱼"证明商标使用管理规则》规定："舟山带鱼"是经注册的证明商标，用于证明舟山带鱼的品质。使用"舟山带鱼"证明商标的产品的生产地域范围为中国浙江省舟山渔场特定生产区域，具体

① 舟山市水产流通与加工行业协会与北京申马人食品销售有限公司、北京华冠商贸有限公司侵害商标权纠纷案，北京市高级人民法院 (2012) 高民终字第 58 号民事判决书，合议庭谢甄珂、钟鸣、支小龙，2012 年 11 月 8 日，书记员王颖慧。

分布在北纬 29 度 30 分到北纬 31 度，东经 125 度以西。使用"舟山带鱼"证明商标的产品在加工制造等过程中应符合舟山市地方标准 DB3309/T22 – 2005《舟山带鱼》的要求。

2010 年 12 月 31 日，舟山水产协会的代理人向申马人公司发函，称申马人公司生产的"小蛟龙舟山带鱼段"侵犯了涉案商标权利，要求停止侵权，赔偿损失。2011 年 1 月 28 日，舟山水产协会在公证员陪同下在北京市房山区一家华冠购物中心购买了一袋"小蛟龙牌舟山精选带鱼段"（花费 19.90 元），并索取了加盖有华冠公司公章的发票。该产品外包装标注"舟山精选带鱼段"，同时有"小蛟龙及图"标记，生产商为申马人公司，原料产地为浙江舟山。2011 年 3 月 2 日，舟山水产协会的代理人向华冠公司发函称，华冠公司下属的华冠购物中心销售的商品侵犯了舟山水产协会的商标权，要求停止侵权，赔偿损失。随后，华冠公司收到了申马人公司的发函，就下架申马人公司的舟山带鱼段事宜发表意见，称未侵犯舟山水产协会的商标权，请求华冠公司依法履行双方签订的购销合同。在向申马人公司、华冠公司发函无果后，舟山水产协会诉至北京市第一中级人民法院，认为涉案商品"舟山精选带鱼段"外包装上突出使用了"舟山带鱼"字样，容易造成公众混淆，侵犯了其商标权，请求判令：（1）申马人公司立即停止生产、销售涉案商品，华冠公司停止销售涉案商品；（2）申马人公司、华冠公司共同赔偿经济损失 20 万元。

申马人公司辩称：公司生产加工的系来自舟山地区的带鱼，对"舟山带鱼"文字的使用是合理使用，没有侵犯舟山水产协会的权利。涉案商品有自己的商标"小蛟龙"，不会造成公众的混淆。且公司拥有"舟山带鱼"的外观设计专利，专利申请早于涉案商标的申请日。舟山水产协会主张 20 万元经济损失没有依据。综上，请求法院驳回舟山水产协会的诉讼请求。

华冠公司辩称：公司通过合法的购销渠道，对申马人公司的产品进行了审核，并及时将涉案商品下架，和申马人公司进行了沟通，不应当承担赔偿责任。

北京第一中级人民法院经审理，依据《商标法》第三条、第十六条，《商标法实施条例》第六条、第四十九条，《最高人民法院关于民事诉讼证据的若干规定》第二条的规定，判决驳回舟山水产协会的全部诉讼请求。舟山水产协会不服，向北京市高级人民法院提起上诉，请求撤销原审判决，依法发回重审或依法改判支持其原审诉讼请求。二审高院经审理，依照《民事诉讼法》第一百五十三条第（三）项，《商标法》第五十二条第（五）项、第五十六条，《商标法实施条例》第五十条第（一）项之规定，判决：（1）撤销北京市第一中级人民法院（2011）一中民初字第9242号民事判决；（2）申马人公司停止生产、销售涉案侵权商品；（3）申马人公司赔偿舟山水产协会经济损失三万元及合理费用五千元。

（二）法院说理裁判

本案争议焦点：（1）申马人公司对于"舟山带鱼"的使用是否为正当使用；（2）产地来源的举证责任分配。

申马人公司对于"舟山带鱼"的使用是否为正当使用？

一审法院认为：是否侵犯证明商标权利，不能以被控侵权行为是否容易导致相关公众对商品来源产生混淆作为判断标准，而应当以被控侵权行为是否容易导致相关公众对商品的原产地等特定品质产生误认作为判断标准。舟山水产协会主张申马人公司在商品外包装上突出使用"舟山带鱼"字样，容易造成公众混淆，因此构成侵权，是对法律的错误理解，实质上将证明商标与商品商标混同。是否突出使用，是否造成商品来源混淆，与是否侵犯证明商标权利无关。涉案商标"舟山带鱼ZHOUSHAN DAIYU及图"系作为证明商标注册的地理标志，即证明商品原产地为舟山海域的标志。因此，在原产于舟山海域的带鱼上标注"舟山精选带鱼段"属于对地理标志的正当使用，并不侵犯舟山水产协会的商标权利。申马人公司提供的与三英公司签订的进货合同、出库单、收据、三英公司出具的证明及三英公司营业执照复印件，可以初步证明申马人公司生产销售带鱼的原产地为舟山。

二审法院认为：根据《商标法》第十六条第二款、《商标法实施条例》第六条第一款、《商标法》第四十九条、《集体商标、证明商标注册和管理办法》第十八条第二款的规定，《商标法实施条例》第六条第二款中的"正当使用该地理标志"是指正当使用该地理标志中的地名。本案涉案商标系作为证明商标注册的地理标志，即系证明商品原产地为浙江舟山海域，且商品的特定品质主要由浙江舟山海域的自然因素决定的标志，用以证明使用该商标的带鱼商品具有《"舟山带鱼"证明商标使用管理规则》中所规定的特定品质。舟山水产协会作为该商标的注册人，对于其商品符合特定品质的自然人、法人或者其他组织要求使用该证明商标的，应当允许。而且，其不能剥夺虽没有向其提出使用该证明商标的要求，但商品确产于浙江舟山海域的自然人、法人或者其他组织正当使用该证明商标中地名的权利。同时，对于其商品并非产于浙江舟山海域的自然人、法人或者其他组织在商品上标注该商标的，舟山水产协会则有权禁止，并依法追究其侵犯证明商标权利的责任。申马人公司虽然没有向舟山水产协会提出使用涉案商标的要求，但如果其生产、销售的带鱼商品确实产自浙江舟山海域，则舟山水产协会不能剥夺其在该带鱼商品上用"舟山"来标示商品产地的权利，包括以本案中的方式——"舟山精选带鱼段"对其商品进行标示。综上，申马人公司提交的证据，尚不足以证明涉案商品原产地为浙江舟山海域。在申马人公司不能证明其生产、销售的涉案商品原产地为浙江舟山海域的情况下，其在涉案商品上标注"舟山精选带鱼段"的行为，不属于正当使用，

涉案商品产地来源的举证责任应当由谁承担？

一审法院认为：根据《最高人民法院关于民事诉讼证据的若干规定》第二条的规定，舟山水产协会主张申马人公司侵犯其涉案商标权利，应当对侵权成立要件——申马人公司使用"舟山精选带鱼段"标志的商品的原产地并非舟山海域承担举证责任。舟山水产协会作为证明商标的注册人，属于对商品有监督能力的组织，应当有能力提供证据证明某带鱼产品是否属于舟山海域的带鱼。但是，舟山水产协会并未封存公证购买产品，致使无法判断申马

人公司生产、华冠公司销售的带鱼的原产地。由此产生的不利后果应当由舟山水产协会自行承担。因此，根据现有证据，不能证明申马人公司使用"舟山精选带鱼段"容易导致相关公众对商品的原产地等特定品质产生误认。

二审法院认为：原审法院根据申马人公司在原审诉讼中提交的与三英公司签订的进货合同、出库单、收据、三英公司出具的证明及三英公司营业执照副本复印件，认定在案证据可以初步证明申马人公司生产、销售的带鱼原产地为浙江舟山并无不当。但在舟山水产协会向二审法院补充提交的证据1中，三英公司对申马人公司原审诉讼中提交的与三英公司相关证据的真实性做出否认的意思表示，且申马人公司和华冠公司对舟山水产协会提交的证据1的形式要件不持异议，故二审法院认定该证据确系三英公司出具。虽然申马人公司提出该证据系三英公司受胁迫出具，但并未就此举证，故根据现有证据并不能认定三英公司在后出具的证据是受胁迫出具。三英公司先后出具的证据相互矛盾，二审法院无法确认三英公司相关证据的有效性。此外，申马人公司向二审法院补充提交的证据中，银行对账单的金额与采购合同不具有直接对应性，而采购明细是申马人公司自行制作的，不能据此认定银行对账单中的相应金额系履行采购合同的款项，且仅凭一份加盖舟山市福瑞达食品有限公司业务专用章的证明，尚不足以证明李某将其购自舟山市福瑞达食品有限公司的舟山产带鱼销售给申马人公司，并被申马人公司加工成涉案商品。根据中国《民事诉讼法》第六十四条的规定，当事人对自己提出的主张，有责任提供证据。本案中，申马人公司作为涉案商品的生产者，对于涉案商品是否产自浙江舟山海域负有举证责任。舟山水产协会有关举证责任应当由申马人公司承担的上诉理由成立。

（三）评析

本案入选北京法院 2012 年知识产权诉讼十大案例[①]，并入选 2012 年中国法院知识产权司法保护 50 件典型案例[②]。入选理由是，本案主要涉及证明商标的保护问题，确定了证明商标权利人的权利边界及禁用边界，合理界定了作为证明商标的地理标志的合理使用范围，社会影响较大。通过该案生效判决，人民法院对此类案件的举证责任分配原则予以明确指引，对中国证明商标的注册与保护具有重要影响。结合笔者就本案的研究生课堂教学来看，尽管提示大家本案有两个问题要重点探讨，一是"舟山带鱼"地理标志证明商标的正当使用，二是涉案带鱼产品产地来源的举证责任承担，历届来自实践部门的在职研究生在看过二审判决文书后讨论这个案例时，仍然更关注举证责任由谁承担的问题，并且，有同学更关注的是三英公司在两审阶段自相矛盾的证据如何认定的问题。

尽管本案两审法院的判决结果不同，但在两个问题上的观点是一致的：其一，如果被告的带鱼段确实来自舟山，则不构成侵权；其二，带鱼段的产地来源需要有证据证明。但在证明责任的承担方面，两审法院意见不同：一审法院认为在被告可以提供初步证据的前提下，原告作为证明商标持有人，应当提供证据证明带鱼产品是否来源于舟山海域；二审法院则认为带鱼产品产地来源的证明责任应全部由被告承担。最高人民法院把二审判决作为典型案例公布，说明最高人民法院认可二审判决的举证责任分配方式。并且，龙井茶协会的"西湖龙井"证明商标的众多侵权纠纷裁判文书中，涉案商品是否有合法来源也成为争议焦点，尽管从这些文书中看不到引用"北京市高级人民法院 (2012) 高民终字第 58 号民事判决书"的明确文字表述，但舟山带

---

① 张雪松、李燕蓉、孔庆兵：《北京市法院 2012 年知识产权诉讼十大案例》，2013 年 3 月 27 日，http://bjgy.chinacourt.gov.cn/article/detail/2013/03/id/931715.shtml。

② 《2012 年中国法院知识产权司法保护 50 件典型案例名单》，资料来源 http://www.court.gov.cn/zixun-xiangqing-5274.html。

鱼典型案例适用的举证责任分配原则，确实在审判实践中发挥了指引作用。但是举证责任人需要在多大程度上承担这一举证责任，从已有裁判文书看，值得探讨。毕竟，涉案产品产地来源与是否构成正当使用密切相关。

　　北京高院在本案中认为，证明商标是用来标示商品原产地、原料、制造方法、质量或其他特定品质的商标。证明商标是为了向社会公众证明某一产品或服务所具有的特定品质，证明商标注册人的权利以保有、管理、维持证明商标为核心，应当允许其商品符合证明商标所标示的特定品质的自然人、法人或者其他组织正当使用该证明商标中的地名。本案对于我们探讨如何厘清地理标志证明商标侵权行为与正当使用行为，具有非常重要的意义。北京高院知识产权庭苏志甫法官曾经撰文，认为由地理标志构成的证明商标，功能在于证明商品的产地来源，他人即便是在地理名称意义上使用，同样可能与证明商标的使用产生冲突。笔者非常认同这一观点，实践中也确实存在这样的情况。但这并不意味着地理标志证明商标的注册人对其中的地名具有无限垄断权，这在地理标志证明商标标示的区域范围小于地名或行政区划名称对应的范围时尤为明显。例如，本案中"舟山带鱼"证明商标标示的范围为浙江省舟山渔场特定生产区域，该区域远小于浙江省舟山市的行政区划范围，舟山水产协会对位于舟山市的生产经销主体在带鱼产品包装上标明产地"舟山"的行为是无权禁止的。因此，仅是将地名作为产地标记使用的非地理标志意义上的地名使用行为，构成地理标志证明商标中地名的正当使用。根据本案中二审法院的观点①，实践中，还有一种情况也属于正当使用，尽管是地理标志意义上的地名使用行为，但是使用人的商品符合地理标志使用条件，只是事先未办理证明商标使用手续。② 这种情形的正当使用，就涉及涉

---

① 如果他人虽也没有向其提出使用该证明商标的要求，但其带鱼商品确实产于舟山海域，则舟山水产协会不能剥夺其正当使用该证明商标中地名的权利。正当使用地理标志商标的前提是使用人的商品来源于地理标志所标示的地域并符合地理标志所规定的品质特征。如果商品来源于地理标志所限定的产区并符合其他要求，则构成正当使用。

② 这一观点与古丈毛尖地理标志商标纠纷案中的裁判是有所不同的。

案商品产地来源的举证责任问题，也涉及地理标志证明商标是文字、拼音、图形构成的组合商标时，正当使用的对象是商标整体还是仅限于地名。从已有的古丈毛尖纠纷案和本案来看，人民法院基本上一致认为正当使用的对象应仅限于该商标中的地名，如"古丈""舟山"等，并非将组合商标整体视为正当使用的对象。并且，就目前涉案的地理标志组合商标来看，其显著性部分是文字。

本案中，就申马人公司提出的其享有"舟山带鱼"外观设计专利权的抗辩，我们从理论上非常有必要探讨地理标志证明商标与外观设计专利的关系，然而从裁判文书获得的资料非常有限，仅提到了包装袋"舟山带鱼"外观设计专利取得的时间，早于涉案商标申请日。[1] 本案中申马人公司的包装袋"舟山带鱼"外观设计专利在本案诉讼期间效力如何，我们从文书不得知晓，也看不到申马人公司就其所称的在先"舟山带鱼"外观设计专利进行具体抗辩的陈词与两审法院对这个问题的说理。如在本案中包装袋"舟山带鱼"外观设计专利实属申马人公司的有效专利，本案也许会有其他的结果。

四、"沁州黄小米"案

再审申请人（一审被告、反诉原告、二审上诉人）：山西沁州黄小米（集团）有限公司（简称"沁州黄公司"）。

被申请人（一审原告、反诉被告、二审上诉人）：山西沁州檀山皇小米发展有限公司。

被申请人（一审原告、反诉被告、二审上诉人）：山西沁县檀山皇小米基地有限公司。

---

[1] 从一审裁判文书看，涉案商标 2005 年 11 月 23 日提出申请。

（一）事实背景与诉讼概况

"沁州黄小米"在2003年获得国家原产地域产品保护，是山西省第一个受保护的国家地理标志产品。在沁州黄小米的原产地，2000年之前主要有两家小米生产企业，沁州黄公司①和檀山皇公司②。2005年12月，沁州黄公司向长治市工商局举报：檀山皇公司将"沁州"作为商业名称使用的行为侵犯了其"沁州"商标独占权。2006年2月，长治市工商局经检查认为檀山皇公司四伟经销部经销的小米涉嫌侵犯"沁州"商标权，依法发出《扣留（封存）财物通知书》，并对疑似侵权商品予以扣留。③

檀山皇公司认为长治市工商局的封存扣留行为侵犯了其合法权益，以长治市工商局为被告，沁州黄公司为第三方当事人，在2006年3月向长治市中级人民法院（简称"长治中院"）提起诉讼。长治中院经审理，驳回檀山皇公司诉求，支持长治市工商局的行政裁决。檀山皇公司向山西省高级人民法院提起上诉，山西高院维持一审判决。尽管有山西高院的终审判决，但檀山皇公司和沁县其他新成立的小米企业继续在其小米产品上使用"沁州黄"字样。2008年4月21日，沁州黄公司向山西省工商局举报了这种侵犯"沁州"商标权的行为。2008年5月22日，山西省工商局认为沁县田园香公司和其他十个企业使用"沁州黄"字样的行为构成侵权，理由是"沁州"是

---

① 沁州黄公司是注册商标"沁州"的商标权人，是山西省农业产业化龙头企业。其前身是沁州黄谷子开发部（1992）、沁县沁州黄开发中心(2000)、沁县沁州黄小米开发公司（2001)和山西沁州黄小米集团公司（2002）。

② 檀山皇公司，此处将山西沁州檀山皇小米发展公司(1998年成立)和山西沁县檀山皇基地公司(1999成立)合称檀山皇公司。

③ 参见长治市中级人民法院（2006）长行初字第012号行政判决书。此事引发了行政诉讼与民事诉讼相互交织的长达多年的"沁州黄小米"案。在本篇中，仅就民事纠纷部分进行分析。

沁州黄公司的注册商标，依法受到法律保护。^①檀山皇公司和其他十个企业不服省工商局决定，向国家工商总局提起行政复议，沁州黄公司为第三人。2008 年 9 月 12 日，国家工商总局工商复字（2008）第 86 号行政复审决定，认为檀山皇公司等小米企业在小米产品上使用"沁州黄（小米）"字样的行为侵犯了"沁州"商标权。檀山皇公司不服国家工商总局的决定，在 2008 年 11 月，以沁州黄公司为被告向太原市中级人民法院提起诉讼，要求确认其有权在自己的小米商品上以非商标形式使用"沁州黄"，其不侵犯被告"沁州"商标专用权。太原市中级人民法院受理后，依法向原、被告双方送达了相关手续，答辩期内沁州黄公司提出管辖异议，太原市中级人民法院做出（2008）并民初字第 317 号民事裁定书，裁定将本案移送有管辖权的长治市中级人民法院审理，被告沁州黄公司提起反诉。长治中院认定檀山皇公司侵犯了沁州黄公司的"沁州"商标权。檀山皇公司不服，于 2010 年向山西高院（二审）提起上诉。二审法院基于"沁州黄"是通用名称，认定檀山皇公司没有侵犯沁州黄公司的"沁州"商标权。沁州黄公司不服二审判决，于 2012 年向最高人民法院提起再审请求，最高法院经审理驳回了沁州黄公司的再审申请。

从 2006 年至 2013 年，两个公司围绕沁州黄小米发生的纠纷历经一审、二审和再审。与此同时，沁州黄公司还与当地其他小米企业和原国家工商总局展开诉讼。受中国相关立法和司法解释的影响，最高人民法院在沁州黄小米纠纷的再审裁定中，认为"沁州黄"是小米的通用名称与沁州黄小米是受保护的国家地理标志产品并不冲突。^②这与国际通行的"通用状态与受保护的地理标志状态截然对立"的观点截然不同。

---

① 山西工商局关于沁县田园香公司和其他十个企业使用沁州黄构成侵权的答复，参见长治中级人民法院（2009）长民初字第 053 号民事判决书、山西省高级人民法院（2010）晋民终字第 17 号民事判决书。

② 夏君丽：《产区特定的谷物名称构成通用名称》，《人民司法（案例）》2015 年第 2 期，第 25、28 页。

（二）当事人争议焦点

沁州黄公司一直坚持"沁州黄"是其未注册商标，而檀山皇公司则主张"沁州黄"是小米的通用名称，是沁县人民的集体财产。

沁州黄公司："沁州黄"是其未注册商标。沁州黄公司一直坚持主张"沁州黄"不是小米的通用名称，而是其未注册商标。此外，沁州黄公司多年来一直寻求将"沁州黄"标志注册为商标，只是其注册申请未能成功。沁州黄公司是"沁州"文字商标的权利人。"沁州"文字商标从 1992 年 8 月 20 日起在第 30 类商品上获准注册。长期以来，沁州黄公司主要通过"沁州®黄"的形式对"沁州"文字商标进行使用，在其公司主页上也主要通过"沁州®黄"形式进行广告宣传。① 相应地，沁州黄公司认为，"沁州黄"不仅是著名品牌，也是公司的未注册商标和字号，在"沁州黄"和沁州黄公司之间已经形成了一一对应关系。此外，正如其代理律师所言，"并非所有的山西人和河南人都知道沁州黄，更不是全国人都知道沁州黄。山西省农业建设厅编辑的《山西省农作物品种志》和商业部粮食购销司编著的《粮食商品手册·名优品种》都是由一些个人编纂的，不可避免带有偏见。因此，沁州黄不是法律规定的相关公众认为的通用名称"②，由于"沁州黄"不满足通用名称的广泛性和规范性要求，因此，不构成通用名称。③

檀山皇公司："沁州黄"是小米的通用名称或地理标志。从争端起始，檀山皇公司就一直主张：第一，"沁州"不仅是注册商标，也是古地名，"沁州黄"是小米的通用名称，具有长期的种植历史；第二，沁州黄小米是融合了地方自然因素和人文因素的地理标志产品，是沁县和相邻地域人民的共同财

---

① http://www.qinzhouhuang.com/，2014 年 10 月 7 日访问。

② 田若溪：《山西檀山皇公司与山西沁州黄公司确认不侵犯注册商标专用权纠纷案二审代理词》，资料来源 http://www.cnipr.net/article_show.asp?article_id=10889，2013 年 11 月 10 日访问。

③ 最高人民法院民事裁定书 (2013) 民申字第 1642 号，http://www.court.gov.cn/extension/print.htm?docId=210786，2014 年 3 月 17 日访问。

产；第三，不仅是沁州黄公司，檀山皇公司以及沁县其他小米企业都有权利在其产品——沁州黄小米上使用"沁州黄"名称。沁县其他小米企业也与檀山皇公司一样持有相同的主张。

本案二审中，檀山皇公司代理律师主张"沁州黄"构成通用名称的原因主要有：其一，"沁州黄"是沁州黄小米的简称，大量证据足以认定"沁州黄"是商标法律中的通用名称，大量史料、出版物充分说明"沁州黄"早已成为约定俗成的名称。沁州黄是在当地种植历史悠久、负有盛名、得到广泛承认的一种粮食作物。爬山糙、吴阁老、沁州黄的称谓在历史文献、有关文件、国际评奖和民间传播等中都早已使用过，并不是任何企业最初使用，也不是任何企业在注册商标或者经营该产品后独创的名称。其二，"沁州黄"是谷子品种，也是小米品种，当然是通用名称。由中国农业科学院作物品种资源研究所、山西省农业科学院主编，农业出版社于1988年出版的《中国谷子品种志》列"沁州黄（爬坡糙）"品种为第305号，在第222页进行了介绍。商业部1987年编著的《粮食商品手册·名优品种》第84页介绍了"沁州黄小米"，并称《中国谷子品种资料目录》中编入的一万多个谷子品种中，没有一个能比得上"沁州黄"。《辞海》（1979年版）对"沁县"介绍如下：在山西省东南部、浊漳河上游，太焦铁路经过境内，秦置铜鞮，明入沁州，1912年改沁县。农产品有小麦、谷子、玉米、大豆等，尤以"沁州黄"小米著名。另，由山西省农业建设厅编著于1959年的《山西省农作物品种志》中也早已将"沁州黄"列为山西省的农作物品种。"沁州黄"谷子、"沁州黄小米"被国家权威机关列为农作物品种，就当然是通用名称。其三，GB19503-2004《原产地域产品 沁州黄小米》的颁布实施，从法律上明确了"沁州黄小米""沁州黄"为特定小米产区内小米的通用名称。2004年7月1日，GB19503-2004《原产地域产品 沁州黄小米》实施，该标准定义"沁州黄小米"为：产于古沁州，即现今山西省长治市所辖沁县、武乡、襄垣及屯留县境内特定的小米产区，选用沁州黄等优质品种，按照特定生产技术规程种植的谷子加工而成的粳性小米。原产地域范围：沁县的牛寺、段柳、松村、次村、南里、南泉、杨安乡、漳源、定昌、新店、册村、郭村、故县镇；武乡县的涌泉、故城、丰洲镇；襄垣县的虒亭、王村镇以及屯留县的吾元镇。产品名称表述为"沁州黄"。GB19503-2004《原产地域产品　沁州黄小米》的颁布实施，已经从法律上明确了"沁州黄小米""沁州黄"为特定小米产区内小米的通用名称，同时特定产区内的沁州黄小米生产企业可以根据该国家标准申请使用地理标志产品专用标志。

（三）法院裁决

在本案中，人民法院就"沁州黄"是否为小米的通用名称做出了不同的判定。

一审法院长治市中级人民法院：根据《民法通则》和《商标法》规定，公民、法人和其他组织的注册商标专用权受中国法律保护。注册商标专用权，以商标行政管理部门核准注册的商标和核定使用的商品为限。本案中，沁州黄公司注册号为第606790号、注册商标为"沁州"、核定使用商品为第30类小米的注册商标经商标行政管理部门注册并经续展目前仍然有效，该注册商标的商标专用权受中国法律保护。"沁州黄"是否属于通用名称？商品的通用名称是指为国家或者某一行业所共用的，反映一类商品与另一类商品之间根本区别的规范化称谓。通用名称应具有广泛性、规范性的特征。就通用名称的广泛性而言，其应该是国家或者某一行业所共用的，仅为某一区域所使用的名称，不具有广泛性；就规范性而言，其应当符合一定的标准，反映一类商品与另一类商品之间的根本区别，即应指代明确。关于本案中的"沁州黄"是否属通用名称，檀山皇公司在其小米商品上使用"沁州黄"是否侵犯沁州黄公司"沁州"商标专用权的问题，在2006年3月檀山皇发展公司因不服长治市工商行政管理局对长治市城区四伟檀山皇名优特产经销部做出的《扣留（封存）财物通知书》而提起的行政诉讼中，长治市中级人民法院做出的（2006）长行初字第012号行政判决书对此已做出认定，檀山皇公司以地名、商品通用名称为由使用"沁州黄"字样的理由不能成立；檀山皇公司没有取得受地理标志产品保护的资格，尚无权在其生产、销售的小米产品包装上以地理标志产品为由使用"沁州黄"字样。该案上诉后，山西省高级人民法院审理后做出了（2006）晋行终字第 92 号行政判决书认定原判事实清楚、适用法律正确、程序合法，判决"驳回上诉，维持原判"。在 2008 年 9 月 12 日国家工商行政管理总局审理行政复议案件时，仍做出了工商复字〔2008〕86 号《行政复议决定书》，认定"沁州黄"不属于小米品种的通用名称，至此，国家工商行政管理总局对"沁州黄"是否为小米及谷物品种通用名称做出了明确的认定。长治市中级人民法院做出的（2006）长行初字第 012 号行政判决书、山西省高级人民法院做出的（2006）晋行终字第 92 号行政判决书、2008 年 5 月 22 日山西省工商行政管理局做出的《关于〈关于沁县田园香土特产开发有限公司等十企业在小米商品上使用"沁州黄""沁州皇"名称是否构成侵权的请示〉的批复》、2008 年 9 月 12 日国家工商行政管理总局做出的工商复字〔2008〕86 号《行政复议决定书》，证实"沁州黄"不属于通用名称。庭审中檀山皇发展公司和檀山皇基地公司针对其主张提供的现有证据不足以推翻人民法院生效裁判文书确认的事实，故根据《最高人民法院关于民事诉讼证据的若干规定》第二条之规定，即"当事人对自己提出的诉讼请求所依据的事实或者反驳对方诉讼请求所依据的事实有责任提供证据加以证明。没有证据或者证据不足以证明当事人的事实主张的，由负有举证责任的当事人承担不利后果"，本案中，负有举证责任的檀山皇公司因其提供的相反证据不足以推翻人民法院发生法律效力的裁判及国家工商行政管理总局做出的《行政复议决定书》，故对其主张依法不予支持。

山西省高级人民法院在"沁州黄"名称的形成过程基础上，对"沁州黄"是否属于谷物类通用名称进行说理裁判 [①]：（1）"沁州黄"名称的形成过程。"沁州黄"小米是源于古沁州，即现今山西省长治市所辖沁县、武乡、襄垣及屯留县境内特定的小米产区，选用沁州黄优质品种，按照特定生产技

[①] 山西省高级人民法院（2010）晋民终字第 17 号民事判决书。

术规程种植的谷子加工而成的粳性小米的统称。"沁州黄"作为一种小米的品种的名称，有着悠久的历史和深厚的文化底蕴，早已被社会和相关的产业广泛确认。而原审法院依据该院（2006）长行初字第 012 号行政判决认为，沁州黄公司将核准注册的"沁州"商标文字与汉字"黄"组合，在其生产销售的小米包装上长期使用和宣传，从而使"沁州黄"作为整体在相关消费者中具有了较强的显著性，其系列产品在全国市场中有了一定的知名度，成为相关公众所熟悉的产品，获得了消费者的认同。在"沁州黄"是一种小米的品种、有着使用历史渊源的情况下，原审法院认定的事实与查明的事实存在根本性的矛盾，显然与本案事实不符，认定过于牵强。故原审法院对该事实认定错误，予以纠正。（2）"沁州黄"是否属于谷物类商品的通用名称？此争议焦点的准确判断是解决本案所有争议的关键。关于什么叫商品的通用名称，中国《商标法》对此没有明确的定义。依照 1989 年 3 月 2 日国家工商行政管理总局商标局《关于整顿酒类商标工作中几个问题的通知》中的规定，商品通用名称是指为国家或者某一行业所共用的，反映一类商品与另一类商品之间根本区别的规范化称谓。商品通用名称的确定主要源于社会的约定俗成，既要得到社会或某一行业的广泛确认，又要规范化。由此可以看出，商品的通用名称是相对于商品的非通用名称即商品的特定名称而言的，是指本行业标准认定的规范名称，以及本国现代语言中或者在善意和公认的商务实践中已成为惯例而使用的商品的别称、简称、雅称、俗称。参照最高人民法院于 2010 年 4 月 20 日下发的《关于审理商标授权确权行政案件若干问题的意见》第七条的规定，人民法院在判断诉争商标是否为通用名称时，应当审查其是否属于法定的或者约定俗成的商品名称。依据法律规定或者国家标准、行业标准属于商品通用名称的，应当认定为通用名称。相关公众普遍认为某一名称能够指代一类商品的，应当认定该名称为约定俗成的通用名称。被专业工具书、辞典列为商品名称的，可以作为认定约定俗成的通用名称的参考。约定俗成的通用名称一般以全国范围内相关公众的通常认识为判断标准。对于由于历史传统、风土人情、地理环境等原因形成的相关市场较为固定的商品在该相关市场内通用的称谓，可以认定为通用名称。对于"沁州黄"是否为谷物类的通用名称，国家工商行政管理总局多次裁定、决定，做出了相互矛盾的认定。商标局（1994）商标异字第393号《关于"沁州"商标异议的裁定》认为，"沁州黄"产于次村乡檀山村，未成为本产品的通用名称。山西省沁县沁州黄开发有限责任公司申请在第30类商品上注册沁州黄商标，2002年6月11日，国家工商行政管理总局商标局下发ZC1957132BH1号《商标驳回通知书》，驳回了其注册"沁州黄"商标的申请，理由为"沁州黄"是谷物品种的通用名称，禁止用作商标。沁州黄公司申请在第30类商品上注册"沁州黄"商标，2005年6月21日，国家工商行政管理总局商标局下发ZC3828902BH号《商标驳回通知书》，驳回其注册"沁州黄"商标的申请，理由为"沁州黄"是谷物的品种名称。2008年4月29日太原市工商局就部分企业在小米商品上使用"沁州皇""沁州黄"名称是否构成侵权的问题向山西省工商局进行请示，2008年5月22日山西省工商局做出了《关于〈关于沁县田园香土特产开发有限公司等十企业在小米商品上使用"沁州黄""沁州皇"名称是否构成侵权的请示〉的批复》，认为使用在第30类上的"沁州"商标是沁州黄公司的注册商标，其专用权受法律保护，要求太原市工商局依照相关规定进行查处。后檀山皇公司等企业不服，以山西省工商局为被申请人向国家工商行政管理总局提起行政复议。2008年9月12日国家工商行政管理总局审理后做出工商复字〔2008〕86号《行政复议决定书》，该《行政复议决定书》认为：从目前的相关材料看，"沁州黄"已被司法机关认定为不是小米品种的通用名称。长治市中级人民法院（2006）长行初字第012号行政判决、山西省高院（2006）晋行终字第92号行政判决认定"沁州黄"不属商品的通用名称，依据均是国家工商行政管理总局商标局1994年11月21日做出的（1994）商标异字第393号《关于"沁州"商标异议的裁定》认定，"沁州黄"未成为本产品的通用名称，而未采用2002年6月11日国家工商行政管理总局商标局下发的ZC1957132BH1号《商标驳回通知书》中认定"沁州黄"是谷物品种的通用名称、2005年6月21日国家工商行政管理总局商标局下发的 ZC3828902BH 号《商标驳回通知书》认定"沁州黄"是谷物的品种名称的证据，认定"沁州黄"为谷物类通用名称。而 2008 年 9 月 12 日国家工商总局做出工商复字〔2008〕86 号《行政复议决定书》认定"沁州黄"已被司法机关认定为不是小米品种的通用名称，又以上述两份行政判决认定作为其认定"沁州黄"不属通用名称的依据。上述认定，仅以相关行政决定、司法裁判作为依据，互为因果，且没有相关的客观证据加以佐证，依据显然不够充分。山西省高院认为，认定商品（或服务）名称是否为通用名称，不能简单地仅依据相关行政决定、司法裁判，而应以充分的客观证据作为认定的基础和依据。商品（或服务）通用名称的形成或丧失是随着时间和地域的变化而不断变化的，不是一成不变的。一些注册商标会因长期使用被广大的生产经营者和消费者认同而丧失其原有的显著性产生新的意义成为通用名称，一些通用名称也会因时间的延续和地域的改变而失去原有的通用名称的含义而退出通用名称的范畴，故人民法院司法认定通用名称应遵循个案认定、事实认定的原则。"沁州黄"，是山西沁州历史传承的传统地方特产，在长期的历史进程中即享有盛誉，"沁州"是因盛产"沁州黄"小米而名扬天下，并被当今中国小米生产经营者和消费者普遍认同，成为谷物类中小米特产的通称。"沁州黄"与其他的品种有根本区别，且符合一定的标准，具有规范性，符合商品通用名称的相关定义，可以认定为通用名称。因而，判决撤销长治市中级人民法院（2009）长民初字第 053 号民事判决。

最高人民法院[①]：关于二审判决认定"沁州黄"为通用名称是否有事实和法律依据的问题，依据原审法院查明的事实，1959 年山西省农业建设厅编辑的《山西省农作物品种志》记载，谷子品种"沁州黄"分布在山西省晋东南专区的沁县、晋北专区的岚县、太原市及太谷县等地。1987 年商业部粮

---

① 最高人民法院（2013）民申字第 1642 号民事裁定书，合议庭：夏君丽、殷少平、董晓敏，2013 年 12 月 30 日，书记员曹佳音。

食购销司编著的《粮食商品手册·名优品种》一书，将"沁州黄"小米列为5个小米名优品种之一。2004年7月1日实施的中华人民共和国国家标准《原产地域产品 沁州黄小米》(GB19503-2004)及2008年11月1日实施的中华人民共和国国家标准《地理标志产品 沁州黄小米》(GB/T19503-2008)，对"沁州黄小米"的定义均为：源于古沁州，即现今山西省长治市所辖沁县、武乡、襄垣及屯留县境内特定的小米产区，选用沁州黄等优质品种，按照特定生产技术规程种植的谷子加工而成的粳性小米。约定俗成的通用名称一般以全国范围内相关公众的通常认识为判断标准。对于由于历史传统、风土人情、地理环境等原因形成的较为固定的商品在该相关市场内通用的称谓，可以认定为通用名称。虽然在沁州黄公司再审审查期间提交的中国国家图书馆古籍馆收藏的康熙版、乾隆版及光绪版沁州志中，未见"沁州黄"为皇家贡米和传统地方名米的记载，且在《中国参与巴拿马太平洋博览会纪实》中，未见"沁州黄"小米参加博览会并获奖的记录，但并不能因此否定"沁州黄"作为一种谷物品种名称的事实。"沁州黄"能够反映出一类谷子（米）与其他谷子（米）的根本区别，符合通用名称的要求。国家质检总局2005年第210号公告，通过了对沁州黄公司提出的沁州黄小米地理标志产品专用标志使用申请的审核，并给予注册登记。依据本案再审审查阶段查明的事实，国家质检总局2013年第22号公告，通过了对檀山皇基地公司提出的沁州黄小米地理标志产品专用标志使用申请的审核，并给予注册登记。对"沁州黄小米"作为地理标志产品进行保护，意味着任何符合该标准的企业和个人都可获得平等准入和保护，"沁州黄小米"并不能为任何企业和个人所专有。与此同时，被核准使用的企业和个人可以通过地理标志产品的保护寻求救济，禁止未经核准企业和个人使用该专用标志，或者使用与该专用标志近似、易使相关消费者将其产品误认为地理标志产品的行为。沁州黄公司关于二审判决认定"沁州黄"为通用名称不当的再审理由不能成立，最高人民法院不予支持。

（四）评析

在对本案进行评析之前，我们先要明确一个事实，那就是沁州黄小米是山西省第一个受保护的国家地理标志产品。

2002 年 8 月，长治市人民政府关于建立原产地域产品沁州黄小米保护申报委员会的报告，获得了山西省质量技术监督局的批准；2002 年 11 月 15 日，国家质检总局接受了原产地域产品沁州黄小米的申请；2003 年 8 月 7 日，国家质检总局批准沁州黄小米为受保护的原产地域产品。[①] 作为山西省第一个受保护的原产地域产品，沁州黄小米被全国和地方新闻媒体广泛报道。[②] 其中，一篇新闻报道明确指出，原产地域产品沁州黄小米是沁州人民几百年来创造的精华，由生产区域（沁州）、产品特征描述（黄）和产品通用名称（小米）三个部分组成。在获得原产地域产品保护的第二年，沁州黄小米获得了 3 亿元的外资投资。[③]

2005 年 12 月 31 日，国家质检总局批准了沁州黄公司提出的使用沁州黄小米地理标志产品专用标志的申请。[④] 从理论上讲，沁州黄公司从那时起就是沁州黄小米地理标志产品专用标志的合格用户，但实际上沁州黄公司从来没有使用过该专用标志。从有关原产地域产品保护申请的材料中，我们找到了一些线索。2002 年 8 月 20 日，山西质量技术监督局提道："原产地域产品保护的是沁州黄小米，而不是沁州黄牌的小米。为避免与沁州黄商标的重叠和冲突，应将名称统一为沁州黄小米。"山西质量技术监督局还提道："专用标志的使用申请应符合原产地域产品保护规定。"并且申请材料中的产品

---

① 参见原国家质检总局 2002 年第 115 号公告、2003 年第 75 号公告。

② 例如，李欣玉：《沁州黄小米成山西唯一受原产地域保护产品》，http://www.people.com.cn/GB/jinji/37/20030307/938452.html；程伟光：《沁州黄小米实施原产地域保护》，《光明日报》2003 年 10 月 9 日；《沁州黄小米获国家原产地域保护》，《山西日报》2003 年 9 月 10 日。

③ 段伟华：《三亿外资眷顾沁州黄小米》，《山西日报》2004 年 4 月 5 日。

④ 国家质检总局 2005 年第 210 号公告，http://www.aqsiq.gov.cn/xxgk_13386/jlgg_12538/zjgg/2005/200610/t20061027_315607.htm，2010 年 11 月 10 日访问。

名称"沁州黄牌沁州黄小米"应更改为"沁州黄小米"。需要明确的是，国家质检总局保护的是"沁州黄小米"，而不仅仅是沁州黄牌沁州黄小米。[①] 尽管沁州黄公司是地理标志产品沁州黄小米两个国家标准（GBT19503-2004 和 GBT19503-2008）的主要制定者之一，但地理标志的集体性质决定了沁州黄公司并不享有使用地理标志产品专用标志的独占权。如上所述，沁州黄公司从来没有使用过该专用标志。在随后的几年中，沁州黄公司声称当地其他小米公司侵犯了其"沁州"注册商标的专用权，并向人民法院提起诉讼。一个简单的商业纠纷变得复杂起来。幸运的是，在 2013 年，檀山皇公司、吴阁老公司和田园香公司等其他沁县小米生产企业获得使用地理标志产品沁州黄小米专用标志的资格[②]，围绕沁州黄小米的长期纠纷终于告一段落。

尽管"沁州黄小米"案落下帷幕，但案件本身对我们理解中国当前的地理标志保护制度和把握其走向具有重要的启示。

1. 中国地理标志多重保护制度的影响

就本案来看，中国目前的地理标志多重保护制度并没有为地理标志这一独立的知识产权提供强保护，而是导致"盲人摸象"的结果，不同的人触及地理标志的不同部分，基于不同的利益考虑将部分误认为整体。

就沁县当地小米生产企业而言，直至笔者 2019 年 1 月前去沁县调研时，仍旧不确定"沁州黄"是商标还是地理标志。在诉讼期间，沁县小米生产企业对"沁州黄"究竟是什么（商标、地理标志抑或通用名称）是困惑的。在 2007 年，檀山皇公司从商标权人（河南人）那里成功购回"沁州黄"商标。[③]

---

① 参见：沁州黄公司申请使用原产地域产品沁州黄小米专用标志材料的补正。

② 在 2013 年 2 月 1 日、9 月 24 日、12 月 9 日，原国家质检总局先后发布 2013 年第 22 号、第 130 号和第 165 号公告，分别授权檀山皇公司、吴阁老公司、田园香公司、聚升元公司和万里香等公司使用"沁州黄小米"地理标志产品专用标志。

③ 1995 年，国家工商总局核准了河南人曹全星在第 31 类谷物上使用的文字商标"沁州黄"的注册。

檀山皇公司负责人认为，有了国家地理标志产品"沁州黄小米"和购回的"沁州黄"商标，没有人可以以商标侵权为由对他们发起攻击。但是，事情并非如此简单，檀山皇公司与沁州黄公司的诉讼一直持续到 2013 年。尽管纠纷已经告一段落，但沁县小米生产企业仍不清楚沁州黄小米是地理标志产品，"沁州黄"是本地小米的地理标志。截至 2014 年 11 月，我们仍然可以在檀山皇公司的网页上看到引人注目的文字：

2013 年 12 月 30 日，我公司成功胜诉，有沁州黄商标的使用权，"沁州黄小米"作为地理标志产品进行保护，意味着任何符合该标准的企业和个人都可获得平等准入和保护，"沁州黄"并不能为任何企业和个人所专有。沁州黄公司不能独占"沁州黄"，"沁州黄"不是沁州黄公司最初使用并创造的名称。

另外，檀山皇公司还在这些文字之后附了最高人民法院第 1642 号民事裁定书的扫描页。这些文字显示檀山皇公司仍然存在以下误解：第一，尽管公司自 2013 年以来一直是合法的地理标志产品专用标志使用者，但"沁州黄"却被其视为商标而不是地理标志；第二，未能认识到只有符合产品规格并在指定地理区域内达到标准规定的小米才能被称为沁州黄小米。

对于沁州黄公司，尽管经历了所有法律程序，但仍不愿接受"沁州黄"是通用名称而非其未注册商标的司法裁决。

并且最高人民法院就本案做出自相矛盾的裁定。如上所诉，最高人民法院既确认了檀山皇公司获准使用地理标志产品专用标志"沁州黄"的事实，又认定"沁州黄"具有通用名称的广泛性和规范性。根本原因是最高人民法院 2010 年《关于审理商标授权确权行政案件若干问题的意见》与质检总局的专门保护制度相抵触。根据质检总局《地理标志产品保护规定》，所有受保护的地理标志产品均会颁行国家标准或地方标准；^①根据 2009 年的《地理标志产品保护工作规则》，如果产品名称已成为通用名称，则不会获得地理标志保护，这与 WTO《与贸易有关知识产权协定》的规定是一致的。遗憾的是，由于中国地理标志专门保护制度的较低等级，使得中国司法机构未能认识到地理标志保护的重要性。最高人民法院根据《商标法》制定了《关于审理商标授权确权行政案件若干问题的规定》，而国家质检总局的所有地理标志都符合该规定中确定的通用名称的标准。如果这种冲突继续存在下去，后果将不堪设想。

在"金华火腿"案中，主审法官吕国强认为：地理标志作为知识产权的一种类型，在中国应当与其他知识产权一样获得同等的认可和保护。^②然而，在本案中，尽管沁州黄小米自 2003 年以来一直受到质检总局的地理标志产品保护，但二审法院和最高人民法院均认定"沁州黄"是通用名称。二审法院指出，商品通用名称不是一成不变的，而是随着时间和地区的变化而改变的，因此，人民法院应遵循个案确认和事实调查的原则来认定是否构成通用名称。在阐明通用名称认定原则的基础上，根据最高人民法院 2010 年《关于审理商标授权确权行政案件若干问题的意见》，二审法院结合"沁州黄"的形成过程确认了其具有广泛性，主要证据包括：今天的沁县在 1368 年至 1911 年间被称为"沁州"；"沁州黄"是皇家贡米；"沁州黄"在 1915 年世界博览会上获得金牌；自 1949 年以来沁县记录的有关各种展览的奖项；1959 年山西农业建设厅编写的《山西农作物品种志》中记载的沁州黄分布情况；上海辞书出版社 1979 年出版的《辞海》有关沁州黄小米闻名的词条；1987 年商业部粮食购销司编著的《粮食商品手册·名优品种》一书，将"沁州

---

① 《地理标志产品保护规定》第 17 条规定："拟保护的地理标志产品，应根据产品的类别、范围、知名度、产品的生产销售等方面的因素，分别制订相应的国家标准、地方标准或管理规范。"第 18 条规定："国家标准化行政主管部门组织草拟并发布地理标志保护产品的国家标准；省级地方人民政府标准化行政管理部门组织草拟并发布地理标志保护产品的地方标准。"

② 吕国强:《商标权与地理标志权冲突的司法解决》,《人民司法（案例）》2007 年第 10 期,第 7 页

黄"小米列为 5 个小米名优品种之一。此外，二审法院根据两项国家标准中对沁州黄小米的定义确定了沁州黄的规范性。基于上述原则和证据，法院得出结论，沁州黄与其他小米品种有根本不同，可以被认定为通用名称。从实践来看，中国司法部门多数情况下倾向于通用名称的认定。^① 如果中国的司法机构认为地理标志是知识产权的一种类型，他们不会将国家质检总局发布的上述公报和两项国家标准视为承认"沁州黄"为通用名称的重要法律依据。而且，几乎所有申请地理标志保护时提交的有关沁州黄历史的材料，在争议中都成为确定其通用状态的重要事实依据。显然，在"沁州黄小米"案中，中国司法机关既不承认地理标志是独立的知识产权，也不认可国家质检总局的地理标志产品保护，甚至将地理标志产品保护作为确定通用名称的有力证据。此外，全国人大常委会《关于在北京、上海、广州设立知识产权法院的决定》（2014 年）和最高人民法院《中国北京、上海、广州知识产权法院案件管辖的规定》（2014 年）进一步证实了我们的理解。全国人大常委会《关于在北京、上海、广州设立知识产权法院的决定》（2014 年）第 2 条和第 3 条规定，知识产权法院对涉及专利、植物新品种、集成电路布图设计、技术秘密、著作权和商标的知识产权民事和行政案件具有管辖权，其中并不包括地理标志。为了进一步阐明知识产权法院的管辖权，最高人民法院颁布了《中国北京、上海、广州知识产权法院案件管辖的规定》，第 1 条规定，知识产权法院对涉及计算机软件、不正当竞争和驰名商标的案件也具有管辖

---

① 如"英山云雾茶"案、"库尔勒香梨"案等。基于"山东鲁锦实业有限公司诉鄄城县鲁锦工艺品有限责任公司、济宁礼之邦家纺有限公司侵犯商标专用权及不正当竞争纠纷上诉案"[山东省高级人民法院（2009）鲁民三终字第 34 号民事判决书]，山东大学崔立红老师曾经专门撰文探讨地理标志、商标与通用名称问题，就 2015 年最高人民法院审判委员会通过的第 48 号指导案例（http://www.court.gov.cn/shenpan-xiangqing-14244.html）来看，"鲁锦"商标纠纷与"沁州黄小米"纠纷的重要区别在于，"鲁锦"尚未获得原国家质检系统的国家地理标志产品保护，也未获得农产品地理标志登记与地理标志商标注册。从资料看，即使作为一个事实上的地理标志，人民法院对"鲁锦"直接进行司法认定难度也太大，毕竟有不少已获得原国家质检系统批准的国家地理标志产品，在《民法总则》颁行之前，还难逃被司法认定为通用名称的命运。

权，但仍然没有提到地理标志。

2．"沁州黄小米"案的启示

"沁州黄小米"案反映出中国目前地理标志保护制度存在的一些问题。如果这些问题不能尽快得到解决，中国的地理标志将无法获得有效保护，并且会对中国经济社会发展产生不利影响。中国当前地理标志保护模式饱受国内外学者诟病，甚至有学者称中国地理标志保护难登"大雅之堂"。[①]

在"沁州黄小米"案中，沁州黄公司一直想拥有"沁州黄"的独占权，因而不愿接受国家质检总局的地理标志保护；檀山皇公司为了使用"沁州黄"这一金字招牌——沁县先民为后人共同创造的财富，接纳了办案律师的通用名称建议；[②] 此外，司法机关也认定"沁州黄"为小米的通用名称。但是，大家都忽略了沁州黄小米自 2003 年以来受到国家质检总局保护的事实，似乎沁州黄小米又回到了未受保护的原始状态。幸亏国家质检总局批准了檀山皇公司和其他沁县小米企业使用"沁州黄小米"地理标志产品专用标志，才使得再审法院承认了"沁州黄小米"的地理标志产品法律性质，尽管法院维持了二审的通用名称认定。如果所有诉讼当事人都非常重视"沁州黄小米"自 2003 年以来是受保护的地理标志产品的事实，并积极向国家质检总局申请使用"沁州黄小米"地理标志产品专用标志，这起烦人的纠纷本来是可以避免的。"沁州黄小米"案的重要意义在于，它敦促社会各界人士重视地理标志保护，并尽早提升保护地理标志专门法的位阶，早日解决围绕地理标志保护产生的尴尬。

[①] Bradley M. Bashaw, Geographical Indications in China: Why Protect Geographical Indications with both Trademark Law and AOC-Type Legislation? Pacific Rim Law & Policy Journal VOL. 17 No.1, January 2008.

[②] 在 2014 年 4 月的研究生知识产权课堂上，代理律师得知我在课上讲"沁州黄小米"案便前来听课，主动分享了他提出的通用名称建议，并告诉大家二审法院支持了他主张的"沁州黄"是通用名称的观点。

　　尽管中国目前有多个机构负责地理标志的注册、登记和保护，但作为中国知识产权长项的地理标志在中国并未得到普遍重视。沁州黄小米产业协会在诉讼中毫无作为，不仅表明依据《商标法》通过行业协会保护地理标志产品的愿望与中国现实相矛盾，也进一步加剧了任何企业或个人都可能垄断地理标志的问题，这与地理标志的集体性背道而驰。保护地理标志的专门法的低位阶使得大多数中国人误解了地理标志，特别是没有使最高权力机构和最高人民法院承认地理标志是中国的知识产权（更不用说是独立的知识产权了），在最高院司法解释和审判实践中，甚至将地理标志产品国家标准当成了确定通用名称的依据。其结果是，最高人民法院不仅认可"沁州黄"为通用名称，而且认可原国家质检总局批准的"沁州黄小米"为地理标志产品，这使得地理标志、商标和通用名称之间的关系更加复杂。城乡差距扩大引发的许多问题迫切需要借助地理标志制度来解决。地理标志是实现可持续发展的工具。早在 2011 年，中央机构编制委员会办公室就明确表示："根据中国开展地理标志保护工作的现状以及国际上对地理标志保护的发展趋势，有必要建立专门的地理标志保护制度。"[1] 值得注意的是，2015 年 12 月《国务院关于新形势下加快知识产权强国建设的若干意见》明确要求，在 2020 年之前"适时做好地理标志立法工作"。[2]2020 年通过的《民法典》第 123 条赋予了地理标志与商标、专利等传统知识产权等同的法律地位。我们建议并期待：中国尽快制定更高层次的地理标志保护专门法，妥善协调地理标志、商标和通用名称之间的关系。

---

[1]　《关于完善地理标志保护管理体制机制的意见》（中央编办发〔2011〕26 号），http://scopsr.gov.cn/bbyw/qwfb/201306/t20130619_226681.html，2015 年 4 月 10 日访问。

[2]　《国务院关于新形势下加快知识产权强国建设的若干意见》，http://www.gov.cn/zhengce/content/2015-12/22/content_10468.html，2016 年 1 月 7 日访问。

五、周某某诉杭州市西湖区龙井茶产业协会侵害商标权纠纷案

图 3-6 第 9129815 号的"西湖龙井"地理标志证明商标

西湖龙井

（一）基本案情

上诉人（原审被告）：周某某。

被上诉人（原审原告）：杭州市西湖区龙井茶产业协会（简称"龙井茶协会"）。

第 9129815 号"西湖龙井"文字商标（地理标志证明商标），核定使用商品为第 30 类茶叶，商标专用权期限至 2021 年 6 月 27 日。2011 年 7 月 13 日，龙井茶协会由杭州市人民政府批复同意，负责"西湖龙井"地理标志证明商标的注册和后续监管等工作。龙井茶协会制定了《"西湖龙井"地理标志证明商标使用管理规则》，对"西湖龙井"地理标志证明商标的使用条件、使用申请程序、被许可使用人的权利和义务、商标的管理及保护等做出明确规定。龙井茶协会认为周某某销售侵犯"西湖龙井"商标专用权的商品，于 2013 年 6 月 3 日向广州市海珠公证处申请证据保全公证。2013 年 6 月 3 日上午，公证员林某某与公证人员甘某随龙井茶协会律师朱某某来到位于广州市海珠区珠江帝景内赏湖街 1 号，门面有"一盏红"字样的商铺，在公证人员的监督下，朱某某在该商店购买了商品，同时取得发票及名片各一张。购买结束后，朱某某将上述所购商品及单据交给公证人员。公证人员对部分购物场景及上述商铺外观进行了拍摄。返回公证处后，公证人员对上述所购商品、名片进行了拍摄，然后使用公证处封条封存上述所购商品，之后将封存后的商品连同发票、名片原件交由龙井茶协会保管。2013 年 10 月 15 日，

龙井茶协会委托律师向周某某发出律师函，告知对其销售侵犯"西湖龙井"商标专用权的商品的行为做了证据保全，要求其立即停止侵权并赔偿损失。龙井茶协会起诉请求人民法院判令被告：（1）立即停止销售侵犯原告享有的第 9129815 号"西湖龙井"注册商标专用权的商品；（2）赔偿原告经济损失及为制止侵权支出的合理费用计 10 万元（合理费用包括律师费 3 万元、购买物品费 280 元、公证费 800 元）。珠海区人民法院根据 2001 年《商标法》第十六条、第五十一条、第五十六条、第五十七条第一款第（二）项、第（三）项、第六十三条第一款、第三款，《最高人民法院关于商标法修改决定施行后商标案件管辖和律适用问题的解释》第九条，最高人民法院《关于审理商标民事纠纷案件适用法律若干问题的解释》第十六条第二款、第十七条、第二十一条第一款之规定，判决周某某立即停止销售侵犯原告杭州市西湖区龙井茶产业协会享有的第 9129815 号"西湖龙井"地理标志证明商标专用权的茶类商品，在判决生效之日起十日内一次性赔偿龙井茶产业协会经济损失（包含原告为制止侵权行为所付出的合理费用）30000 元。[①] 周某某不服，上诉至广州知识产权法院，请求判令撤销原判，驳回龙井茶协会的全部诉讼请求。二审法院经审理认为原审判决认定事实清楚，适用法律正确，处理结果恰当，维持原判。[②]

（二）法院判决

本案争议焦点为：（1）涉案（2013）粤广海珠第 15512 号公证书是否能作为证据使用及其证明力；（2）被诉侵权产品是否具有合法来源；（3）损害赔偿责任以及赔偿数额如何确定。

就涉案（2013）粤广海珠第 15512 号公证书的证明力问题，周某某对

---

① 广东省广州市海珠区人民法院（2014）穗海法知民初字第 693 号民事判决书，合议庭：吴哲伟、吴静萍、伍韵施，2015 年 3 月 31 日，书记员邝嘉琦。
② 广州知识产权法院（2015）粤知法商民终字第 158 号民事判决书，合议庭：陈东生、郑志柱、彭盎，2015 年 8 月 19 日，法官助理王冠燕，书记员高允。

公证封存物及封条时间提出异议，认为：（1）封条所显示的时间是 2013 年 6 月 14 日，而公证时间是在 2013 年 6 月 3 日，公证时间与封存时间相隔 11 天，在公证后相隔太久再进行封存，容易造成混淆或造假，故该封存的证据及程序存在瑕疵，不足以证明公证的真实性；（2）封存的发票单据及名片没有与公证封存物一并封存，被告无法分辨该封存物及发票是否均来源于涉案店铺，也有可能导致封存出错或造假。广州市海珠公证处于 2014 年 12 月 10 日出具的《关于（2013）粤广海珠第 15512 号公证书的说明》记载："2012 年 6 月 3 日受理龙井茶产业协会的保全证据公证申请，2013 年 6 月 3 日由我处公证员进行保全证据活动……当日保全证据工作结束后，公证员……将证物暂存于其独立办公室中并于 2013 年 6 月 4 日对证物进行拍摄、封存，然后于 2013 年 6 月 9 日出具了（2013）粤广海珠第 15512 号公证书。现（2013）粤广海珠第 15512 号公证书所附封存物上的封条显示日期为'二〇一三年六月十四日'，实为笔误，特此作出说明。"一审法院认为，周某某虽对公证书及公证过程提出质疑，却未能提供切实的相反证据推翻公证书，应承担举证不利的责任，而公证处对其公证封存过程存在瑕疵的问题做出澄清说明，故依法采信上述公证书同时认定周某某销售被控侵权产品成立。周某某上诉称其并无销售侵权产品行为，海珠区公证处所出具的公证书严重失实，不应作为本案定案依据。理由是：（1）龙井茶协会提供的公证书显示公证人员于 2013 年 6 月 3 日进行公证，但庭审时所出示的物品封存封条时间却为 2013 年 6 月 14 日，公证时间与封存时间不相符，且相隔 11 天之久，对此有理由怀疑所公证的事实根本不存在，所封存的商品并非龙井茶协会从周某某商铺所购之商品；（2）根据龙井茶协会与周某某商铺的总店同睦茶行一案［一审案号为（2014）穗海法知民初字第 405 号、二审案号为（2014）穗中法知民终字第 1350 号］认定的事实，该案公证过程也是 2013 年 6 月 3 日上午发出，公证人员也是林某某、甘某，但根据公证程序规则的规定，两次公证过程不可能在同一时间由同一公证人员完成，但该两次公证恰恰在同一天上午进行。因此，周某某有理由怀疑该次公证的真实性及公证效力。至于海珠区公证处出具的说明称封存物上的封条日期为笔误一说，是海珠区公证处为推卸责任而捏造的说辞，与事实不符。二审法院认为，周某某虽然对该公证书提出了质疑，但没有提出相反的证据，也未向公证机关申请复查或向法院提起诉讼。根据《民事诉讼法》第六十九条的规定，经过法定程序公证证明的法律事实和文书，人民法院应当作为认定事实的根据，但有相反证据足以推翻公证证明的除外。二审法院对（2013）粤广海珠第 15512 号公证书证明的事实予以确认；对于周某某所称本案公证行为与龙井茶协会诉陈某某一案的公证行为发生于同一天上午，涉案公证真实性存疑的辩解，二审法院认为，涉案周某某经营的商铺位于广州市海珠区艺苑路，陈某某经营的广州市海珠区同睦茶行则位于广州市海珠区滨江东路，两店距离不远，在同一天上午进行两次公证在时间上是合理的，周某某的抗辩理由不成立。

就涉案被诉侵权产品是否具有合法来源的问题，周某某举证说明其经营的涉案商铺为"一盏红"帝景分店，被告所销售的龙井茶叶全部由"一盏红"总店同睦茶行提供，而该龙井茶叶由同睦茶行统一采购自西湖区龙井村的茶农，属于"西湖龙井"地理标志证明商标规定的使用范围，为正宗的西湖龙井茶，来源合法。证据有出仓单原件，用以证明其所销售的龙井茶叶确实由"一盏红"总店同睦茶行提供，来源合法；证据茶农董某女儿说明 [①] 复印件和董某身份证及户口本复印件、龙井村茶园图片打印件，用来证明同睦茶行所提供的龙井茶叶是由西湖龙井村茶农采摘的，同睦茶行向茶农直接购买所得，被告销售的涉案产品产于"西湖龙井"地理标志证明商标规定的使用范围；证据"西湖龙井"茶防伪标签原件，用来证明龙井茶协会相关机构

---

① 茶农董某女儿汪某出具的说明内载："本人汪某在 7 月 23 日接到……的电话，是找我妈妈董某，关于 2012 年卖给广州同睦茶行 8 斤家里的狮峰龙井茶。说是要把 2012 年的茶拿去检验，不是正宗龙井的话，要追究我家的法律责任……说什么要堵住假龙井的源头。我家在 2012 年的确卖给广州同睦茶行 8 斤正宗龙井，而且老板张某是个非常好的人，这几年家里的……也全靠他在帮忙我家卖的。没有他的话，我家的狮峰龙井还真卖不出去。关于这一点，你们如果在清明前后到龙井村来调查一下就知道，没路子的农民真茶还真卖不出去。另说明，因为我妈妈是农村妇女，年事已高，心脏不好，所以电话都是由我接听的，还有不要惊吓老人。"

向被告购货的茶农配置了"西湖龙井"茶防伪标签，从而证明被告销售的产品使用"西湖龙井"地理标志证明商标是有合法授权的。一审法院认为被控侵权产品上没有生产厂家及销售商的信息，应属三无产品；周某某为了支持其合法来源抗辩所提交的证据（包括证人证言）存在形式瑕疵（如证人未能出庭作证），其证据证明力不足；周某某提供的防伪标贴均属于2014年的，被告提供的汪某陈述也只表明董某在2012年曾出售龙井给同睦茶行，即使供货商同睦茶行、茶农董某女儿汪某身份及其陈述情况属实，上述证据也未能证实同睦茶行购买或由其销售、供应给周某某的茶叶属于正品西湖龙井，故周某某提供的证据不足以证明2013年6月同睦茶行给周某某销售或当时销售的散装龙井茶是正品的西湖龙井或两者是经"西湖龙井"注册商标人合法授权的销售商。二审法院也认定被诉侵权产品不具有合法来源，理由是：首先，周某某辩称其销售的被诉侵权的茶叶来自西湖龙井茶产区茶农。对此，涉案商标为地理标志证明商标，国家工商总局对该商标核准注册时已依照流程向社会公众公开了该商标的使用管理规则，依照该规则，凡使用"西湖龙井"地理标志证明商标的，须经申请，获得审核批准后方被许可在其产品上或包装上使用该地理标志证明商标。而周某某没有提供证据证明其已获龙井茶协会授权使用涉案商标。因此，一审法院认为，即使周某某所称的茶叶的来源地属实，其亦无权未经权利人许可擅自使用与"西湖龙井"相同或相似的证明商标，故周某某的行为显然属于违反《商标法》的行为，应当依法承担相应的法律责任。其次，对于周某某所称的其销售的被诉侵权产品全部来源于"一盏红"总店广州市海珠区同睦茶行，且广州市海珠区同睦茶行已被判令就其所售侵权产品承担责任而周某某无须担责的抗辩，一审法院认为，周某某所经营的广州市海珠区赤岗天雨流芳茶叶商店与陈某某所经营的广州市海珠区同睦茶行是两个不同的个体工商户，在法律上属于相互独立的民事主体。根据周某某与广州市海珠区同睦茶行签订的《茶叶行转让协议书》，周某某所经营店铺中的货品，除了由广州市海珠区同睦茶行进行供应外，仍可由周某某自行增加。虽然广州市海珠区同睦茶行出具了书面情况说明，拟证明周某某所销售的龙井茶均由其提供，但广州市海珠区同睦茶行与周某某之间具有利害关系，在广州市海珠区同睦茶行未能出庭作证、接受庭审质询的情况下，其证人证言证明力较弱。而在本案诉讼期间，周某某仅提交证据证明其于2013年3月、4月曾从广州市海珠区同睦茶行提了11.5斤的狮峰龙井茶，但未能提交证据证明相关的销售记录，未能证明其所销售的涉案茶叶由广州市海珠区同睦茶行供应。因此，周某某未能提交充分的证据证明其所销售的被诉侵权产品来源于广州市海珠区同睦茶行。另外，周某某作为专门销售茶叶商品的商铺经营者，且其所销售的商品为知名度较高的茶产品，依法应对其所销售的商品供应商的主体资质及商标使用的合法性负有较高的审慎注意义务。周某某作为独立的经营主体，在未获得涉案注册商标权利人许可及未谨慎审查货物供应商是否已获得权利人授权的情况下，销售了被诉侵权产品，其主观上存在过错，依法应承担相应的法律责任。综上，周某某关于被诉侵权产品具有合法来源的理由不成立。

就周某某应否承担损害赔偿责任以及赔偿数额的确定问题，周某某辩称，即使涉及侵权，"一盏红"总店同睦茶行已承责，其无须再承担赔偿责任。一审法院认为，周某某对其商铺与同睦茶行存在分店与总店关系的举证存在形式瑕疵，无法确认两者存在该关系；即使两者存在分店与总店关系，现无切实有效证据证实被告周某某当时销售的被控侵权商品就来源于同睦茶行；虽同睦茶行因涉嫌侵权已被法院判决赔偿原告损失及停止侵权，但周某某作为独立的销售主体在经营过程中应自行承担相应的法律责任，不能因所谓的分店与总店关系免除其法律责任。周某某在没有审查供货商是否获得"西湖龙井"注册商标人相应的许可授权的情况下购买并出售涉案茶叶，主观上存在明显过错，也构成了对消费者的误导。现被控侵权商品的外包装在显著位置上标注有"西湖龍井"字样，与原告第9129815号"西湖龙井"文字商标进行对比，两者的文字内容、读音均一致，在视觉上基本无差别，两者构成近似，属于未经商标权人许可在同一种商品上使用与其注册商标近似的商标的情形，故涉案茶叶是侵犯原告涉案商标专用权的商品。鉴于此，周某某销售涉案侵权产品的行为侵犯了原告享有的涉案商标专用权，应当承担停止侵权以及赔偿损失的民事法律责任。关于赔偿数额的问题，龙井茶协会主张的维权合理费用包括公证费、公证购买侵权商品的费用、律师费及调查费等。一审法院对有发票予以证实的公证费及公证购买商品的费用予以支持；对未能提供证据予以证实的原告律师费，基于原告确有委托律师参与调查并实际出庭参与诉讼酌情予以支持；对于原告主张的经济损失，因原告未能提供被告因侵权所获得的利益或者原告因侵权行为所受到的实际损失的证据，综合考虑被告侵权行为的性质、持续的时间、侵权商品的价格、侵权商品供销量、被侵害注册商标的品种、知名程度以及防伪标识有效使用流程，再结合原告为制止侵权行为所付出的合理维权费用等因素，酌情确定被告的侵权赔偿数额为 30000 元（含原告为制止侵权行为所产生的合理维权费用）。二审法院就一审判决合理费用金额是否合理的问题，认为，由于周某某在侵权期间因侵权所获利益及龙井茶协会在被侵权期间因被侵权所受到的损失均难以确定，原审法院根据本案的具体情况，综合考虑侵权行为的性质、侵权商品的价格、涉案注册商标的注册时间与知名度及龙井茶协会为制止侵权行为所付出的合理维权费用等因素，酌情判令周某某赔偿龙井茶协会经济损失（含合理费用）30000 元，并无不当，予以维持。

（三）评析

评析本案之前，就周某某在一审阶段向人民法院提供的证据（2014）穗海法知民初字第405号民事判决书原件，特转录李祖明教授对该案的评析：①

该案具有典型性，但有多处细节在材料中未显示或调查质证，直接影响对案件的定性。我们的点评仅基于本材料的信息，如有失误，敬请原谅。第一，确实有不少地理标志产区内的生产者将符合产品要求的产品自行销售给其他经营者的现象，对此的规范，不仅仅是法律的问题，也有地理标志产业

---

① 摘录自地理标志共同体微信公众号，2017年1月16日。

的内部管理问题。第二，从本案材料看，涉案茶叶可能真的来自西湖龙井产区的茶农董云芬，在董云芬已经认可、上诉人也提出鉴定要求被法院否决的情况下，再要求上诉人举证其涉案茶叶产自西湖龙井产区，这有点强人所难了。第三，从材料看，西湖龙井的内部管理中有什么"茶农标""商品标"之分，其实都是带有"西湖龙井"字样的商业标识，至于进入市场时要用"茶农标"换取"商品标"等规定，充其量是西湖龙井的内部规定，不能约束市场其他经营者。所以，法院认为上诉人理应知道应用董云芬给的茶农标换取商品标的说法，实在难以服人。第四，中国公证制度确实有不少需要完善，证书的公证等可以单凭公证员的书面公证书即可，但像本案中的购买行为，具体细节确实比较复杂，单凭公证员事后的回忆式记录，难免有所遗漏。不要告诉我，从公证申请人获得了公证费的公证行为，能够绝对地保证公正。事实上，对这类行为的公证一律要求录音录像即可以解决问题。第五，我们当然坚持主张严厉打击侵犯他人地理标志专用权的行为，但是，地理标志内部的管理确实也存在巨大的问题，类似本案的问题，其实可以通过完善地理标志内部管理来解决。

本书对被诉侵权产品是否有合法来源的问题不准备再做过多分析。因为本案中二审法院对周某某销售的茶叶是否具有合法来源进行的两段说理，都不是结合证据来认定被诉产品到底有无合法来源，而是绕个弯在对周某某依法应当承担相应的法律责任进行说理。首先，就周某某辩称其销售的被诉侵权的茶叶来自西湖龙井茶产区茶农，法院进行了使用"西湖龙井"地理标志证明商标的须获得审核批准的说理，由于周某某没有提供证据证明其已获龙井茶协会授权使用涉案商标，因此，即使周某某所称的茶叶的来源地属实，其亦无权未经权利人许可擅自使用与"西湖龙井"相同或相似的证明商标，故周某某的行为显然属于违反《商标法》的行为，应当依法承担相应的法律责任。其次，对周某某所称的其销售的被诉侵权产品全部来源于"一盏红"总店广州市海珠区同睦茶行，且广州市海珠区同睦茶行已被判令就其所售侵权产品承担责任，故而周某某无须担责的抗辩进行了说理。加之周某某作为独立的经营主体，在未获得涉案注册商标权利人许可及未谨慎审查货物供应商是否已获得权利人授权的情况下，销售了被诉侵权产品，其主观上存在过错，依法应承担相应的法律责任。二审法院以周某某依法应当承担相应的法律责任的说理，得出来周某某关于被诉侵权产品具有合法来源的理由不成立的结论。然而，对于普通商标侵权，被诉侵权产品不具有合法来源，是侵权人承担损害赔偿责任的前提，而非笼统的"承担相应的法律责任"。

李祖明教授对龙井茶产业协会与陈某某侵害商标权纠纷案中的公证文书提出了疑虑，在本案一审阶段，周某某首先对（2013）粤广海珠第 15512 号公证书的证明力提出了异议，因为封条所显示的时间 2013 年 6 月 14 日与公证时间 2013 年 6 月 3 日相隔 11 天，在公证后相隔太久再进行封存，容易造成混淆或造假，故该封存的证据及程序存在瑕疵，不足以证明公证的真实性；封存的发票单据及名片没有与公证封存物一并封存，被告无法分辨该封存物及发票是否均来源于涉案店铺，也存在封存出错或造假的嫌疑；本案公证行为与龙井茶协会诉陈某某一案的公证行为发生于同一天上午。但是，两审法院均认为，周某某虽然对该公证书提出了质疑，但没有提出相反的证据，也未向公证机关申请复查或向法院提起诉讼，没有相反证据足以推翻公证证明。

最后，笔者认为本案中对于"西湖龙井"地理标志证明商标侵权行为的认定说理，无论一审法院还是二审法院，均没有直接将"周某某的销售行为是否构成商标侵权"作为一个独立、专门的问题，而是将"周某某的行为属于违反《商标法》的行为"作为被诉产品不具有合法来源和确定损害赔偿额的说理裁判依据。的确，"西湖龙井"商标享有极高的声誉与知名度，承载了中国传统文化及独特的茶叶生产工艺。司法审判如果对并非来源于指定生产区域、具备特定品质的商品上使用证明商标的行为不予禁止，不仅对涉案商标以及使用该商标的商品的商誉会有不良影响，会使消费者权益受损，也有损于市场公平竞争秩序。本案中人民法院这么进行说理，某种程度上与中国地理标志现有立法的缺陷有关，但让已经举证说明其销售产品具有合法来源的当事人去承担损害赔偿的责任，终究是让人意难平。何况本案中的公证文书确实在时间上存在瑕疵。

作为 2015 年度上海法院知识产权司法保护十大案件之一的另一起"西湖龙井"地理标志证明商标侵权纠纷案 [1]，在判决书中首先就被告是否实施了侵害原告涉案商标权的行为进行了说理，然后就构成侵权应当承担的法律责任进行了说理裁判。龙井茶产业协会经公证从上海雨前春茶叶公司购买了一礼盒茶叶，经比对，上海雨前春茶叶公司销售的被控侵权商品的纸袋、礼盒和茶叶罐上均印有竖列的"西湖龍井"字样，销售名片背面印有"虎牌西湖龙井……"字样。原告向法院诉称被告销售的茶叶包装和名片上都显著地使用了"西湖龙井"标记，侵犯了原告的商标权，请求判令被告停止侵犯原告"西湖龙井"注册商标专用权的行为，并赔偿 100000 元，在《解放日报》《新民晚报》刊登声明，消除影响。上海市杨浦区人民法院经审理后认为，原告是"西湖龙井"商标的商标权人。被告将印有"西湖龍井"字样的包装袋、礼盒和茶叶罐使用于其销售的茶叶，"西湖龍井"四个字显著位于包装的正中位置，属于商标性使用。与涉案商标相比，区别仅在于简繁体、字体和横竖排列，足以使相关公众误认为该商品是来源于特定产地并具有特定品质的商品。被告虽然辩称其销售的是散装虎牌茶叶，但被控侵权商品本身或外包装上并未任何虎牌字样，被告也不能提供证据证明其产品来源于西湖龙井的指定生产区域以及产品符合西湖龙井的品质要求，因此其在涉案商品上突出标注"西湖龍井"的行为不属于正当使用，其行为侵犯了原告的商标权。[2] 此外，被告在名片上印制"虎牌西湖龙井"，属于《商标法》第四十八条所规定的"广告宣传"行为，目的在于让相关公众识别其销售的茶叶的来

---

[1]　杭州市西湖区龙井茶产业协会诉上海雨前春茶叶有限公司侵害商标权纠纷案，上海市杨浦区人民法院（2014）杨民三（知）初字第 422 号民事判决书，合议庭成员：黄洋、吴奎丽、沈冰玉，2014 年 12 月 26 日，书记员张晓利。

[2]　《商标法》第五十七条规定，未经商标注册人的许可，在同一种商品上使用与其注册商标近似的商标，或者在类似商品上使用与其注册商标相同或者近似的商标，容易导致混淆的，是侵犯注册商标专用权的行为。

源。而根据被告当庭陈述，其销售的为中低端的散装茶，包括龙井、炒青、云雾等绿茶，被告未提供证据证明其店铺内销售的茶叶有虎牌西湖龙井，退一步说，即使被告店铺内有虎牌西湖龙井，被告仍需进一步证明该茶叶来源于西湖龙井的指定生产区域以及产品符合西湖龙井的品质要求。因此，被告在名片上使用"虎牌西湖龙井"字样，与原告涉案商标构成近似，使公众对茶叶的来源产生误认，亦构成侵权。被告应当承担停止侵权、赔偿损失等民事责任。龙井茶协会虽主张赔偿其损失，但未能证明其因被告的侵权行为而遭受的实际损失，也未能证明被告因涉案侵权行为而获得的利益，法院考虑涉案证明商标的知名度、被告经营规模、主观过错、侵权行为持续的时间等因素，酌情确定赔偿数额；对原告主张的为制止侵权行为支出的合理费用 1720 元（其中公证费 1500 元、购买侵权商品的费用 220 元），系因依法维权之需产生的合理支出，予以支持。据此判决：被告立即停止侵犯原告第 9129815 号"西湖龙井"注册商标专用权的行为；被告赔偿原告经济损失 30000 元（其中包含合理费用 1720 元）。一审判决后，双方当事人均未提出上诉。

六、"新会陈皮饼"侵权纠纷案

（一）基本案情 ①

再审申请人（一审被告、二审上诉人）：江门市澳新食品有限公司（简称"澳新公司"）。

---

① 江门丽宫酒店、江门市澳新食品有限公司与国家知识产权局专利复审委员会二审行政判决书，北京市高级人民法院（2017）京行终 4242 号行政判决书，合议庭：刘继祥、孔庆兵、亓蕾，2017 年 11 月 30 日，书记员郑皓泽。

被申请人（一审原告、二审被上诉人）：江门丽宫酒店（简称"丽宫酒店"）。

在广东，新会陈皮与老姜、禾秆草统称"广东三宝"，素有"百年陈皮胜黄金"之说。2006 年 10 月 25 日，新会陈皮获得国家地理标志产品保护。新会陈皮地理标志产品保护范围以广东省江门市新会区人民政府《关于建议划定新会陈皮地理标志产品保护范围的请示》（新府报〔2006〕8 号）提出的范围为准，包括广东省江门市新会区会城街道办、大泽镇、司前镇、罗坑镇、双水镇、崖门镇、沙堆镇、古井镇、三江镇、睦洲镇、大鳌镇等 11 个街道办事处、镇和围垦指挥部现辖行政区域。

江门丽宫酒店是新会陈皮月饼的生产商，于 2002 年 11 月 23 日向国家知识产权局申请名为"新会陈皮饼及其制备方法"的发明专利；2005 年 6 月 8 日，国家知识产权局发布授予丽宫酒店专利权的公告，专利权期限为 20 年，自申请日起算。该专利获准授权后，丽宫酒店按规定缴纳专利年费。2014 年，丽宫酒店发现江门市澳新食品有限公司未经授权擅自使用其制备方法生产销售陈皮月饼，发函要求澳新公司停止侵权，无果，向江门市中级人民法院提起侵权诉讼。澳新公司在应诉的同时，于同年 10 月 16 日向国家知识产权局专利复审委员会（下称"专利复审委员会"）提出了专利权无效宣告请求，请求宣告丽宫酒店的"新会陈皮饼及其制备方法"专利权利要求 1—5 项全部无效。2015 年 4 月 1 日，专利复审委员会认定涉案专利权有效。2015 年 9 月 21 日，江门市中级人民法院判令澳新公司立即停止制造、销售侵权产品的行为，销毁库存的侵权产品，澳新公司不服，向广东省高级人民法院提起上诉。2016 年 5 月，广东省高级人民法院驳回澳新公司上诉，维持原判。澳新公司不服，向最高人民法院申请再审，请求法院认定澳新公司生产陈皮月饼的行为不构成侵权、二审判决认定"被诉侵权产品采用的技术方案落入涉案专利的保护范围"没有证据支持。经审查，最高人民法院驳回了澳新公司的再审申请。

（二）当事人主要争议焦点

综合分析一审、二审和再审裁判文书，可知，澳新公司与丽宫酒店的首要争议是涉案专利是否具备新颖性和创造性，但这一争议不属于专利侵权诉讼所要解决的问题。并且，有关"新会陈皮饼及其制备方法"发明专利是否具备新颖性和创造性等问题，在"新会陈皮饼及其制备方法"专利无效纠纷案中已做过探讨，此处不予赘述。本篇主要探讨涉案专利效力之外的争议焦点。

澳新公司生产制作陈皮月饼的技术方案有无落入丽宫酒店"新会陈皮饼及其制备方法"发明专利的保护范围？涉案专利的技术特征"新会陈皮"与地理标志产品"新会陈皮"是否具有本质区别？

澳新公司认为：（1）涉案专利的关键在于饼的制作方法，被诉侵权产品的制作方法与涉案专利明显不同，被诉侵权产品的制作方法未落入涉案专利保护范围。澳新公司生产的陈皮月饼配方由本公司的技术人员精心研制而成，配方没有落入丽宫酒店的专利保护范围。丽宫酒店的陈皮月饼中有6种配料，而澳新公司的陈皮月饼共有12种配料，其中，作为核心内容的新会陈皮，丽宫酒店的配方中含量超过了5%（在丽宫酒店提供的发明专利说明书中，陈皮月饼中的新会陈皮含量为2%—10%），而澳新公司的配方中，新会陈皮的含量为1%。（2）被控侵权产品中的"新会陈皮"属于地理标志产品，与涉案专利中的"新会陈皮"不同。

丽宫酒店主张：（1）澳新公司生产、销售的新会陈皮月饼即被诉侵权产品的制作方法落入了涉案专利的保护范围，构成侵权。涉案专利权利要求1为专利权保护范围，该权利要求1的主要技术特征在于所述陈皮为新会陈皮，而澳新公司亦承认其生产、销售的被诉侵权产品所使用的陈皮为新会陈皮。被诉侵权产品与涉案专利生产的产品属于同类产品，具备涉案专利的全部必要技术特征，构成侵权。澳新公司主张其被诉侵权产品制造方法与涉案发明专利制作方法不同，应由其举证证明，但其拒绝提供被诉侵权产品制作工艺流程的书面材料，应承担举证不能的不利后果。（2）新会陈皮被认定为地理标志产品的事实，并不意味着此前的新会陈皮与以后的新会陈皮有本质区别。涉案专利权利要求并未限定新会陈皮仅用于饼干类制品，澳新公司认为被诉侵权产品载体为糕点，与涉案专利种类不同的主张不能成立。

（三）法院裁决

江门市中级人民法院[①]：（1）判断被控侵权技术方案是否落入专利权保护范围，应当审查被控侵权技术方案是否含有丽宫酒店主张的权利要求1所记载的全部技术特征。被控侵权产品与涉案专利产品属于同类产品，被控侵权产品配料中可以找到涉案专利的每一个必要技术特征，涉案专利的全部必要技术特征均为被控侵权物的技术特征所覆盖，被控侵权产品与涉案专利产品相同，被控侵权技术方案已经落入了涉案专利的保护范围。澳新公司辩称涉案专利摘要中陈述涉案专利用于饼干，与被控侵权产品不属于同类产品。江门市中级人民法院认为，摘要并非权利要求书的内容，也不能用来解释权利要求书，澳新公司该项抗辩于法无据，不予支持。（2）地理标志是基于原产地的自然条件和原产地的世代劳动者的集体智慧而形成，是证明某一产品来源于某一地区或某一地区内的某一地点的标志，受地理标志保护的商品是地理标志形成前已经客观存在的。涉案专利申请日虽然在"新会陈皮"地理标志认证取得时间之前，但根据全面覆盖原则，被诉侵权产品配料中的新会陈皮与涉案专利技术特征中的新会陈皮相同，澳新公司该项抗辩证据不足，不予支持。

广东省高级人民法院[②]：判定被诉侵权产品是否落入涉案专利保护范围的关键是判定被诉侵权产品中使用的新会陈皮是否与涉案专利中的新会陈皮这一技术特征相同或等同。对此，法院认为，地理标志产品，是指产自特定地

[①]　广东省江门市中级人民法院（2014）江中法知民初字第80号民事判决书，合议庭：熊昌波、甄锦瑜、肖文文，2015年9月21日，书记员伍志华、黄巧明。

[②]　广东省高级人民法院（2016）粤民终243号民事判决书，合议庭：岳利浩、肖海棠、肖少杨，2016年5月3日，法官助理黄慧懿，书记员谢宜桐。

域，所具有的质量、声誉或其他特性本质上取决于该产地的自然因素和人文因素，经审核批准以地理名称进行命名的产品。地理标志的取得，离不开该特定地域自然因素和人文因素的沉淀，不能脱离该地产品的类别、范围、知名度、产品的生产和销售等方面的因素而单独存在。故地理标志产品获得审核批准前，受地理标志保护的产品就已经客观存在，取得地理标志保护只是对相关产品的具体标准或管理规范进行细化及明晰。新会陈皮于 2009 年 7 月 1 日被认定为地理标志产品的事实，并不意味着此前的新会陈皮与以后的新会陈皮有本质区别。澳新公司仅以新会陈皮地理标志产品的认证取得时间晚于涉案专利申请日就主张涉案专利中的新会陈皮与地理标志产品中的新会陈皮不同，依据不足。据此，涉案专利中的新会陈皮与被诉侵权产品中的新会陈皮构成相同的技术特征，被诉侵权产品采用的技术方案包含涉案专利权利要求 1 记载的全部技术特征。

最高人民法院[1]：本案的关键问题是判定被诉侵权产品中使用的新会陈皮是否与涉案专利中的新会陈皮这一技术特征相同或等同。澳新公司主张被诉侵权产品中使用的新会陈皮是 2009 年 7 月 1 日认定的"新会陈皮"地理标志产品，而该地理标志认证取得时间晚于涉案专利申请日，被诉侵权产品未落入涉案专利保护范围。地理标志产品是指产自特定地域，所具有的质量、声誉或其他特性本质上取决于该产地的自然因素和人文因素，经审核批准以地理名称进行命名的产品。地理标志的取得，离不开该特定地域自然因素和人文因素的沉淀，不能脱离该地产品的类别、范围、知名度、产品的生产和销售等方面的因素而单独存在。故地理标志产品获得审核批准前，受地理标志保护的产品就已经客观存在，取得地理标志保护只是对相关产品的具体标准或管理规范进行细化及明晰。涉案新会陈皮于 2009 年 7 月 1 日被认定为地理标志产品的事实，并不意味着此前的新会陈皮与以后的新会陈皮有本质

---

[1] 最高人民法院（2018）最高法民申 4941 号民事裁定书，合议庭：朱理、张志弘、毛立华，2018 年 11 月 22 日，法官助理廖继博。

区别。澳新公司仅以新会陈皮地理标志产品的认证取得时间晚于涉案专利申请日为由，主张涉案专利中的新会陈皮与地理标志产品中的新会陈皮不同，依据不足。据此，被诉侵权产品中的新会陈皮与涉案专利中的新会陈皮构成相同技术特征，被诉侵权产品采用的技术方案具备涉案专利权利要求1记载的全部技术特征。关于澳新公司主张其生产的月饼类产品与涉案专利的载体产品种类不同，制作方法、陈皮比例等配方不同，不存在侵权的可能性，由于涉案专利权利要求并未限定新会陈皮饼仅指饼干类制品，因此澳新公司认为被诉侵权产品载体为糕点，与涉案专利产品种类不同的主张不能成立。据此，原审判决认定澳新公司生产的陈皮月饼落入权利要求1的保护范围具有事实和法律依据。

（四）评析

本案是一起涉及在先专利和在后地理标志关系的案例。据记载，清代乾隆年间，新会葵商在重庆、成都等地相继开设九家"隆"字号商号，主营葵扇，又大量经销新会陈皮。光绪三十四年（1908）《新会乡土志》记载了新会陈皮为当地主要物产。因此，"新会陈皮"作为一个事实上的地理标志，在形成时间上远远早于涉案专利。只是，本案当事人澳新公司提起的专利无效行政诉讼，并未能中止本案的审理，由于中国立法并未就地理标志与专利的关系做出安排，故而，澳新公司难以从保护地理标志的视角来主张权利。

本案中，澳新公司主张涉案专利的保护范围应该是新会陈皮饼的制作方法，但由于其考虑到保护商业秘密而未能提供有关被诉侵权产品制作方法的书面材料，只能承担举证不能的不利后果，其诉求并没有得到一审法院、二审法院和终审法院的支持。三级人民法院全都支持了丽宫酒店的主张：二审法院认为权利要求1限定了所述新会陈皮饼的主要成分为新会陈皮、馅蓉料、面粉、糖、食用油，其实际解决的技术问题是提供以新会陈皮为主要材料的饼类食品。人民法院支持专利权人的主张，是有法律依据的。2008年《专利法》第59条第1款规定："发明或者实用新型专利权的保护范围以其权利要求的内容为准，说明书及附图可以用于解释权利要求的内容。"《最高人民法院关于审理侵犯专利权纠纷案件应用法律若干问题的解释》（法释〔2009〕21号）[①]第七条规定，判定被诉侵权技术方案是否落入专利权的保护范围，应当审查权利人主张的权利要求所记载的全部技术特征。被诉侵权技术方案包含与权利要求记载的全部技术特征相同或者等同的技术特征的，应当认定其落入专利权的保护范围；被诉侵权技术方案的技术特征与权利要求记载的全部技术特征相比，缺少权利要求记载的一个以上的技术特征，或者有一个以上技术特征不相同也不等同的，人民法院应当认定其没有落入专利权的保护范围。由于澳新公司陈皮月饼盒上记载的配料成分与涉案专利构成相同的技术特征，所以法院认定：尽管澳新公司主张被诉侵权产品中使用的新会陈皮是2009年7月1日认定的新会陈皮地理标志产品，该地理标志产品认证取得时间晚于涉案专利申请日，举证《地理标志产品 新会陈皮》（广东省地方标准DB44／T604-2009），证明广东省质量技术监督局于2009年7月1日对新会陈皮正式进行定义，被诉侵权陈皮月饼中新会陈皮配料符合该标准，被诉侵权产品未落入涉案专利保护范围，但人民法院一致认为，涉案新会陈皮于2009年7月1日被认定为地理标志产品的事实，并不意味着此前的新会陈皮与以后的新会陈皮有本质区别，因为地理标志的取得，离不开该特定地域自然因素和人文因素的沉淀。

由于北京知识产权法院和北京市高级人民法院判决涉案专利是有效专利，丽宫酒店的5项权利要求全部有效，澳新公司的再审请求自然也不能获得最高人民法院的支持。行文至此，笔者再次想到了美印巴斯马蒂（Basmati）大米专利纠纷案。该案中，印度政府成功地使美国专利商标局签

[①] 2016年4月1日起施行的《最高人民法院关于审理侵犯专利权纠纷案件应用法律若干问题的解释（二）》（法释〔2016〕1号）第五条规定：在人民法院确定专利权的保护范围时，独立权利要求的前序部分、特征部分以及从属权利要求的引用部分、限定部分记载的技术特征均有限定作用。根据这两个司法解释条文，出现在权利要求前序部分的主题名称，也属于专利的保护范围。当事人涉及地理标志技术特征的专利权处于被诉侵权地位时，其要胜诉是何其之难。

发复审证书，取消了涉案专利 20 项要求中的 1—7、10、14—20 项要求，并将涉案专利名称中的 Basmati 字样删除，才保住了印度真正的巴斯马蒂大米在美国乃至全球的市场份额，因为在美国种植的大米比印度的品种更便宜，而且美国 RiceTec 公司还曾声称公司生产的大米比印度的 Basmati 大米品质更优。值得一提的是，印度在巴斯马蒂（Basmati）大米专利案之后加紧了本国的地理标志制度建设，加大了本国地理标志在海外市场的保护力度。

"新会陈皮饼"侵权纠纷案启示我们，实践中，涉及地理标志作为申请专利技术特征的个案，专利审查机构应该严格把关，认真审查该申请专利中地理标志产品的生产加工技术是否是公知领域的技术，严把新颖性和创造性的审查。如果仅仅是特定地域人员公知的技术，应该审查申请专利的主体是否是适格的主体，以避免特定地域内的其他主体由于该专利权的授予，而丧失了生产加工特定地理标志延伸产品的权利。

"新会陈皮饼"侵权纠纷案另一个值得反思之处是，涉及将地理标志作为技术特征的发明专利，如果有当事人在被诉侵权后就该专利提出无效宣告请求的，可否在民事案件是否中止审理方面做出比较全面的考虑。毕竟，既要保护专利权人的利益，也要考虑到该地理标志产品特定地域相关主体的利益。因为《最高人民法院关于审理专利纠纷案件适用法律问题的若干规定》（2014 年修正）第十一条规定："人民法院受理的侵犯发明专利权纠纷案件或者经专利复审委员会审查维持专利权的侵犯实用新型、外观设计专利权纠纷案件，被告在答辩期间内请求宣告该项专利权无效的，人民法院可以不中止诉讼。"本案中考虑到发明专利的稳定性，因而，尽管澳新公司主张一审法院和二审法院未中止审理是违法的，但再审法院根据上述规定裁定澳新公司的理由不成立。

有观点认为，新会陈皮是江门市的特色食品原料，江门丽宫酒店把当地食品行业习惯拿新会陈皮做食品材料的做法作为自己的发明申请了十多种专利，从新会陈皮产业发展的视角看，江门丽宫酒店通过申请专利的形式垄断新会陈皮做原材料的做法依法不应得到支持。[①] 在查找新会陈皮有关资料的过程中，笔者注意到一份《关于强化传统产业，做好"新会陈皮"地理标志证明商标的使用与管理的建议》[②]，这份提案是在 2017 年 1 月 10 日提出的，建议中提到"新会陈皮"地理标志证明商标，是江门地区的第一个地理标志证明商标。新会区工商部门经过 8 年坚持不懈的跟踪与指导，协助新会农学会于 2008 年 6 月 28 日成功申请注册了"新会陈皮"地理标志证明商标，但该商标自注册以来，一直未正式许可使用。"新会陈皮"地理标志证明商标未实际使用的真实原因有待进一步查明。

在 2020 年 3 月 31 日，广东省第十三届人民代表大会常务委员会第十九次会议批准了《江门市新会陈皮保护条例》，旨在继承和弘扬新会陈皮文化，保证新会陈皮的质量和特色，促进新会陈皮产业持续健康发展。2020 年 7 月 27 日，新会陈皮入选《中欧地理标志保护与合作协定》第二批保护名单。行文至此，笔者希望中国地理标志产品相关企业，能共同做好地理标志的海外保护。与此同时，笔者更希望中国加紧完善地理标志保护制度，为中国地理标志的国内、国际保护提供坚实的法律支撑。

七、"波尔多"地理标志集体商标侵权及不正当竞争案

（一）基本案情

上诉人（原审被告）：蓬莱云雀酒庄有限公司[③]（原烟台市百淇葡萄酿酒

---

① 《发展新会陈皮食品产业 须破除行业垄断——新会陈皮饼专利侵权案与专利权无效纠纷案引发的市场启示》，https://www.zyctd.com/zixun/204/15097.html。

② 张赞天：《关于强化传统产业，做好"新会陈皮"地理标志证明商标的使用与管理的建议》，http://www.xinhui.gov.cn/zwgk/tabljggk/content/post_102014.html。

③ 烟台市百淇葡萄酿酒有限公司于 2018 年 10 月 8 日变更为蓬莱云雀酒庄有限公司。

有限公司，分别简称"云雀公司""百淇公司"）。

被上诉人（原审原告）：波尔多葡萄酒行业联合委员会（简称"波尔多联合会"）

委托诉讼代理人：李瑞萍，张炎，北京市万慧达律师事务所律师。

图 3-7　第 10474883 号"BORDEAUX 波尔多"商标（地理标志集体商标）

涉案商标为第 10474883 号"BORDEAUX 波尔多"商标（地理标志集体商标），注册人为波尔多联合会，核定使用商品为第 33 类葡萄酒，注册有效期限自 2012 年 7 月 14 日至 2022 年 7 月 13 日。国家质检总局 2015 年 6 月 19 日发布公告，批准自即日起对波尔多（Bordeaux）在中国境内实施地理标志产品保护；于 2016 年 5 月 17 日发布公告，批准自即日起对波尔多（Bordeaux）45 个附属产区在中国境内实施地理标志保护。"BORDEAUX 波尔多"商标在烟台、汕头、福州等地受到过行政保护，在长沙、上海等地受到过司法保护。

2017 年 11 月 1 日，蓬莱市市场监督管理局（蓬）市监工处字〔2017〕77 号行政处罚决定书，针对 2017 年 6 月 1 日查处的百淇公司生产侵害注册商标专用权的葡萄酒以及生产标签含有虚假内容的葡萄酒的违法行为做出了行政处罚。百淇公司涉嫌生产侵犯注册商标专用权的葡萄酒共计 27582 瓶，货值 277967 元。所查获的葡萄酒中，包括利布尔纳拉图酒庄干红葡萄酒 1285 箱、利布尔纳拉图干红葡萄酒 116 箱、利布尔纳木桐男爵酒庄葡萄酒 999 箱，上述三种葡萄酒正面均标示"bordeaux"字样；所查获葡萄酒中还包括皇爵 1688 干红葡萄酒 306 箱，酒背面标示"波尔多法定产区"字样。另经蓬莱市检验检测中心检验，当事人涉嫌生产酒精度不符合 GB15037–2006《葡萄酒》标准的葡萄酒，货值金额为 190914 元。该行政处罚决定书认定百淇公司生产标签含有虚假内容的食品的行为，违反了《食品安全法》第七十一条的规定；认定百淇公司生产侵犯注册商标专用权商品的行为，违反了《商标法》第五十七条的规定；认定百淇公司生产以不合格产品冒充合格产品的违法行为，违反了《产品质量法》第三十二条的规定。蓬莱市市场监督管理局对百淇公司做出行政处罚：（1）没收查封的葡萄酒 27594 瓶；（2）没收查封的标签四卷；（3）没收查封的纸箱 6690 个、胶帽两箱；（4）并处罚款，合计为壹佰壹拾玖万柒仟贰佰零贰元伍角整（1197202.50 元）。

2018 年 4 月 17 日，北京市东方公证处依申请对"www.1688.com"网站上的供应商主页进行了证据保全。截屏页面显示主页上方有"烟台百淇葡萄酿酒有限公司玛歌旗舰店""优质贴牌定制（OEM）服务"等字样，页面内显示的企业名称均为"烟台市百淇葡萄酿酒有限公司"。所售酒类包括皇爵 1688 干红葡萄酒，酒标背面标有"波尔多法定产区"字样；玛歌圣玛丽葡萄酒和玛歌力士干红葡萄酒，酒标正面标有"BORDEAUX"字样。2018 年 6 月 11 日，北京市海诚公证处依申请对购买相关产品的行为进行了证据保全。登录"www.1688.com"后，进入上方有"烟台百淇葡萄酿酒有限公司玛歌旗舰店"字样的供应商主页，网页宣传中有"提供红酒贴牌定制服务，其产品以法国原酒国内灌装和原瓶原装波尔多酒庄葡萄酒为主，所有产品均手续齐全，原产地直供品质保证"等内容。委托代理人在该供应商处购买了"法国 AOP 原装进口红酒烫金浮雕重型瓶干红葡萄酒 759ml"1 瓶、"法国原装进口红酒 AOPOEM 定制手握瓶干红葡萄酒 750ml 扫码 1688"2 瓶，共实际支付 73.60 元。波尔多联合会为本案维权支付公证费 6600 元、诉讼财产保全责任保险费用 3600 元、差旅费等 1490.5 元。波尔多联合会主张的律师费 20 万元未提交相关票据。

波尔多联合会向山东省烟台市中级人民法院起诉,请求判令百淇公司:(1)停止侵犯第 10474883 号商标专用权的行为,销毁行政处罚查处的 16236 瓶侵权产品;(2)停止涉及虚假宣传的不正当竞争行为;(3)赔偿经济损失 100 万元,其中包括为制止侵权行为所支付的合理开支 211690.5 元。一审法院经审理,依照《商标法》第五十七条第二、三项、第六十三条第三款,《反不正当竞争法》(1993 年)第五条第四项,《反不正当竞争法》(2017 年修订)第二条第一、二款、第八条第一款、第十七条,《侵权责任法》第十五条第一款第一项、第六项之规定,判决:(1)百淇公司立即停止侵犯波尔多联合会第 10474883 号"BORDEAUX 波尔多"注册商标专用权的行为,包括停止生产、销售假冒波尔多联合会注册商标的葡萄酒;(2)百淇公司立即停止伪造产地、虚假宣传的不正当竞争行为;(3)百淇公司于判决生效之日起十日内赔偿波尔多联合会经济损失及合理开支共计 50 万元。

因波尔多联合会被侵权所受到的实际损失及百淇公司侵权所获得的利益均难以确定,故一审法院依法适用法定赔偿,综合考虑涉案商标的知名度、百淇公司的经营规模、侵权时间,以及波尔多联合会为维权支付的必要合理开支等,酌情确定百淇公司赔偿波尔多联合会经济损失 50 万元。[①]2018 年 10 月 8 日百淇葡萄酿酒有限公司变更企业名称为"蓬莱云雀酒庄有限公司"。云雀公司不服一审判决,向山东省高级人民法院提起上诉,请求判令撤销一审判决,依法改判驳回波尔多联合会的一审诉讼请求,本案一、二审诉讼费用均由波尔多联合会承担。经审理,二审法院认定一审判决认定事实清楚,适用法律正确,判决驳回上诉,维持原判。[②]

---

① 山东省烟台市中级人民法院(2018)鲁 06 民初 215 号民事判决书。

② 山东省高级人民法院(2019)鲁民终 530 号民事判决书,合议庭:柳维敏、于军波、张金柱,2019 年 5 月 13 日,书记员石青。

（二）法院判决

争议焦点：（1）涉案被诉行为是否侵犯了波尔多联合会的商标权；（2）涉案被诉行为是否构成不正当竞争；（3）原审被告是要承担何种民事责任。

涉案被诉行为是否侵犯了波尔多联合会的商标权？

一审法院：依据《商标法》第五十七条第二、三项规定，未经商标注册人的许可，在同一种商品上使用与其注册商标近似的商标，或者在类似商品上使用与其注册商标相同或近似的商标，容易导致混淆的，以及销售侵犯注册商标专用权商品的，是侵犯注册商标专用权的行为。本案中，所查获的葡萄酒中，利布尔纳拉图酒庄干红葡萄酒、利布尔纳拉图干红葡萄酒、利布尔纳木桐男爵酒庄葡萄酒正面均标示"bordeaux"字样；玛歌旗舰店所销售的玛歌圣玛丽葡萄酒、玛歌力士干红葡萄酒，酒标正面标有"BORDEAUX"字样。上述被诉侵权标识使用于瓶贴显著部位，用于识别商品来源，系商标使用行为。被诉侵权产品系葡萄酒，与第 10474883 号注册商标核定使用的商品类别相同。被诉侵权产品上所标注的字样与第 10474883 号"BORDEAUX波尔多"注册商标字母部分仅大小写有区别或完全相同，整体构成近似。《商标法》第三条第二款规定，集体商标是指以团体、协会或者其他组织名义注册，供该组织成员在上市活动中使用，以表明使用者在该组织中的成员资格的标志。本案中，波尔多联合会主张百淇公司和被诉侵权产品上标注的生产商均非波尔多联合会成员，百淇公司亦未提交相反证据，故被诉侵权产品系侵犯波尔多联合会第 10474883 号"BORDEAUX 波尔多"注册商标专用权的商品，百淇公司生产、销售被诉侵权产品的行为构成对"BORDEAUX 波尔多"注册商标专用权的侵犯。

二审法院：首先，蓬莱市市场监督管理局从云雀公司查获的葡萄酒中，利布尔纳拉图酒庄干红葡萄酒、利布尔纳拉图干红葡萄酒、利布尔纳木桐男爵酒庄葡萄酒正面均标示"bordeaux"字样，与波尔多联合会主张保护的涉案"BORDEAUX 波尔多"商标构成近似，波尔多联合会一审中已提交大量证据证明"BORDEAUX 波尔多"地理标志产品在相关公众中具有较高的知名度，故云雀公司在上述葡萄酒产品上使用"bordeaux"标识，容易导致相关公众产生混淆，云雀公司虽主张其系接受其他公司委托进口葡萄酒，但并未提交相关证据，不能认定其在上述葡萄酒上使用被诉标识有合法依据，且波尔多联合会对上述查处产品做出的鉴定报告亦显示"均未获得波尔多地区相关授权"。因此，一审法院综合上述事实，认定云雀公司生产的被诉葡萄酒系侵害波尔多联合会涉案商标权的侵权产品，并无不当。其次，波尔多联合会虽然经公证处公证从玛歌旗舰店购买了两瓶葡萄酒，但并未主张该两瓶葡萄酒系侵权产品，而是以公证书公证的玛歌旗舰店网页内容作为证据证明云雀公司销售了被诉侵权葡萄酒产品。波尔多联合会提交的公证书显示，玛歌旗舰店的供应商页面中上传的企业工商注册证件等经营主体信息均指向云雀公司，云雀公司虽然否认，并主张玛歌旗舰系案外人唐某某实际经营，但该网站中并未显示唐某某的任何信息，云雀公司提交的其与唐某某签订的授权协议书仅属于其双方之间的内部协议，不具有对外效力，故一审法院认定云雀公司系玛歌旗舰店的经营主体，并无不当。根据公证书公证的玛歌旗舰店网页内容，可以看到玛歌旗舰店销售的玛歌圣玛丽葡萄酒、玛歌力士干红葡萄酒的酒标正面均标有"BORDEAUX"字样，与涉案"BORDEAUX 波尔多"商标构成近似，云雀公司并未提交有效证据证明其经营的玛歌旗舰店销售的上述被诉葡萄酒有合法来源，故一审法院认定云雀公司销售的被诉葡萄酒系侵害波尔多联合会涉案商标权的侵权产品，亦无不当。

涉案被诉行为是否构成不正当竞争？

一审法院：第一，依据《反不正当竞争法》（1993 年）第五条第四项规定，经营者不得在商品上伪造或冒用认证标志、名优标志等质量标志，伪造产地，对商品质量作引人误解的虚假表示。本案中，百淇公司生产的皇爵1688 干红葡萄酒，酒背面标示"波尔多法定产区"字样，但实际并非在波尔多地区生产，也不符合《波尔多葡萄酒行业联合委员会"BORDEAUX 波尔多"地理标志集体商标使用管理规则》的相关规定，其构成伪造产地；百淇公司生产的利布尔纳木桐男爵酒庄葡萄酒、利布尔纳拉图干红葡萄酒、利布尔纳拉图酒庄干红葡萄酒等酒精度不符合标准，属于对商品质量作引人误解的虚假表示，故上述行为构成不正当竞争。第二，从波尔多联合会提供的公证书内容可以认定，玛歌旗舰店在2018年仍在宣传、销售被诉侵权产品，故针对该行为应当适用修订后的《反不正当竞争法》（2017年修订），依据该法第二条第一、二款之规定，经营者在生产经营活动中，应当遵循自愿、平等、公平、诚信的原则，遵守法律和商业道德。本法所称的不正当竞争行为，是指经营者在生产经营活动中，违反本法规定，扰乱市场竞争秩序，损害其他经营者或者消费者的合法权益的行为。第八条第一款规定，经营者不得对其商品的性能、功能、质量、销售状况、用户评价、曾获荣誉等作虚假或者引人误解的商业宣传，欺骗、误导消费者。玛歌旗舰店网页宣传中有"提供红酒贴牌定制服务，其产品以法国原酒国内灌装和原瓶原装波尔多酒庄葡萄酒为主，所有产品均手续齐全，原产地直供品质保证"等内容，而原告委托代理人在该旗舰店公证购买的两种葡萄酒，生产商均非波尔多联合会的成员。百淇公司在其经营的网店中宣传和销售被诉侵权产品的行为，违反诚信原则，损害了波尔多联合会和消费者的合法权益，对所售葡萄酒的质量做出了虚假的商业宣传，其行为构成不正当竞争。

二审法院：《反不正当竞争法》（2017年修订）第八条第一款规定，经营者不得对其商品的性能、功能、质量、销售状况、用户评价、曾获荣誉等作虚假或者引人误解的商业宣传，欺骗、误导消费者。本案中，根据查明的事实，云雀公司在玛歌旗舰店销售的其生产的皇爵1688干红葡萄酒背面标有"波尔多法定产区"字样，在网页宣传中有"提供红酒贴牌定制服务，其产品以法国原酒国内灌装和原瓶原装波尔多酒庄葡萄酒为主，所有产品均手续齐全，原产地直供品质保证"等内容。云雀公司主张其生产、销售的葡萄酒确为从法国进口，上述陈述内容是对产品的一种介绍，不存在虚假宣传行为，但在本案一、二审中云雀公司均未能提交有效证据证明其主张，因此，云雀公司的上述宣传内容缺乏事实依据，上述虚假信息容易误导消费者，从而使云雀公司获取不正当竞争利益。一审法院依法认定云雀公司的上述行为构成不正当竞争，并无不当。另外，云雀公司还主张，一审法院同时适用《商标法》和《反不正当竞争法》，在适用法律上存在错误。二审法院认为，波尔多联合会在本案中主张的云雀公司的被诉商标侵权行为及不正当竞争行为的行为方式并不相同，云雀公司的被诉不正当竞争行为并不能通过《商标法》进行规制，故一审法院分别适用《商标法》和《反不正当竞争法》认定云雀公司的两种被诉行为分别构成商标侵权和不正当竞争，并无不当，不存在适用法律错误问题。

被告要承担何种民事责任？

一审法院：依据《侵权责任法》第十五条的规定，侵权责任的承担方式包括停止侵害、排除妨碍、消除危险、赔偿损失、赔礼道歉等。百淇公司应立即停止商标侵权及不正当竞争行为，包括停止生产、销售假冒波尔多联合会注册商标和伪造产地的葡萄酒，立即停止在玛歌旗舰店宣传、销售中伪造产地、虚假宣传的不正当竞争行为。故对于波尔多联合会要求百淇公司停止侵权及赔偿损失的要求，一审法院予以支持。关于损害赔偿的具体数额，《商标法》（2013 年修订）第六十三条规定，侵犯商标专用权的赔偿数额，按照权利人因被侵权所受到的实际损失确定；实际损失难以确定的，可以按照侵权人因侵权所获得的利益确定；权利人的损失或者侵权人获得的利益难以确定的，参照该商标许可使用费的倍数合理确定；权利人因被侵权所受到的实际损失、侵权人因侵权所获得的利益、注册商标许可使用费难以确定的，由人民法院根据侵权行为的情节判决给予三百万元以下的赔偿。《反不正当竞争法》（2017 年修订）第十七条规定，经营者违反本法规定，给他人造成损害的，应当依法承担民事责任。经营者的合法权益受到不正当竞争行为损害的，可以向人民法院提起诉讼。因不正当竞争行为受到损害的经营者的赔偿数额，按照其因被侵权所受到的实际损失确定；实际损失难以计算的，按照侵权人因侵权所获得的利益确定。赔偿数额还应当包括经营者为制止侵权行为所支付的合理开支。经营者违反本法第六条、第九条规定，权利人因被侵权所受到的实际损失、侵权人因侵权所获得的利益难以确定的，由人民法院根据侵权行为的情节判决给予权利人三百万元以下的赔偿。本案中，波尔多联合会主张经济损失 100 万元。因波尔多联合会因被侵权所受到的实际损失及百淇公司侵权所获得的利益均难以确定，故一审法院依法适用法定赔偿，综合考虑涉案商标的知名度、百淇公司的经营规模、侵权时间，以及波尔多联合会为维权支付的必要合理开支等，酌情确定百淇公司赔偿波尔多联合会经济损失 50 万元。

二审法院：云雀公司的涉案被诉侵权行为分别构成商标侵权和不正当竞争，且云雀公司并未提交证据证明其已经停止生产、销售涉案被诉侵权葡萄酒及已停止相关虚假宣传等不正当竞争行为，故云雀公司依法应当承担停止侵害、赔偿损失等民事责任。关于赔偿数额，根据《商标法》第六十三条、《反不正当竞争法》（2017 年修订）第十七条的规定，赔偿数额应当按照权利人因被侵权所受到的实际损失确定，实际损失难以确定的，按照侵权人因侵权所获得的利益确定。权利人因被侵权所受到的实际损失、侵权人因侵权所获得的利益难以确定的，由人民法院根据侵权行为的情节判决给予三百万元以下的赔偿。本案中，因波尔多联合会因被侵权所受到的实际损失及云雀公司侵权所获得的利益均难以确定，故综合考虑波尔多联合会涉案商标的知名度、云雀公司涉案被诉侵权行为的性质、情节、经营规模、过错程度及波尔多联合会为本案维权支付的合理费用等因素，一审法院酌定云雀公司赔偿波尔多联合会经济损失 50 万元，合法有据，并无不当。云雀公司虽主张一审法院确定的赔偿数额不当，但并未提交证据证明其生产、销售涉案被诉侵权葡萄酒所获得的实际利益，故云雀公司的主张缺乏事实依据，不能成立。

（三）评析

本案于 2020 年 4 月入选山东法院 2019 年十大知识产权案例。根据报道，其典型意义在于：本案系一起平等保护外国当事人依法注册的地理标志集体商标，严厉打击商标侵权及不正当竞争行为的典型案件。涉案

"BORDEAUX 波尔多"系地理标志集体商标，被诉侵权人并非该集体商标的组织成员，被诉葡萄酒商品也非来源于波尔多地区，其擅自使用该商标并进行虚假宣传的行为构成商标侵权及不正当竞争。本案的裁判，依法保护了国外地理标志集体商标权利人的合法权益，有力地打击了恶意攀附他人地理标志知名度及质量信誉并进行虚假宣传的侵权行为，树立了山东知识产权司法保护的良好形象。

知识产权司法保护日益成为国际贸易投资的重要保障。本案是国内首个地理标志集体商标侵权与不正当竞争纠纷案例。上诉人云雀公司不能接受的是，已经被市场监管部门处以行政罚款壹佰壹拾玖万柒仟贰佰零贰点伍元整（1197202.50元）、涉案侵权产品全部被没收查封之后，还要就其侵权行为赔偿波尔多联合会经济损失及合理开支共计50万元，负担6900元案件受理费、保全费3520元，从而提起上诉。最终二审法院判决驳回上诉、维持原判，云雀公司负担二审案件受理费8800元。笔者注意到，在2020年浙江另一起波尔多联合会的维权案件中，法院判决被告承担的损害赔偿额为60万元。[①]希望已经结案的波尔多联合会乃至所有涉法国葡萄酒案件，能够唤醒中国葡萄酒生产经营者合法运用地理标志，并做好本国的葡萄酒地理标志保护，做强本国葡萄酒产业。

八、"库尔勒香梨及图"证明商标侵权纠纷案

（一）基本案情

上诉人（一审被告）：北京华联综合超市股份有限公司哈尔滨第一分公

---

① 浙江省宁波市鄞州区人民法院（2019）浙0212民初8558号民事判决书，蔡雯晴、翁志道、孙建华，2020年5月25日，代书记员汪思颖。

司（简称"华联超市哈第一分公司"）。

被上诉人（一审原告）：巴音郭楞蒙古自治州库尔勒香梨协会（简称"库尔勒香梨协会"）。

图 3-8 第 892019 号"库尔勒香梨及图"证明商标

一审被告：北京华联综合超市股份有限公司。

1996 年 11 月 7 日，库尔勒香梨协会获准注册第 892019 号"库尔勒香梨及图"证明商标，核定使用商品第 31 类香梨，有效期限经核准续展至 2026 年 11 月 6 日。2006 年 10 月 12 日，国家工商行政管理总局商标局认定该注册商标为驰名商标。《"库尔勒香梨"证明商标使用管理规范》第四条规定，申请使用"库尔勒香梨"证明商标的，应当按照本规则的规定经库尔勒香梨协会审核批准；第五条规定，库尔勒香梨原产地的适宜栽植区域具体范围在孔雀河流域和塔里木河流域，塔克拉玛干沙漠北边缘，冷热空气聚集冲击地带的库尔勒市、尉犁县、轮台县、库车县、新和县、沙雅县、阿克苏市、阿瓦提县和分布在这些地区里的国营农（团）场。

2017 年 12 月 1 日，库尔勒香梨协会代理人在两名公证员监督下，以普通消费者身份在华联超市哈第一分公司购买了一箱梨。公证处封存的被诉侵权商品包装箱正面居中部分有红色字体"库尔勒香梨"字样，文字上方有"西域果王文字、拼音及香梨图案"的标识，包装箱未标注生产单位名称及地址等信息。库尔勒香梨协会认为华联超市哈第一分公司侵害了其注册商标专用权，请求判令华联超市哈第一分公司停止侵权并赔偿损失，判令北京华联综合超市股份有限公司承担连带责任。经审理，一审法院判决：华联超市哈第一分公司自判决生效之日起停止销售侵害库尔勒香梨协会第892019号注册商标专用权的商品，华联超市哈第一分公司赔偿库尔勒香梨协会经济损失及为制止侵权所支付的合理费用，合计20000元。华联超市哈第一分公司不服，向黑龙江省高级人民法院提起上诉，请求判令撤销一审判决，驳回库尔勒香梨协会的诉讼请求；一、二审诉讼费用由库尔勒香梨协会负担。二审法院经审理，判决驳回上诉，维持原判。①

（二）法院判决

本案争议焦点：涉案行为是否构成对库尔勒香梨协会第892019号商标专用权的侵权；侵权责任如何判定。

涉案行为是否构成对库尔勒香梨协会第892019号商标专用权的侵权？

一审法院认为：库尔勒香梨协会提供的证据能够证明，涉案第892019号商标获准注册时间较早，且2006年即被国家工商行政管理总局商标局认定为驰名商标，具有较高的显著性和知名度。华联超市哈第一分公司销售的被诉侵权香梨与涉案第892019号商标核定使用的商品类别中的香梨为同种商品；其包装箱上使用的"库尔勒香梨"字样与涉案注册商标的文字部分内容、排序、读音相同，整体构成近似，足以使相关公众产生混淆或误认。根据《"库尔勒香梨"证明商标使用管理规范》的规定，使用涉案证明商标的商品需达到该规则规定的产地及品质标准，并经申请获得批准后方可使用该商标。根据华联超市哈第一分公司举示的国家标准《地理标志产品　库尔勒香梨》，不符合该地理标志标准的产品，产品名称不得使用"库尔勒香梨"。华联超市哈第一分公司销售的被诉侵权香梨没有标注生产单位、产地等商品

---

① 巴音郭楞蒙古自治州库尔勒香梨协会与北京华联综合超市股份有限公司哈尔滨第一分公司、北京华联综合超市股份有限公司侵害商标权纠纷案，黑龙江省高级人民法院（2019）黑民终610号民事判决书，合议庭：马文静、徐明珠、付兴驰，2019年11月12日，法官助理曹根溪，书记员叶子。

必要信息，华联超市哈第一分公司亦不能证明其销售的被诉侵权香梨来源于《"库尔勒香梨"证明商标使用管理规范》及《地理标志产品 库尔勒香梨》划定的库尔勒香梨生产地域范围，亦不能证明其品质达到规定标准。华联超市哈第一分公司未经香梨协会许可，擅自销售带有与第892019号"库尔勒香梨及图"注册商标近似标识的被诉侵权香梨，构成商标侵权。[①]

二审法院经审理认为，涉案"库尔勒香梨及图"商标系由孔雀图案及"库尔勒香梨"文字组合而成，起呼叫作用的是"库尔勒香梨"文字部分，而非孔雀图案，故"库尔勒香梨"是该商标的核心部分，起主要识别作用。"库尔勒香梨及图"商标经过商标权人的持续宣传及广泛使用，于2006年被商标局认定为驰名商标，具有较高的显著性和知名度。被诉侵权商品在包装箱上的显著位置标注"库尔勒香梨"，其目的具有彰显该商品原产地及特定品质的作用，属于对商标的使用行为。涉案被诉"库尔勒香梨"标识与权利人"库尔勒香梨及图"商标中的文字部分内容、读音、文义、排序等完全相同，足以使相关公众产生混淆或误认，构成近似商标。据国家质量监督检验检疫总局、中国国家标准化管理委员会2005年9月3日发布的中华人民共和国国家标准《地理标志产品 库尔勒香梨》，地理标志产品库尔勒香梨的产地范围明确限定在新疆维吾尔自治区库尔勒市、阿克苏市、阿拉尔市、尉犁县、轮台县、库车县、沙雅县、新和县、阿瓦提县、温宿县现辖行政区域。库尔勒香梨协会作为涉案证明商标权人，其无权禁止前述库尔勒香梨特定原产地的生产者或经营者使用"库尔勒香梨"名称。如华联超市哈第一分公司能够举证证明其销售的梨确系来源于库尔勒香梨的特定原产地，库尔勒香梨协会则不能禁止华联超市哈第一分公司以本案中的方式对其商品进行标示。但被诉侵权商品没有标注生产单位、产地等商品必要信息，华联超市哈第一分公司亦不能举示产品来源的相关证据，其在被诉侵权商品包装上突出使用"库尔勒香梨"标识的行为，不属于正当使用，构成侵犯涉案证明商标专用

---

① 黑龙江省哈尔滨市中级人民法院（2018）黑01民初1769号民事判决书。

权的行为。

侵权责任如何判定？

一审法院：根据《侵权责任法》第十五条规定和《最高人民法院关于审理商标民事纠纷案件适用法律若干问题的解释》第二十一条第一款的规定，库尔勒香梨协会关于华联超市哈第一分公司应停止侵权、赔偿损失的诉讼请求合法，予以支持。根据《商标法》第六十三条第一款规定和第三款的规定，《最高人民法院关于审理商标民事纠纷案件适用法律若干问题的解释》第十六条规定和第十七条的规定，由于华联超市哈第一分公司因侵权所得利益和库尔勒香梨协会因被侵权所受损失均难以确定，故应在法定赔偿范围内根据本案的具体情况判定华联超市哈第一分公司所要承担的赔偿数额，考虑华联超市哈第一分公司的经营地域、经营时间、经营规模，考虑华联超市哈第一分公司侵权行为的性质、主观过错、销售侵权商品的种类、价格等，考虑涉案注册商标的声誉及知名度，考虑库尔勒香梨协会为制止侵权所支付的律师费、公证费、取证购买费用等因素，综合判定华联超市哈第一分公司所要承担的赔偿数额。库尔勒香梨协会请求的赔偿数额过高，对其不符合本案实际的不合理部分不予支持。根据《侵权责任法》和《民事诉讼法》第四十八条第一款规定、《最高人民法院关于适用〈中华人民共和国民事诉讼法〉的解释》第五十二条第五项规定，库尔勒香梨协会没有举证证明华联超市哈第一分公司的总公司华联超市共同参与、实施了被诉侵权行为，且华联超市哈第一分公司系领取营业执照的法人分支机构，可以作为独立的民事主体，故库尔勒香梨协会请求华联超市与华联超市哈第一分公司承担连带赔偿责任的诉讼请求，没有事实及法律依据，不成立。一审法院据此判决：（1）华联超市哈第一分公司自判决生效之日起停止销售侵害库尔勒香梨协会第892019号注册商标专用权的商品；（2）华联超市哈第一分公司赔偿库尔勒香梨协会经济损失及为制止侵权所支付的合理费用，合计20000元；（3）驳回库尔勒香梨协会的其他诉讼请求。案件受理费700元，由库尔勒香梨协会负担400元，华联超市哈第一分公司负担300元。

二审法院：华联超市哈第一分公司的行为构成侵犯涉案证明商标专用权的行为，应承担停止侵权、赔偿损失的法律责任。一审判决并无不当。

（三）评析

本案入选中国法院 2019 年 50 件典型知识产权案例，是黑龙江法院 2019 年十大知识产权典型案例之一。本案的典型意义在于：地理标志证明商标具有标示商品来源地的功能，其标示商品的原产地，以表明因原产地的气候、自然条件、工艺、制作方法等因素决定的商品具有的特定品质。本案中的"库尔勒香梨"即属于地理标志证明商标。经营者使用地理标志证明商标，应对其生产、销售的产品来自该证明商标所标示的特定产地承担举证责任。如经营者无法充分证明产品来自特定产地，应承担相应的侵权责任。笔者以为，本案裁判说理本身就是充分发挥典型案例示范引导作用的体现，采用了前面典型案例舟山带鱼案二审法院采用过的举证责任分配原则。

不同于本案一审法院的裁判说理，二审法院将华联超市哈第一分公司在其销售的被诉侵权商品上标注"库尔勒香梨"的行为是否属于正当使用作为一个独立的争议焦点来进行说理裁判。尽管一审法院也对涉案商标的正当使用问题进行了认定，但并没有作为一个独立的问题单列出来。而二审法院恰恰是在对地理标志证明商标的正当使用说理部分，运用了北京市高级人民法院在 (2012) 高民终字第 58 号民事判决书中采用的举证责任分配原则。并且，针对本案上诉人华联超市哈第一分公司为其主张"库尔勒香梨"是通用名称所提交的证据——《地理标志产品 库尔勒香梨》，二审法院直接将一审法院提到的库尔勒香梨产地范围列举出来，说明正是因为被诉侵权商品没有标注生产单位、产地等商品必要信息，华联超市哈第一分公司亦不能举示产品来源的相关证据，一审判决才认定华联超市哈第一分公司在被诉侵权商品包装上突出使用"库尔勒香梨"标识的行为不属于正当使用。

本案除了体现北京市高级人民法院 (2012) 高民终字第 58 号民事判决的指引作用外，也体现了 2009 年典型案例湖南省长沙市天心区人民法院

（2008）天民初字第 2500 号民事判决的指引作用。前文述及，古丈毛尖案
很好地处理了地理标志商标保护和公共资源保护的关系，古丈毛尖案没有继
续之前类似案件中既承认地理标志又认可通用名称，或者直接将地理标志认
定为通用名称的尴尬，而是针对涉案侵权人的通用名称抗辩，直接认定为地
理标志。本案中，被告提出了"库尔勒香梨"是通用名称的抗辩理由，但一
审法院直接引用《最高人民法院关于审理商标授权确权行政案件若干问题的
决定》第十条第四款规定："人民法院审查判断诉争商标是否属于通用名称，
一般以商标申请日时的事实状态为准。核准注册时事实状态发生变化的，以
核准注册时的事实状态判断其是否属于通用名称。"华联超市哈第一分公司
举示的《地理标志产品 库尔勒香梨》发布时间是 2005 年 9 月 3 日，晚于涉
案第 892019 号注册商标的申请及核准注册时间。华联超市哈第一分公司关
于"库尔勒香梨"属于商品的通用名称的抗辩主张不能否定涉案注册商标合
法有效的事实，故涉案第 892019 号注册商标系证明商标，该商标合法有效，
应受法律保护。本案两审法院都没有基于最高人民法院关于法定通用名称和
约定通用名称的解释来审理，这真真正正是中国地理标志保护的幸事！

第三节 刑事案件

一、销售假冒"查干湖胖头鱼"案

（一）基本案情

被告人赵某，小学文化，农民，住前郭尔罗斯蒙古族自治县。因涉嫌销售假冒注册商标商品罪，经松原市人民检察院批准，于2013年10月11日由松原市公安局执行逮捕。松原市宁江区人民检察院指控被告人赵某犯假冒注册商标罪，于2014年4月1日向法院提起公诉。公诉机关指控，2012年12月，赵某在长春市光复路市场以每公斤44元的价格购进胖头鱼1875条，共计14262.50公斤，总价款627550元。而后赵某购买假冒前郭尔罗斯查干湖旅游经济开发区查干湖渔场使用在第29类鱼商品上的"查干湖"注册商标的包装袋1875个，按每袋一条将鱼包装好。之后，赵某便以"查干湖"胖头鱼的名义以每公斤60元的价格将鱼销售给刘某某，刘某某为其出具了90万元的欠条。经刘某某联系，赵某将该1875条胖头鱼送至宁江区某冷库等地储存。案发后，上述胖头鱼全部被松原市工商局依法收缴并予以销毁。公诉机关认为，被告人赵某未经注册商标所有人许可，在同一种商品上使用与"查干湖"注册商标相同的商标，非法经营额为627550元，情节特别严重，其行为触犯了《中华人民共和国刑法》第二百一十三条之规定，应当以假冒注册商标罪追究其刑事责任。一审法院认定赵某犯假冒注册商标罪，判处有期徒刑五年，并处罚金 32 万元，对涉案赃物予以没收。赵某不服，提出上诉。公诉机关在二审时主张：相同的商标外观上无差别，足以对公众造成误导，包装袋上的"查干湖"字样、电话、地址都与查干湖注册商标接近，上诉人未经商标许可人许可，私自使用包装，足以令他人产生误解，构成假冒注册商标罪。经审理，二审法院驳回上诉，维持原判。

（二）辩护人意见

一审阶段：公诉机关对被告人赵某犯假冒注册商标罪的指控不能成立，请求人民法院宣告被告人赵某无罪。理由如下：第一，某冷库中所存放的1875 条胖头鱼的包装袋上没有使用"查干湖"商标。从松原市工商局所移送的存放在某冷库的胖头鱼包装袋的照片，不难看出，该包装袋除了有无公害产品标志及"地理标志保护产品"的标志以外根本没有"查干湖"注册商标。由此能够证实，某冷库中所存放的胖头鱼的包装袋上并没有"查干湖"商标，更谈不上假冒注册商标。第二，某冷库中所存放的 1875 条胖头鱼的包装袋虽然有"查干湖胖头鱼"的字样，但上述文字不是商标，因此该包装袋上有上述文字不能认定为该包装袋上有假冒的"查干湖"商标。根据《商标法》的相关规定，所谓的商标，是商品生产者或者经营者为了把自己销售的商品在市场上同其他商品生产者或者经营者的商品区别开来而使用的专用标志。注册商标，是经商标局核准注册的商标。而某冷库中所保存的包装袋上面的"查干湖胖头鱼"字样不是注册商标。因此不能因为该包装袋上印有"查干湖胖头鱼"的字样就认定被告人赵某冒用"查干湖"注册商标。第三，"查干湖胖头鱼"这一称谓不是哪个机构或者个人独自享有和使用的，而"查干湖"注册商标却是由查干湖旅游经济开发区所独自享有并使用的。根据库里渔场法定代表人赵某某在侦查卷第 1 卷第 34至 36 页的证言，根据中华人民共和国地理标志保护产品文件规定，查干湖胖头鱼是指查干湖、新庙泡、库里泡、余热鱼苗繁殖厂生产的胖头鱼。也就是说，可以称为查干湖胖头鱼的有四家渔场的鱼。由此证实"查干湖胖头鱼"这一称谓不是由某一机构独自享有并使用的，与注册商标的独占使用是有明显区别的。"查干湖"注册商标是由查干湖旅游经济开发区所持有，并由其独占使用。《商标法》第三条明确规定："经商标局核准注册的商标为注册商标……商标注册人享有商标专用权，受法律保护。"由此也能证实，本案所涉及的包装袋上的"查干湖胖头鱼"并非注册商标。第四，起诉书中所指控的被告人的罪名为"假冒注册商标罪"。这一罪名是指，违法商标管理法规，未经注册商标所有人许可，在同一种商品上使用与其注册商标相同的商标，情节严重的行为。而在本案中，某冷库中所保存的包装袋上没有"查干湖"注册商标，而"查干湖胖头鱼"又不是注册商标。那么这就不存在假冒注册商标的行为，因此认定被告人赵某犯假冒注册商标罪是不能成立的。综上，请求人民法院宣告被告人赵某无罪。

二审阶段：（1）胖头鱼的包装袋上没有使用"查干湖"商标，仅有无公害产品标志及"地理标志保护产品"的标志，不属于假冒注册商标。（2）包装袋上的"查干湖胖头鱼"字样不是注册商标，不能因为该包装袋上印有该字样就认定上诉人冒用"查干湖"注册商标。（3）"查干湖胖头鱼"这一称谓不是哪个机构或者个人独自享有和适用的，根据地理标志保护文件规定，查干湖胖头鱼是指查干湖、新庙泡、库里泡、余热育苗繁殖场生产的胖头鱼。由此证实，"查干湖胖头鱼"这一称谓与注册商标是有明显区别的。（4）因包装袋上没有"查干湖"注册商标，也就没有假冒注册商标的行为，所以请求二审法院改判上诉人无罪或者发回原审法院重新审理。

（三）法院裁判

吉林省松原市宁江区人民法院认为，被告人赵某以获取非法利润为目的，在销售产品过程中，在所使用的包装袋上伪造所售胖头鱼产地、冒用"查干湖胖头鱼"品名、冒用吉林省前郭尔罗斯查干湖旅游经济开发区库里渔场场名、冒用农业部农产品质量安全中心认定的无公害农产品认定证书编号，属经营者擅自使用他人的企业名称，冒用品名，伪造、冒用认证标志等质量标志，伪造产地，足以造成与"查干湖"胖头鱼相混淆，使消费者误认为被告人赵某所销售的是"查干湖"胖头鱼，非法经营额为 627550元，其行为已构成假冒注册商标罪。公诉机关指控事实清楚，证据确实充分，予以支持。辩护人关于被告人所使用包装袋没有"查干湖"注册商标，不构成假冒注册商标罪和无罪的辩护意见不妥，不予采纳。鉴于被告人赵某庭审中对购入其他产地胖头鱼，又使用标注"查干湖胖头鱼"的包装袋包装销售的事实予以认可，属认罪态度较好，可酌情从轻处罚。鉴于涉案假冒"查干湖胖头鱼"虽已完成交付，但未流入消费环节，且案发后已经销毁，社会危害相对较小，在量刑时适当予以酌情从轻处罚。综上，法院根据被告人犯罪的事实、性质、情节和对社会的危害程度，依照《刑法》第二百一十三条、第五十二条、第五十三条、第六十四条之规定，判决被告人赵某犯假冒注册商标罪，判处有期徒刑五年，并处罚金 32 万元。[①]

吉林省松原市中级人民法院：关于上诉人赵某及其辩护人所提包装袋上的"查干湖胖头鱼"字样不是注册商标，使用这一字样与注册商标的独占使用有明显区别，赵某没有假冒注册商标的行为的上诉及辩护意见。经查，假冒注册商标犯罪是对他人注册商标专用权和国家的商标管理制度的侵犯。含有"查干湖"字样及图案的组合商标是注册人前郭县查干湖渔场经国家工商行政管理总局核定在第 29 类产品上使用的注册商标，且经核准续展注册有效期至 2022 年 5 月 13 日。同时，该商标被吉林省工商行政管理局评定为吉林省著名商标。该注册商标理应受法律保护。焦点在于赵某使用的包装袋上的"查干湖胖头鱼"字样是否侵犯了"查干湖"注册商标的专用权。其一，"查干湖"字样具有双重的属性，既是地名，也是注册商标的文字部分，根据《商标法》第 10 条的规定："县级以上行政区划的地

---

① 吉林省松原市宁江区人民法院（2014）宁刑初字第 145 号刑事判决书，审判庭：刘冬立、刘卫东、李秀梅，2014 年 6 月 10 日，书记员肖斐。

名或者公众知晓的外国地名，不得作为商标。但是，地名具有其他含义或者作为集体商标、证明商标组成部分的除外；已经注册的使用地名的商标继续有效。"本案中，"查干湖"作为县级以下的地名，可以作为商标注册。事实上，"查干湖"注册商标自2002年起，被商标注册人前郭县查干湖渔场使用多年，在省内乃至全国已经具备了较高的知名度，被相关公众熟知，特别是在鱼类产品上，其作为商标的知名度明显高于其作为地名的知名度。其二，《商标法》第59条规定："注册商标中含有的本商品的通用名称、图形、型号，或者直接表示商品的质量、主要原料、功能、用途、重量、数量及其他特点，或者含有的地名，注册商标专用权人无权禁止他人正当使用。"即他人如果对已经被注册为商标的地名合理善意地正当使用，不造成与被注册地名商标商品的混淆，就不构成商标侵权行为。其三，涉案的注册商标系包含"查干湖"字样及图案两部分的组合商标，既有文字又有图案，但其核心在于"查干湖"三个字，而非图案，"查干湖"字样是该商标的主体部分，被消费者显著认知的亦是该主体部分。如对该主体部分构成侵权，即为商标侵权。改变字体、文字大小、横竖排列、间距等，仍能体现注册商标显著特征，足以对公众产生误导的，不影响商标侵权行为的认定。综上，本案中，赵某所经营的同为非活动鱼类冷冻胖头鱼，与注册商标商品属同一种商品。包装袋上的"查干湖胖头鱼"字样侵犯了"查干湖及图案"组合商标的主体部分，同时，通过冒用无公害认证标示及编号、地理认证标志、渔场场名、联系方式等装潢图案，与注册商标"查干湖"胖头鱼相混淆，使消费者误认为注册商标"查干湖"的胖头鱼商品，其行为并非对地名的正当使用，而是攀附"查干湖"注册商标的行为，通过这种"搭便车"的手段，降低自身的经营成本，获取高额利润，从而侵犯了商标注册人的专用权和利益，破坏了国家商标管理制度，构成商标侵权行为。赵某将自行购买的带有"查干湖胖头鱼"字样的包装袋附着于其他产地的胖头鱼上，假冒注册商标"查干湖"胖头鱼进行销售，即使胖头鱼的质量不差，亦属于假冒注册商标行为，构成假冒注册商标罪。故对其此点上诉及辩护意见，不予支持。

松原市中级人民法院认为，上诉人赵某未经注册商标所有人许可，在同一种商品上使用与其注册商标相同的商标，情节特别严重，其行为已构成假冒注册商标罪。鉴于涉案假冒"查干湖胖头鱼"虽已完成交付，但未流入消费环节，且案发后已经销毁，社会危害相对较小，可酌情从轻处罚。原审判决认定事实清楚，证据确实、充分，定罪准确，适用法律正确，量刑适当，审判程序合法，应予维持。上诉人及其辩护人的辩护意见不能成立，予以驳回。①

（四）评析

本案的争议焦点在于：赵某在包装袋上使用"查干湖胖头鱼"字样的行为是否侵犯了"查干湖"注册商标的专用权。相较于一审法院，二审法院进一步明确指出了本案中被告人和公诉机关的争议焦点所在。然而，遗憾的是，二审法院在说理部分，完全回避了"查干湖胖头鱼"是国家地理标志产品这一事实。2010 年 4 月 6 日，原国家质检总局发布 2010 年第 28 号公告，对"查干湖胖头鱼"实施国家地理标志产品保护，保护范围为吉林省前郭尔罗斯蒙古族自治县内的查干湖、新庙泡、库里泡和余热鱼苗繁殖场，地理坐标东经 124° 03′ 28″ 至 124° 30′ 59″，北纬 45° 5′ 42″ 至 45° 25′ 50″。直至 2020 年 10 月，我们在搜狐网站依旧可以看到 2014 年 1 月 2 日的查干湖胖头鱼开售消息。2015 年查干湖冰雪渔猎文化旅游节期间，在冰封湖面上按照传统举行的拍卖仪式上，刚出网的地理标志产品"查干湖胖头鱼"拍出了 788888 元的天价。

二审法院关于"查干湖"作为县级以下的地名可以注册为商标、赵某的行为不属于对地名的正当使用和"搭便车"的说理无疑是没有错误的。

---

① 吉林省松原市中级人民法院（2014）松刑终字第 71 号刑事裁定书，合议庭：牟凤桐、丛峰、陈鸿熙，2014 年 8 月 20 日，书记员刘昭明。

但此处需要厘清的是：本案中赵某的"搭便车"行为，究竟属于搭国家地理标志产品"查干湖胖头鱼"的便车，还是搭注册商标"查干湖"的便车？从本案刘某某的证言中可知，被告人赵某找刘某某销售的鱼是带有"查干湖胖头鱼"字样包装袋的鱼，正面注有"查干湖胖头鱼"，右上角标注"中华人民共和国地理标志保护产品查干湖胖头鱼""无公害农产品"；根据库里渔场党委书记、场长的证言：按照中华人民共和国地理标志保护产品文件规定，查干湖胖头鱼是指吉林省前郭尔罗斯查干湖旅游经济开发区所属的查干湖、新庙泡、库里泡、余热鱼苗繁殖场出产的胖头鱼，统称"查干湖胖头鱼"。两审法院都回避了这两个关键证人证言指出的国家地理标志产品"查干湖胖头鱼"，对于二审辩护人提出的"查干湖胖头鱼"地理标志的集体属性与注册商标"查干湖"的独占使用有明显区别，没有从地理标志保护的角度做出说理，而是牵强地说明"查干湖"三字是注册商标文字图形组合商标的核心和主体部分，包装袋上的"查干湖胖头鱼"字样侵犯了"查干湖及图案"组合商标的主体部分，同时，通过冒用地理认证标志、渔场场名、联系方式等装潢图案，与注册商标"查干湖"胖头鱼相混淆，是攀附"查干湖"注册商标的行为。两审法院都认可赵某冒用地理标志"查干湖胖头鱼"，却将这种冒用地理标志、攀附地理标志美誉度的行为解释为攀附注册商标"查干湖"的行为，可谓舍近求远，难以令人信服。并且与注册商标"查干湖"胖头鱼相混淆的说理，不符合实际，本案中一再提到的注册商标为"查干湖"，并不是"查干湖胖头鱼"。

二、销售假冒"波尔多"葡萄酒案（一）

（一）基本案情

被告人王某，汉族，大专文化程度，个体户，住蓬莱市。2017 年 7 月 17 日因涉嫌销售假冒注册商标的商品罪被刑事拘留，同年 8 月 21 日被逮捕。蓬莱市人民检察院以蓬检公诉刑诉 (2018)78 号起诉书指控被告人王某犯销售假冒注册商标的商品罪，于 2018 年 4 月 2 日向山东省蓬莱市人民法院提起公诉。蓬莱市人民法院审查后于同日立案，依法组成合议庭，公开开庭审理了本案。蓬莱市人民检察院指控，被告人王某为获取非法利益，以销售为目的，于 2017 年年初以明显低于市场的价格购买了假冒注册商标的"Penfolds"牌葡萄酒，存放于蓬莱市刘家沟镇某村民房仓库内，于 2017 年 3 月 6 日被蓬莱市市场监督管理局查获，扣押王某持有的"Penfolds"牌 BIN2(2013) 葡萄酒 948 瓶，"Penfolds"牌 BIN389(2014) 葡萄酒 1176 瓶，"Penfolds"牌 BIN407(2014) 葡萄酒 1200 瓶，共计 84360 元；"Penfolds"牌 BIN128 葡萄酒 2244 瓶，经鉴定价值 484704 元。被告人王某于 2016 年年初，未经注册商标所有人许可，购买 BORDEAUX、MEDOC 的相关物料，以销售为目的，委托烟台某公司进行罐装和贴标，准备销售，后被蓬莱市市场监督管理局查获，其中假冒 BORDEAUX 酒 360 瓶、假冒 MEDOC 酒 540 瓶，经鉴定价值 13727 元。公诉机关认为，被告人王某的行为触犯了《刑法》第二百一十四条之规定，应当以销售假冒注册商标的商品罪追究其刑事责任。被告人王某对公诉机关指控其犯销售假冒注册商标的商品罪没有异议，但对未销售的货品的价值有异议，认为不应按正品的价值认定。法院经审理，判决被告人王某犯销售假冒注册商标的商品罪，判处有期徒刑二年，缓刑三

年，并处罚金四万元。^①

（二）辩护意见与被害单位的代理意见

辩护人的辩护意见：（1）指控王某涉案的假冒"Penfolds"牌 BIN128 葡萄酒鉴定价值 484704 元不成立。该葡萄酒大部分是裸瓶酒，应当参考已经查明的部分出售的比该酒品质较好的其他假冒品牌的销售价格，并依据假冒注册商标商品的实物状况及结合市场调查同类物品价格情况，以价格低的予以认定，指控价格明显过高。（2）涉案的产品绝大部分未予以销售，属于犯罪未遂，且犯罪情节显著轻微，未造成明显危害后果。（3）王某认罪态度好，系初犯、偶犯，被羁押近一年，人身危险性较小。综上，请对王某判处缓刑。

被害单位波尔多葡萄酒行业联合委员会 (CIVB) 的诉讼代理人的代理意见：（1）本案涉案金额应当根据价格认定中心认定的 2257298 元来确定。（2）被告人假冒外国知名葡萄酒品牌，具有恶劣社会影响，没有悔罪表现，应当在三年以上七年以下有期徒刑的量刑幅度内从重处罚，不适用缓刑。

（三）法院判决

经蓬莱市中级人民法院审理，公诉机关指控的事实经当庭举证、质证的证据（包括证人证言、书证和鉴定意见、扣押物品清单、被告供述等）予以证实，其中明显与"波尔多"地理标志商标有关的证据是书证与扣押物品清单，书证是：CIVB 未授权说明，证实 CIVB 在中国申请注册第 10474883 号"BORDEAUX 波尔多"、第 19564619 号"BORDEAUX"和第 19564619 号"波尔多"地理标志集体商标，烟台某有限公司与 CIVB 没有任何关联，也从未获得 CIVB 授权。扣押物品清单是酒标 3 卷、瓶塞 2 包。

---

① 山东省蓬莱市人民法院（2018）鲁 0684 刑初 109 号刑事判决书，合议庭：王荣敏、张成美、王连文，2018 年 6 月 25 日，书记员栾雪莹。

蓬莱市中级人民法院认为，被告人王某明知是假冒注册商标的商品而予以销售，销售金额巨大，其行为构成销售假冒注册商标的商品罪。公诉机关指控罪名成立，予以确认。被告人王某如实供述犯罪事实，有悔罪表现，且仅销售九箱假冒注册商标的葡萄酒，其余绝大部分尚未销售，系犯罪未遂，依法对其减轻处罚。被告人王某及其辩护人对未销售的假冒注册商标的葡萄酒的价格认定提出的辩解及辩护意见，于法无据，不予采纳；对辩护人提出的关于王某系犯罪未遂以及认罪态度较好的辩护意见，予以采纳。依照《刑法》第二百一十四条、第六十七条第三款、第二十三条、第七十二条第一款、第三款之规定，判决被告人王某犯销售假冒注册商标的商品罪，判处有期徒刑两年，缓刑三年，并处罚金四万元。缓刑考验期限自判决确定之日起计算。罚金已缴纳。

（四）评析

在中国裁判文书网上，截至 2020 年 8 月 30 日，共有两份被害单位是波尔多葡萄酒行业联合委员会的刑事案件判决书。一例为山东省蓬莱市人民法院（2018）鲁 0684 刑初 109 号刑事判决书，另一例为上海市徐汇区人民法院（2017）沪 0104 刑初 1078 号刑事判决书。

1. 地理标志的大保护

这两起销售假冒波尔多葡萄酒刑事案，均体现了地方市场监管局（知识产权局）与地方司法机关对地理标志商标的协作保护。知识产权局及时启动行刑衔接，提前与公安、检察院等部门共同研究、制定方案，以严格的证据标准、程序标准、处罚标准开展案件查处工作。这两起假冒"波尔多"葡萄酒地理标志商标案件的查处，如果放在国际的视野来看，就会发现，时间正好处于《中欧地理标志保护与协作协定》的谈判过程中。

2. 地理标志的严保护、快保护

被害单位对其地理标志商标有从严保护的诉求。分析这两份裁判文书，可以发现，两案中，被害单位波尔多葡萄酒行业联合委员会的诉讼代理人在代理意见中均强调不能减轻处罚，应当从重处罚，并处高额罚金；非自动投案的不能认定有自首情节。上海市徐汇区人民法院（2017）沪 0104 刑初 1078 号案件中，法院认为被告人刘某某在经营被告单位上海高轩公司期间，为牟取非法利益，伙同被告人章某某等人明知是假冒注册商标的商品仍予以销售，销售金额巨大，其行为已构成销售假冒注册商标的商品罪，鉴于被告单位上海高轩公司、被告人刘某某和章某某自动投案，如实供述自己的犯罪行为，系自首，依法可从轻处罚，判决：被告单位上海高轩酒业有限公司犯销售假冒注册商标的商品罪，判处罚金四十万元；被告人刘某某犯销售假冒注册商标的商品罪，判处有期徒刑三年，缓刑四年，并处罚金四十万元；被告人章某某犯销售假冒注册商标的商品罪，判处有期徒刑三年，缓刑三年，并处罚金二十万元；对查获的假冒注册商标的商品予以没收。地理标志的严保护体现在，人民法院根据侵权情节的严重程度，对被告人限制人身自由刑与罚金并用。

在上海高轩酒业有限公司、刘某某等销售假冒注册商标的商品案中，上海市徐汇区人民法院在 2017 年 11 月 23 日受理该案后，依法适用简易程序公开审理，于 2017 年 12 月 8 日审理终结，审理时长仅半个月；在王某销售假冒葡萄酒案中，蓬莱市中级人民法院在 2018 年 4 月 2 日受理该案后，于 2018 年 6 月 25 日审理终结，审理时长不足三个月，体现了中国司法机关对地理标志的快保护。

三、销售假冒"波尔多"葡萄酒案（二）

（一）基本案情

　　公诉机关：上海市浦东新区人民检察院。

　　被害单位：波尔多葡萄酒行业联合委员会。

　　被告单位：上海菲桐贸易有限公司（简称"菲桐公司"）。

　　被告人：诸葛某某。

　　被害单位波尔多葡萄酒行业联合委员会，于 2017 年 7 月 21 日获准注册第 19564618 号地理标志集体商标"BORDEAUX"，核定使用商品为第 33 类葡萄酒，有效期至 2027 年 7 月 20 日。被告单位菲桐公司系 2016 年 6 月 13 日设立的一人公司，实际经营人为诸葛某某，经营范围包括食品流通等。2019 年 2 月，未经波尔多葡萄酒行业联合会许可，菲桐公司委托他人生产带有"BORDEAUX"注册商标标贴的葡萄酒 1660 箱（每箱 6 瓶），并对外销售。2019 年 3 月 21 日至 23 日的第 100 届全国糖酒商品交易会上，菲桐公司带上述葡萄酒参展，并将其中 52 箱作为样品以赠送的形式销售给客户。波尔多葡萄酒行业联合委员会发现上述情形后，向成都市市场监督管理局投诉，后该局将该案线索及材料移送至上海市市场监督管理局。2019 年 6 月 3 日，上海市浦东新区知识产权局至菲桐公司的经营场所及仓库进行现场检查，当场查获假冒"BORDEAUX"注册商标的葡萄酒 1608 箱。菲桐公司制定的招商价格表显示，涉案假冒"BORDEAUX"注册商标的葡萄酒根据购买数量的不同而有不同的销售价格，每瓶价格从 18 元到 40 元不等。根据上述定价的平均价格计算，涉案假冒"BORDEAUX"注册商标的葡萄酒的非法经营额达 24 万余元。2019 年 12 月 2 日，被告人诸葛某某因涉嫌假冒注册商标罪被上海市公安局浦东分局刑事拘留，同年 12 月 16 日被逮捕。

2020 年 3 月 10 日，上海市浦东新区人民检察院以沪浦检金融刑诉〔2020〕728 号起诉书指控被告单位菲桐公司、被告人诸葛某某犯假冒注册商标罪，向上海市浦东新区人民法院提起公诉，并随案移送被告人的认罪认罚具结书等相关材料。同日立案后，依法适用普通程序进行审理。因防控新型冠状病毒感染肺炎疫情需要，法院于 2020 年 3 月 11 日裁定本案中止审理，5 月 28 日裁定恢复审理，6 月 4 日，法院公开开庭审理本案。审理中，被告单位菲桐公司及被告人诸葛某某赔偿被害单位波尔多葡萄酒行业联合委员会 17.5 万元，并获得被害单位谅解。

（二）控辩双方意见

上海市浦东新区人民检察院指控，"BORDEAUX" 系中国国家工商行政管理总局商标局核准注册的地理标志集体商标，核定使用商品为第 33 类葡萄酒，且在有效期内。2019 年 2 月，被告人诸葛某某在经营菲桐公司期间，在未获得波尔多葡萄酒行业联合会授权或许可的情况下，委托他人设计、生产带有 "BORDEAUX" 注册商标的标贴，加贴于菲桐公司灌装的葡萄酒瓶身后对外销售。2019 年 3 月 21 日至 2019 年 3 月 23 日，菲桐公司在参加第 100 届全国糖酒商品交易会时被当场查获，除在交易会现场查获涉案葡萄酒 52 箱（每箱 6 瓶）外，上海市浦东新区知识产权局还在菲桐公司仓库内查获涉案葡萄酒 1608 箱（每箱 6 瓶）。经查，上述假冒 "BORDEAUX" 注册商标的葡萄酒的销售标价为 18 至 40 元 / 瓶不等，菲桐公司假冒 "BORDEAUX" 注册商标的非法经营额达 24 万余元。2019 年 12 月 2 日，被告人诸葛某某接到公安机关电话通知后到案，后对上述犯罪事实作了供述。被告单位菲桐公司及其直接负责的主管人员被告人诸葛某某未经注册商标所有人许可，在同一种商品上使用与其注册商标相同的商标，情节严重，其行为已触犯《刑法》第三十条、第二百一十三条、第二百二十条，犯罪事实清楚，证据确实、充分，应以假冒注册商标罪追究其刑事责任。被告单位菲桐公司及被告人诸葛某某均系自首，根据《刑法》第六十七条第一款，可以从轻处罚。综上，建议判处被告人诸葛某某两年以上两年六个月以下有期徒刑，并处罚金。鉴于被告单位及被告人在本案审理过程中对被害单位予以赔偿并获得谅解，建议法院在量刑时考虑该情节对其从轻处罚。

辩护意见：（1）被告人系自首，自愿认罪认罚，主动赔偿被害单位并取得谅解。（2）被告人的社会危害性和主观恶性均相对较小。涉案商品上使用了被告单位自己的注册商标，酒的质量也符合国家标准。被告人在成都参加展会时获知涉案商品可能侵权后及时下架，假冒商品绝大部分均未销售出去。（3）被告人系初犯、偶犯，一贯表现良好，认罪悔罪态度好。（4）被告人羁押期间老婆分娩，家中两个孩子需要照顾。综上，希望对其从轻处罚。

被害单位波尔多葡萄酒行业联合委员会同意公诉机关的指控。

（三）法院判决

涉案"BORDEAUX"商标经核准注册，且在注册有效期内，依法受中国法律保护。被告单位菲桐公司未经注册商标所有人许可，在同一种商品上使用与其注册商标相同的商标，情节严重，其行为构成假冒注册商标罪。公诉机关的指控事实清楚，证据确实、充分，罪名成立，法院予以支持。被告人诸葛某某作为菲桐公司的直接负责人员，应以假冒注册商标罪追究其刑事责任。被告单位菲桐公司及被告人诸葛某某均系自首，可以从轻处罚。被告人自愿认罪，被告单位及被告人对被害单位予以赔偿并获得谅解，可以从轻处罚。就辩护人提出的对被告人从轻处罚的意见，法院予以采纳。据此，为严肃国家法治，规范市场经济秩序，保护知识产权不受侵犯，根据被告单位及被告人的犯罪情节、社会危害性、认罪态度等，依照《中华人民共和国刑法》第二百一十三条、第三十条、第二百二十条、第六十七条第一款、第七十二条、第七十三条第二款、第三款、第五十二条、第五十三条第一款、第六十四条，《最高人民法院、最高人民检察院关于办理侵犯知识产权刑事案件具体应用法律若干问题的解释》第一条第一款第（一）项、第十二条第一款,《最高人民法院、最高人民检察院关于办理侵犯知识产权刑事案件具体应用法律若干问题的解释(二)》第四条及《中华人民共和国刑事诉讼法》第十五条之规定,判决如下:(1)被告单位上海菲桐贸易有限公司犯假冒注册商标罪,判处罚金十万元。(2)被告人诸葛某某犯假冒注册商标罪,判处有期徒刑一年六个月,缓刑一年六个月,罚金五万元。(3)对查获的假冒注册商标的葡萄酒予以没收。(4)禁止被告人诸葛某某在缓刑考验期限内从事食品生产、销售及相关活动。[①]

(四)评析

　　上海菲桐贸易公司销售假冒波尔多葡萄酒案,是浦东首例假冒地理标志集体商标案。媒体报道本案是上海地理标志侵权追究刑事责任的第一案,也是一起浦东成功保护涉外知识产权的典型案例。我们在销售假冒"波尔多"葡萄酒案(一)篇中所探讨的两个案件,侵权人、侵权单位除了销售假冒"波尔多"地理标志商标的葡萄酒,还销售假冒其他注册商标的葡萄酒;在菲桐贸易公司销售假冒"波尔多"葡萄酒案中,被告单位销售的侵权葡萄酒均为假冒第 19564618 号地理标志集体商标"BORDEAUX"。

1.地理标志侵权犯罪的多元解决机制

　　本案侵权商品是浦东新区知识产权局在行政执法过程中查获的,浦东新区人民检察院依托知识产权案件行刑衔接机制,通过制发《建议移送涉嫌犯罪案件函》的方式进行立案监督,由公安机关立案侦查。在浦东新区知识产权局、公安和检察院三方协同配合下,贯通了知识产权保护的全链条。处理本案过程中,浦东新区知识产权局与浦东新区人民检察院积极促进知识产权侵权犯罪案件试点诉前调解机制,积极搭建诉前调解平台,引导犯罪嫌疑人

---

① 上海市浦东新区人民法院(2020)沪 0115 刑初 985 号刑事判决书,合议庭:倪红霞、叶菊芬、陆光怡,2020 年 6 月 4 日,书记员张小延。

积极与权利人波尔多葡萄酒行业联合委员会协商，促成犯罪嫌疑人向权利人进行合理赔偿（赔偿 17.5 万元），最终获得权利人谅解。

本案审结后，"波尔多"地理标志权利人代表表示，知识产权局、检察机关、公安机关行刑衔接、紧密配合，案件办理取得了很好的效果，有效地保障了权利人的合法权益。可见，地理标志的多元保护机制探索、地理标志的大保护获得了权利人的认可。

2. 地理标志的严保护、快保护、同保护

《最高人民法院、最高人民检察院关于办理侵犯知识产权刑事案件具体应用法律若干问题的解释》第一条规定："未经注册商标所有人许可，在同一种商品上使用与其注册商标相同的商标，具有下列情形之一的，属于刑法第二百一十三条规定的'情节严重'，应当以假冒注册商标罪判处三年以下有期徒刑或者拘役，并处或者单处罚金：（一）非法经营数额在五万元以上或者违法所得数额在三万元以上的……"《最高人民法院、最高人民检察院关于办理侵犯知识产权刑事案件具体应用法律若干问题的解释（二）》第四条规定："对于侵犯知识产权犯罪的，人民法院应当综合考虑犯罪的违法所得、非法经营数额、给权利人造成的损失、社会危害性等情节，依法判处罚金。罚金数额一般在违法所得的一倍以上五倍以下，或者按照非法经营数额的 50％以上一倍以下确定。"本案中，涉案假冒"BORDEAUX"注册商标的葡萄酒的非法经营额达 24 万余元，在获得权利人谅解的前提下，结合犯罪嫌疑人的认罪悔罪态度，适用认罪认罚从宽制度，浦东新区人民法院据此做出从轻判罚：判处被告单位上海菲桐贸易有限公司罚金十万元，判处被告人诸葛某某有期徒刑一年六个月，缓刑一年六个月，罚金五万元；对查获的假冒注册商标的葡萄酒予以没收；禁止被告人诸葛某某在缓刑考验期限内从事食品生产、销售及相关活动。本案于 2020 年 3 月 10 日立案，6 月 4 日审结，因防控新型冠状病毒感染肺炎疫情需要，3 月 11 日本案中止审理，5 月 28 日恢复审理，抛开中止审理的期间，本案的审理时长不足 10 日，充分体现

了上海司法机关对地理标志等知识产权的严保护、快保护，向世界展现了中国严格保护、同等保护知识产权的决心。

第四章　中国地理标志案件特点与司法保护发展趋势

第一节　中国地理标志案件的特点

第一，涉案地理标志以地理标志商标为主。这一特点的形成，首先是由于《商标法》的高位阶，决定了三种保护方式中，中国公众对地理标志商标的认知度普遍要高于对原国家质检总局的地理标志产品保护和原农业部的农产品地理标志的认知度。另外一个原因是，获得原国家质检总局批准保护的地理标志产品，往往又获得了地理标志集体商标或证明商标的保护，比如在全国引发关注的"金华火腿"纠纷案中，"金华火腿"起初获得了原国家质检总局的原产地域产品（2005 年后称地理标志产品）保护，后来又注册"金华市金华火腿"地理标志商标。再一个原因是，相关主体在产品获得农产品地理标志登记后往往也会寻求地理标志商标保护，比如"泰山绿茶"2013年获得农产品地理标志登记后，泰山茶叶协会又于 2013 年 12 月 31 日向商标局提出注册"泰山绿茶"证明商标的申请，因与在先商标"泰山绿"仅相差一字，且指定使用商品相同，商标评审委员会驳回复审的决定，但在诉讼阶段获得了北京知识产权法院和北京市高级人民法院的支持。[①] 最后一个原

---

① 泰安市泰山茶叶协会诉国家工商总局商标评审委员会二审判决书，北京市高级人民法院 (2017) 京行终 5225 号行政判决书。

因是，大量的地理标志商标获准注册后，基于对地理标志商标专用权的保护，自然而然产生了地理标志商标侵权民事和刑事案件。

第二，人民法院将地理标志作为一项独立的知识产权予以保护，经历了"肯定—否定—肯定"的过程。世贸组织《与贸易有关的知识产权协定》规定地理标志为一项与专利、商标并列的独立的知识产权。在"金华火腿"纠纷案中，人民法院承认地理标志是一项（独立的）知识产权，对地理标志和商标给予同等保护，允许在先普通商标和地理标志共存。[①]但由于《商标法》的高位阶，中国司法部门在一段时间内并不承认地理标志是一项独立的知识产权。这一点囿于篇幅，笔者不列举裁判文书，单从2014年10月最高人民法院《关于中国北京、上海、广州知识产权法院案件管辖的规定》中，可一见端倪：决定通篇并未提及地理标志。这一点与2014年全国人大常委会《关于在北京、上海、广州设立知识产权法院的决定》是一致的，即全文不提"地理标志"，实际上是不承认地理标志是独立的知识产权。直至2017年10月1日《民法总则》开始施行，基于《民法总则》第123条明确将地理标志列为知识产权权利人享有的权利客体，北京市高级人民法院在烟台梅多克庄园有限公司与商标评审委员会一案中，才首次在中国司法裁判文书中基于《民法总则》第123条的规定，承认了地理标志是一项独立的知识产权客体。

第三，地理标志确权授权以及侵权纠纷案件审理周期总体上逐步缩短。我们随机选择不同时间段的几篇裁判文书进行比较，浙江省食品有限公司诉

[①]　在金华火腿商标管理行政批复案中，北京市第一中级人民法院2004年12月17日在（2004）一中行初字653号行政判决书中明确"地理标志作为一种知识产权，应受法律保护"，这是笔者看到的最早将地理标志作为知识产权进行保护的裁判说理。在"金华火腿"侵权纠纷案中，上海市第二中级人民法院2005年8月25日在（2003）沪二中民五初字第239号民事判决书中明确，要对地理标志和商标予以平等保护。该案被评为上海精品案例，并于2007年入选《最高人民法院公报》，遗憾的是，在以后十多年的在先商标与在后地理标志纠纷案件中，却难以看到审理法院参照（2003）沪二中民五初字第239号民事判决书进行说理裁判。

上海市泰康食品有限公司、浙江永康四路火腿一厂商标侵权纠纷案[①]，2003年11月立案，2005年8月25日审结，审理时长约一年九个月；日照欧亚达贸易有限公司诉国家工商总局商标评审委员会异议复审案[②]，一审时长797天；江苏省盱眙龙虾协会诉程某盱眙龙虾商标侵权案[③]，2014年7月29日受理，2015年1月19日审结，审理时长约六个月；蓬莱云雀酒庄有限公司与波尔多葡萄酒行业联合委员会侵害商标权纠纷案[④]，2019年4月2日立案，2019年5月13日审结，审理时长不足一个半月。地理标志侵权案件审理周期从最初的一年零九个月缩短至不足一个半月。至于涉及地理标志的刑事案件，审理周期则更短。在2020年5月第十三届全国人大第三次会议上，关于最高人民法院工作的报告中指出，中国已经成为知识产权案件审理周期最短的国家之一。

第二节 中国地理标志司法保护发展趋势

第一，司法部门开始对地理标志这一独立的知识产权予以强保护。在《民法总则》第123条确立地理标志独立知识产权法律地位的基础上，北京市高级人民法院在烟台梅多克庄园有限公司与商标评审委员会一案中，基于《民法总则》第123条的规定，明确了要对地理标志承载的专有权利予以保护，避免商标权与地理标志之上承载的专有权利相冲突。2020年4月15日，最高人民法院《关于全面加强知识产权司法保护的意见》（法发〔2020〕11

---

① 上海市第二中级人民法院（2003）沪二中民五（知）初字第239号民事判决书。
② 北京知识产权法院 (2015) 京知行初字第551号行政判决书。合议庭：刘炫孜、杨钊、郭灵东，2017年4月12日，书记员赵延冰。
③ 苏州工业园区人民法院（2014）园知民初字第00063号民事判决书。
④ 山东省高级人民法院（2019）鲁民终530号民事判决书。

号）在"切实维护权利人权益"方面明确规定，要"加强地理标志保护，依法妥善处理地理标志与普通商标的权利冲突"。这是最高人民法院首次提及"地理标志"，并且在第一次提及"地理标志"时，最高人民法院强调了要"加强地理标志保护"。因此，可以预见，中国司法部门将开启对地理标志进行强保护的新阶段。

第二，地理标志的大保护、严保护、快保护、同保护司法格局正在形成。2018 年 2 月 27 日，中共中央办公厅、国务院办公厅印发了《关于加强知识产权审判领域改革创新若干问题的意见》，明确了加大知识产权侵权违法行为惩治力度，降低维权成本；有效遏制和威慑侵犯知识产权行为，努力营造不敢侵权、不愿侵权的法律氛围，实现向知识产权严格保护的历史性转变；要"破解知识产权案件审理'周期长'问题"。在波尔多葡萄酒行业联合会与蓬莱云雀公司侵权纠纷案、销售假冒"波尔多"葡萄酒案中，被告蓬莱云雀公司、菲桐公司在缴付巨额行政罚款、假冒侵权商品被全部没收之后，还要分别承担 50 万元的损害赔偿、10 万元的罚金；3 起销售假冒"波尔多"地理标志商标的葡萄酒刑事案件，审理时长最长的也不足三个月，另外两起审理时长不足半个月，充分体现了中国地理标志的行民衔接、行刑衔接的大保护格局、严保护、快保护、同保护的司法格局正在形成。

第五章　中国地理标志保护制度的不足与完善

第一节　现有制度的不足

在西方国家地理标志保护制度有上百年的历史，而在中国地理标志保护制度至今不足 30 年的历史。调研中，我们遇到许多从事法律实务乃至教学工作的人表示，他们对"地理标志"这一概念非常陌生。在了解了中国目前的地理标志保护制度设计之后，许多人认为地理标志就是普通的商标，也有人将地理标志与地名商标画上等号，还有人认为地理标志就是驰名商标，不一而足。为了解大家对现有地理标志保护制度及其实施的看法，笔者在 2019 年通过问卷星平台开展的一项调查中，设计了这样一道题目："您认为在中国目前的地理标志保护制度在实施过程中存在哪些问题"，选项有"A 行政执法不严，地理标志产品假冒伪劣现象严重；B 司法实践中对地理标志的侵权认定不统一；C 地理标志确权授权过程中存在行政干预不当的现象；D 保护力度不够，侵犯地理标志权利的违法成本低；E 其他"，在 349 人次的有效问卷中，284 人次选择 A，占比 81.38%；232 人次选择 B，占比 66.48%；210 人次选择 C，占比 60.17%，288 人次选择 D，占比 82.52%。四个选项均有超过 60% 的人选择。还有 7 名调查者在 E 项填写了自己的看法：有人一针见血指出了目前地理标志保护存在的多头监管问题，有人指出地理标志的"宣传推广不够，社会公众的认知度低"，有人指出地理标志相关普法欠缺，当事人的保护意识弱，有人指出人们对地理标志的认同感不高，公众对地理标志的辨别度不高，对其作用理解不够。而公众对地理标志的认知不足、认同不足，在某种意义上恰恰是因为地理标志多头监管并行。

（一）专门法的不足

《地理标志保护规定》（原国家质检总局令第 78 号）和《农产品地理标志管理办法》都是部门规章，这种地理标志保护专门法的低位阶，决定了实践中许多人不承认地理标志是一项独立的知识产权。在司法实践中，如果一种产品被原国家质检总局批准为地理标志产品，当事人基于此提出代理意见或抗辩，人民法院往往不承认该种地理标志为一种独立的知识产权。[①] 以我们在刑事案件部分探讨的销售假冒"查干湖胖头鱼"案为例，两审法院对被告律师提出的"查干湖胖头鱼"为国家地理标志产品的抗辩理由，均没有进行正面的说理裁判，而是将"查干湖"作为商标进行说理裁判；在"沁州黄小米"纠纷案中，山西高院也没有基于国家质检总局的授权批准，承认"沁州黄小米"地理标志的独立知识产权地位；在"泰山绿茶"商标驳回复审案中，"泰山绿茶"已经获得农业部农产品地理标志登记，但因为该案本身是由泰山茶叶协会寻求地理标志商标的注册而引发，商标主管机关和两审人民法院也不会主动去认定"泰山绿茶"地理标志的合法地位。我们不能苛求相关法院，因为根据 2014 年全国人大常委会《关于在北京、上海、广州设立知识产权法院的决定》、2014 年最高人民法院《关于中国北京、上海、广州知识产权法院案件管辖的规定》，我们知道，在两个决定发布前，全国人大常委会和最高人民法院都不承认地理标志是一项独立的知识产权。何况，中国现行《商标法》明确将地理标志视为证明商标和集体商标之下的一个子集。但是，在地理标志商标法保护模式下，主管机关认定地理标志的能力在实践中已经受到质疑。例如在黑龙江省宁安市镜泊湖大豆协会与原国家工商总局商评委行政纠纷案中，协会质疑商标行政主管机关认定地理标志的能力，商评委最终也因为不能提供"镜泊乡"是地理标志的证据而败诉。

---

① 笔者尚未检索到有当事人基于登记的农产品地理标志主张权利的裁判文书。

并且，低位阶的《地理标志保护规定》和《农产品地理标志管理办法》在制度设计上均没有对地理标志的异议和撤销等程序性问题做出具体明确的规定，缺乏程序性规范的保障。

（二）未能厘清地理标志与商标的关系

中国现行的地理标志保护模式为《商标法》和专门法并存的"双轨制模式"。现行的有关保护地理标志的法律中，只有《商标法》第16条和《集体商标、证明商标注册和管理办法》第12条对地理标志和商标的关系做出了规定，《地理标志产品保护规定》和《农产品地理标志保护管理办法》等地理标志专门规章中并没有涉及如何处理地理标志与商标关系的内容。《商标法》框架下尽管对地理标志与商标的关系有所安排，但并未就在先商标和地理标志的关系做出具体规定，才会出现"泰山绿茶"案中获得农业部农产品地理标志登记后申请注册地理标志商标，因在先商标"泰山绿"而遭遇注册受阻的尴尬，这在一定程度上是由于现行《商标法》就普通商标与地理标志商标的关系的规定总体上缺少内在的逻辑自洽性，即在人民法院是否要将地理标志商标与普通商标进行近似比较上，出现前后不一致。并且，由于现行立法未能就在先商标与地理标志、地理标志与在后商标的关系做出安排，导致人民法院在审理涉及地理标志与商标关系的案件时，常常陷入一种"逻辑法条主义的""照章办事"式裁判说理。[①]

（三）未能明确地理标志与通用名称的关系

《地理标志保护规定》和《农产品地理标志管理办法》中，并未就什么是通用名称、如何处理地理标志与通用名称的关系做出具体安排。《商标法》第十一条仅规定了商品的通用名称不得作为商标注册，但对于什么是通用名称，《商标法》未做具体规定。最高人民法院2010年《关于审理商标授权确

---

① 许波：《知识产权诉讼指导案例与在先案例应用指南》，法律出版社，2019，第211页。

权行政案件若干问题的意见》第七条和第八条有关通用名称的规定、最高人民法院 2017 年《关于审理商标授权确权行政案件若干问题的规定》第十条有关通用名称的规定，适用于普通的、与地理标志没有关系的商标是没有问题的，但适用于地理标志时，问题自然难以避免。

由于现有立法对地理标志与通用名称的关系缺乏明确规定，在实践中常常出现将地理标志认定为通用名称的司法判决或裁定。例如，早期的"库尔勒香梨"案、"沁州黄小米"案、"英山云雾茶"案等。

第二节　完善中国地理标志保护制度的建议

2019 年 11 月 24 日，中共中央办公厅、国务院办公厅印发了《关于强化知识产权保护的意见》，其中明确规定，要完善地理标志保护相关立法。针对中国地理标志制度的不足，结合已发生的地理标志授权确权以及侵权纠纷，特提出如下完善建议：

（一）尽早出台高位阶的地理标志保护专门法

地理标志《商标法》保护模式下，主管机关认定地理标志的能力受到质疑。在黑龙江省宁安市镜泊湖大豆协会与原国家工商总局商评委行政纠纷案中，协会质疑商标行政主管机关认定地理标志的能力，商评委最终也因为不能提供"镜泊乡"是地理标志的证据而败诉。并且，高位阶的《商标法》将地理标志作为商标的一种子概念来保护，不承认地理标志是独立于商标的知识产权，在实践中容易抹杀地理标志的"集体性"特征。此外，地理标志作为中国知识产权的强项，却未能像商标一样为中国大众所熟知。调研发现，40% 的参与者表示"从未听说过"地理标志；表示"听说过"地理标志的参与者中，绝大多数将地理标志等同于商标，可以为某个企业所独占。针对现阶段中国地理标志多种保护方式并行的弊端，如容易使权利人无所适从、承担不必要的保护成本，容易引发权利冲突，同时也是对中国法律资源、行政资源的一种浪费，问卷中，我们设计有题目："2018 年国家机构改革完成后，您认为应采用哪种方式来完善中国的地理标志保护制度？"从调研结果看，有 66.19% 的调查对象选择了"制定《商业标志保护法》，对商标和地理标志保护进行具体的制度设计"；有 23.5% 的调查对象选择"以地理标志保护专门法为主，《商标法》《反不正当竞争法》等为辅"，还有 10% 的调查对象选择继续目前的"以《商标法》保护为主"。

克服目前地理标志保护制度的不足，必须改变现行的地理标志双轨制保护模式，让《商标法》回归本位，作为地理标志的辅助保护方式。一种可行的方法是，在中国现行《商标法》基础上，制定《商业标志法》，另一种方法就是制定高位阶的《地理标志法》。从中国目前已有的关于各项独立类型的知识产权的制度设计安排来看，笔者倾向于制定高位阶的地理标志保护专门法。理由如下：

其一，高位阶的专门法不仅顺应世贸组织《与贸易有关的知识产权协定》确立的地理标志是一项独立的知识产权的规定，也是对《民法典》第123 条的积极回应。

其二，2019 年 9 月 14 日中国和欧盟签署的《中欧地理标志保护和合作协定》第六条有关地理标志与商标关系的规定，实际上对中国《商标法》的修改提出了很大挑战。如果依照《中欧地理标志保护和合作协定》第六条规定生硬修改现行的《商标法》，从商标注册条件到商标宣告无效，均需要做出符合中国《商标法》内在协调性的安排，难度可想而知。地理标志与商标毕竟是两种不同类型的知识产权，不能因为二者的共性而抹杀了二者之间的区别。况且，在中国《商标法》现有制度安排下，获得地理标志商标注册的难度远远高于注册普通商标的难度，其难度也高于注册一般的集体商标和证明商标的难度。因此，制定高位阶的专门法实际是一种适合中国国情的选择。

其三，制定《地理标志法》是实现乡村振兴、增强集体经济实力的客观需求。中国丰富的地理资源与悠久的农耕文明，孕育了众多可以归因于当地特殊自然资源和浓厚人文因素的特定质量、声誉和特质的地理标志产品。由于缺乏完善的地理标志保护机制，世代相传的精耕细作、互帮互助、勤俭传家、天人合一等生产生活方式与理念，在市场经济大潮中受到冲击，有的地方青山绿水成了"穷山恶水"。我们亟待借助地理标志的强保护，找准精准扶贫与美丽乡村建设的路子，找准增强乡村两级集体经济实力、实现乡村振兴的路子，进而弘扬中华优秀传统文化，坚定文化自信。

其四，制定《地理标志法》是加强中国地理标志海外保护的有效途径。欧洲移民在美国安家落户后继续沿用故国地理标志，是美国采用《商标法》保护地理标志的主要原因，也是欧盟和美国在"收回"地理标志谈判上步履艰难的重要原因。中国社科院发布的《全球政治与安全》报告显示，中国海外侨胞的数量已超过 4500 万，绝对数量稳居世界第一，中国移民主要目的地为美国、加拿大、澳大利亚、新西兰、韩国和日本等国家，富裕人群与知识精英是目前移民的主力军。自 2006 年起，上述移民主要目的地国家、欧盟及印度等国，在历次世贸组织对中国贸易政策实践的评审中，都对中国地理标志保护制度提出质询。为防范类似欧、美地理标志的冲突，中国亟须制定《地理标志法》，明确规定中国地理标志在海外市场的注册和保护机制。

实际上，国家知识产权局已经着手进行《地理标志保护规定》的制定工作，统筹国内外地理标志保护工作，将 2005 年《地理标志产品保护规定》与 2019 年修订的《国外地理标志产品保护办法》统一到《地理标志保护规定》中来。但是，从目前立法计划看，其法律位阶仍是部门规章。鉴于司法审判实践中很长一段时间内不承认部门规章所保护的地理标志，必须提高地理标志的公众认知度，必须尽早提高地理标志保护专门法的法律位阶。实际上，这些年来，中国已经具备了制定地理标志保护专门法的实践基础。

在高位阶的地理标志保护专门法中，从内容上，不仅要包括现有的地理标志取得制度，还应就地理标志的异议和撤销等内容做出具体安排，明确异议主体和异议事由、提出撤销的主体和撤销事由、地理标志的正当使用等。

（二）妥善处理地理标志与商标的关系

在全国引起广泛关注的"金华火腿"案中，人民法院本着尊重历史的原则，确认对地理标志和商标给予同等法律保护。"金华火腿"案妥善处理了在先商标和在后地理标志的权利冲突问题，但是我们看到在后来的"泰山绿茶"商标驳回复审案中，法院并没有遵循这样的裁判思路，而是遵循普通商标和地理标志商标进行近似比对的思路说理裁判。实际上，我们从实体上分析"泰山绿茶"商标驳回复审案，该案件其实和"金华火腿"案类似，要处理的是在先商标"泰山绿"和在后地理标志"泰山绿茶"的关系问题。这种性质的案例到如今早已不是个例，需要从立法上明确地理标志和商标关系，为司法解决该类案件提供法律依据，而不是让法官遵循在先案例来进行裁判说理，因为或多或少存在不一致的在先案例。

为此，我们有必要学习地理标志保护制度的发源地欧盟在处理地理标志与商标关系方面的先进立法经验。在欧盟，农产品和食品、葡萄酒及烈酒这三个专门的地理标志保护条例与商标保护条例，均对地理标志与在先商标、地理标志与在后商标的关系在制度上做出具体安排。这里需要说明的是，在欧盟，商标保护条例对地理标志尽管也有规定，但处于辅助性、补充性的地位，欧盟并不是以专门保护和商标保护并重方式保护地理标志。这一点，尤其值得中国学习。

欧盟1151/2012号《农产品和食品地理标志保护条例》第14条规定了地理标志与在后商标和在先商标的两种权利冲突的具体解决方法：如果商标的注册申请在原产地名称或地理标志注册申请之后提交，且原产地名称

或地理标志已根据该条例获得注册，其使用将违反第 13 条第 (1) 款 ① 地理
标志禁止性权利规定并在同一产品类别上申请注册的，对该商标的注册申
请应予以拒绝。违反该规定注册的商标应视为无效。相较于 2081/92 号条
例，1151/2012 号条例将商标申请在后的时间标准从原产地名称或地理标
志的"公布之日"改为"注册申请提交之日"，扩大了在后申请的商标的范
围，即扩大了地理标志的保护范围。而在受保护的原产地名称或地理标志申
请之日前申请注册的商标，在不构成第 6 条第 (4) 款可能使消费者对产品的
真实特征发生误认的情况下，如果该商标已经在欧盟境内被善意申请、注册
或根据有关法律规定通过使用而得以确立，且违反第 13 条第 (1) 款的，只要
该商标不具有 2009 年 2 月 26 日《关于共同体商标第 207/2009 号条例》(简
称《207/2009 号商标条例》) 或 2008 年 10 月 22 日《关于协调成员国商标立
法第 2008/95 号指令》(简称《2008/95 号指令》) 规定的无效或撤销的理由，
即使原产地名称或地理标志获得了注册，该商标也可以在那些产品上继续使
用和更新。1151/2012 号条例第 6 条第 (4) 款则规定了在后地理标志可以和
在先商标共存的例外，根据商标的声誉、知名度及其使用的时间，拟议登记
为原产地名称或地理标志的名称将有可能使消费者对产品的真实身份发生误认
的，不得登记。

　　欧盟 1308/2013 号《葡萄酒地理标志保护条例》第 102 条按照地理标志
和商标申请的先后对地理标志与商标的关系做出了说明，第 101 条第 2 款规

---

① 注册名称应受到保护以防止下列行为：(a) 任何将注册名称直接或间接用于注册范围外的
产品上的商业用途，只要那些产品与该注册下的产品类似，或这种使用利用了受保护名称的声
誉，包括那些产品被用作成分的时候；(b) 任何误用、模仿或暗示性的使用，即使标明了产品
或服务的真实来源，或者以翻译的形式或以伴有诸如"型""式""方式""如同产于""仿"或
以其他类似方式使用受保护的名称，包括那些产品被用作成分的时候；(c) 在相关产品的内外包
装、广告或资料上就产品的出处、来源、性质或基本品质作其他虚假或误导性的表述，以及将
产品装入可能引起对产品来源错误认识的容器；(d) 任何可能使消费者对产品的真正来源发生误
认的其他做法。受保护的原产地名称或受保护的地理标志包含在被认为是通用的产品名称中，
使用该通用名称不应被视为违反第一款的 (a) 或 (b) 项。

定了在后地理标志可以和在先商标共存的例外情形。申请注册的商标，包含或由受保护的原产地名称或地理标志组成的，不符合相关产品规范或其使用属于第 103（2）条^① 规定的地理标志的不当使用情形之一，并且申请注册的产品属于附件七第二部分所列产品类别之一的，如果商标注册申请是在受保护的原产地名称或地理标志的申请之日后提交的，且原产地名称或地理标志随后受到保护，则商标注册申请应予拒绝，或者宣告无效。在不违反第 101 条第（2）款的情况下，包含或由受保护的原产地名称或地理标志组成的商标，在原产地名称或地理标志申请注册之日前，或在 1996 年 1 月 1 日之前，已经善意申请、注册或如果有关法律规定了这种可能性的情况下通过使用确立，只要没有《2008/95 号指令》或《207/2009 号商标条例》规定的商标无效或撤销理由，即使原产地名称或地理标志已经受到保护，也可以继续使用和更新。在这种情况下，应允许同时使用原产地名称或地理标志与相关商标。但是，根据商标的声誉和知名度，将申请注册的名称作为原产地名称或地理标志保护可能使消费者对葡萄酒的真实身份产生误认的，不得保护。

欧盟 110/2008 号《烈酒地理标志保护条例》第 23 条对于地理标志与商标的关系分三种情况进行规定：第一，包含或由附件三中在册的地理标志构成的商标，如果该商标的使用会导致第 16 条提到的地理标志不当使用的任一情况发生，即应拒绝该商标注册或使其无效。第二，适当考虑共同体法律，商标的使用属于第 16 条中提到的任一情况，而该商标在原产地名称或地理标志保护申请日期之前或在 1996 年 1 月 1 日之前，已善意申请注册或

---

① 受保护的原产地名称和受保护的地理标志，以及使用该受保护名称、符合产品规格的葡萄酒，应受到保护以防止：(a) 该受保护名称的任何直接或间接的商业用途：(i) 不符合受保护名称的产品规格的同类别产品，或者 (ii) 在此类使用中利用原产地名称或地理标志的声誉；(b) 任何误用、模仿或暗示性的使用，即使标明了产品或服务的真实来源，或者以翻译的形式或以伴有诸如"型""式""方式""如同产于""仿"或以其他类似方式使用受保护的名称；(c) 在相关产品的内外包装、广告或资料上就产品的出处、来源、性质或基本品质作其他虚假或误导性的表述，以及将产品装入可能引起对产品来源错误认识的容器；(d) 任何可能使消费者对产品的真正来源发生误认的其他做法。

如果法律规定了这种可能性，通过使用确立的，在欧盟境内，即使原产地名称或地理标志获得了注册，只要该商标不存在与成员国商标立法或 1993 年 12 月 20 日《关于欧盟商标第 40/94 号条例》（简称《40/94 号商标条例》）、1988 年 12 月 21 日《关于协调成员国商标立法 89/104 指令》（简称《89/104 指令》）规定的商标无效或撤销情形，仍可继续使用。第三，如果根据商标的声誉和知名度以及在欧盟境内使用的时间，注册可能会使消费者对产品的真实身份产生误认，则不得注册地理标志。

2017 年 6 月 14 日《关于欧盟商标的 2017/1001 号条例》（简称《2017/1001 号商标条例》）将在先的地理标志权利作为一项单独的相对异议理由与相对无效理由，进行了特别规定，强调了地理标志保护的优先性和重要性。《2017/1001 号商标条例》第 8 条第 6 款规定，经任何相关法律授权行使原产地名称或地理标志派生权利的人异议，根据保护原产地名称或地理标志的欧盟立法或成员国法律，只要原产地名称或地理标志在欧盟商标申请注册之日或申请的优先权日期之前已经申请注册，或者在某种程度上原产地名称或地理标志授权禁止使用后续商标的，商标的注册申请应予拒绝。第 60 条第 1 款第 4 项规定，如果第 8（6）条所述的在先原产地名称或地理标志满足第 8（6）条规定的条件，应在向主管部门提出申请时或在商标侵权诉讼的反诉中宣告无效。当地理标志和商标发生冲突时，欧盟不允许在后商标与在先地理标志共存，却允许在后地理标志与在先商标共存，在一定程度上赋予了地理标志优先于商标的法律地位；[①] 规定了在后地理标志与在先商标共存的例外情形，形成了"保护地理标志为基本原则，兼顾商标利益"的地理标志和商标权利冲突的处理原则，与世贸组织《与贸易有关的知识产权协定》第 22 条和第 23 条优先保护地理标志的精神一致。

建议在中国的专门地理标志保护规定以及新一轮的《商标法》修改中，

[①] 王笑冰：《地理标志法律保护新论——以中欧比较为视角》，中国政法大学出版社，2013 年，第 144 页。

借鉴欧盟经验，就在先商标和地理标志、在后商标和地理标志的关系做出具体规定，这既是对实施《中欧地理标志保护和合作协定》的立法回应，也是中国这些年来司法实践提出的要求。

（三）明确地理标志与通用名称的关系

世贸组织《与贸易有关的知识产权协定》第 24 条第 6 款明确规定，如果一个成员的地理标志在其他成员已经成为商品或服务的通用名称，其他成员没有义务对该地理标志提供保护。尽管一个地理标志是否成为通用名称是一个事实问题而非法律问题。但是，在特定地域范围和特定时间内，一个名称不可能既是产品的地理标志，又是产品的通用名称。

但是，由于中国立法没有明确规定地理标志与通用名称的关系，在中国的裁判文书中，我们会发现许多当事人将某个地理标志称为通用名称，以作为其不构成侵权的抗辩理由。而在有些裁判文书中，也出现人民法院做出某个名称既是某产品的通用名称，又是地理标志的自相矛盾的裁判说理。例如，"沁州黄小米"案再审裁定中，最高人民法院既认定"沁州黄"是通用名称又认可"沁州黄小米"是地理标志产品，这不仅与国际通行的受保护地理标志不能沦为通用名称的规则及实践相悖，最高人民法院自相矛盾的再审裁定也不利于树立良好的司法形象，并且，这种将地理标志认定为通用名称的做法非常不利于中国地方特色产品和优秀传统文化遗产的保护。如"沁州黄小米"案、"金骏眉"案、"灯影牛肉"案等涉地理标志案件中，有关地理标志被认定为通用名称，使得本应受到保护的集体性知识产权进入公有领域。因此，必须在立法中明确地理标志与通用名称的关系。例如，在欧盟农产品和食品地理标志保护条例中，就明确规定：已经成为通用名称的产品名称不能作为地理标志获得注册。此处的通用名称是指一种农产品或食品的名称，虽然与最初的生产或销售的地方或地区相关，但它在欧盟境内已经成为农产品或食品的通用名称。

对地理标志与通用名称的关系在立法上进行回应，既是中国司法实践提出的要求，也是对《中美经贸协定》第一章第六节的回应。2020 年 3 月 25 日，国际知识产权局发出《地理标志保护中的通用名称判定指南（征求意见稿）》，从征求意见稿第二条规定看，该指南适用于地理标志保护、行政裁决中通用名称的判定。建议中国在行政、立法和司法环节，能就通用名称的认定达成共识，在完善立法的同时，对最高人民法院 2017 年《关于审理商标授权确权行政案件若干问题的规定》第十条有关通用名称的规定做出相应的修改。

结　语

由于中国地理标志保护制度的建设是在中国加入世界贸易组织的大背景下进行的，中国地理标志保护制度不可避免地成为国际社会保护地理标志的缩影：既有承认地理标志是独立知识产权的专门法保护，又有将地理标志视为商标子概念进行保护的商标法模式。看似专门法和商标法两种模式并重，但在司法实践中，部门规章层级的专门保护与法律层级的商标保护不可能相提并论。

从 2371 篇裁判文书中，结合地理标志这一知识产权的集体性、特定地域优秀传统知识和技艺载体的本质属性，我们会发现，尽管立法上存在不足，但说理裁判中不时闪烁着审理法官的高超智慧的光芒；也有不少的案件，由于制度设计上存在的不足，导致阅读裁判文书过程中不时有一种"纠结"之感。

本书在对 2371 篇裁判文书以及《中欧地理标志保护与合作协定》附录三至七地理标志涉案情况进行数据分析的基础上，精选 7 个授权确权纠纷案件、8 个侵权纠纷民事案件和 3 个刑事案件进行分析。早期的"金华火腿"案中（不论是行政裁判文书还是民事裁判文书），将地理标志作为一种知识产权予以法律保护、在先商标和在后地理标志共存的观点，时至今日仍具有非常重要的指导意义。服务商标"香宾"争议案中，笔者以为将"香宾"认定为中国"公众知晓的外国地名"是值得商榷的。纳帕河谷酿酒人协会诉国家工商总局商评委一案中，笔者认为针对葡萄酒和烈酒地理标志，只要其产品并非来源于地理标志标示的产地，直接就争议商标的显著部分是否包含或构成了对葡萄酒或烈酒地理标志的翻译、模仿进行认定即可，可以减省对混淆、误认的判定的环节，因为根据《与贸易有关的知识产权协定》，有无构成混淆或者误认，是仅就葡萄酒和烈酒之外的其他地理标志进行规定的。"阿鲁科尔沁牛肉"商标争议案，在案证据说明该案涉及在先驰名商标和在后地理标志商标的关系问题，笔者建议中国在法律修改中考虑同名同音地理标志的保护问题。"镜泊乡大豆"案在某种意义上可谓社会公众对中国《商标法》保护地理标志的一种质疑，但该案也提出一个问题，地方协会究竟有无权利对一个事实上的地理标志进行普通集体商标注册？"祁门红茶"商标无效案事实上涉及地理标志产区范围界定的问题。将"祁门红茶"案与欧盟梅尔顿·莫布雷猪肉馅饼（Melton Mowbray Pork Pie）案进行比较，可以发现，尊重历史、诚实信用是地理标志保护中所有相关主体必须恪守的原则。"新会陈皮饼及其制备方法"专利无效案和专利侵权案，同类的纠纷尽管在地理标志纠纷案件中占比不高，却引出一个非常重要的问题：如何处理地理标志和专利的关系？印度和美国的巴斯马蒂（Basmati Rice）案或许能给我们有益的启示。"古丈毛尖"案涉及地理标志商标与公共资源保护的关系、地理标志商标侵权判赔额的确定，尽管是基层法院的裁判说理，但也与"沁州黄小米"案形成了鲜明的对照。"舟山带鱼"案和周某某诉杭州市西湖区龙井茶产业协会商标侵权纠纷案中，被控侵权人"商品产地合法来源"的举证责任值得进一步探讨。2019年"库尔勒香梨"案在裁判文书中明确援引了"舟山带鱼"案二审裁判文书，相较于早期的"库尔勒香梨"案裁判文书既认可地理标志又认可通用名称的自相矛盾，本篇不仅成功参照、援引了在先典型案例，也对地理标志商标的正当使用进行了令人信服的裁判说理。销售假冒"查干湖胖头鱼"案，两审法院都未就被告人辩护律师的"国家地理标志产品"的辩护理由进行回应，有一种陷入"逻辑法条主义"的"照章办事"之感。三起销售假冒"波尔多"葡萄酒案中，地方市场监管局、公安局、检察院和人民法院相互配合，体现了中国地理标志司法保护的大保护、快保护、严保护、同保护格局。而最新的 CIVB 与菲桐公司案中，被告人最终取得被害单位的谅解，这在以往案件中少之又少。紧接着，在个案分析基础上，回顾翻阅过的上千篇裁判文书，总结概括出中国地理标志案件的三大特点和两大司法保护发展趋势。最后,结合案例分析了中国现有地理标志保护制度的不足,并提出了相应的完善建议。

本书的创新之处主要有:首先,在数据分析基础上,得出地理标志侵权案件的高发地和相对高发地,不同性质地理标志案件的焦点法律条款。其次,精选18个案例,每个案例都有笔者自己独立的思考,尤其是服务商标"香宾"争议案、纳帕河谷酿酒人协会诉商评委案、"阿鲁科尔沁牛肉"商标争议案、"镜泊乡大豆"案、"祁门红茶"案、"新会陈皮饼及其制备方法"专利无效案和专利侵权案、"沁州黄小米"纠纷案、周某某诉杭州市西湖区龙井茶产业协会商标侵权纠纷案、销售假冒"查干湖胖头鱼"案等案件的具体评析。最后,分析总结出中国地理标志案件的三大特点和两大司法保护发展趋势,三大特点是涉案地理标志以地理标志商标为主、对地理标志作为独立知识产权进行司法保护经历了一个"肯定—否定—肯定"的过程、案件审理周期逐步缩短;司法部门开始将地理标志作为一项独立的知识产权予以强保护和地理标志的大保护、严保护、快保护、同保护司法格局正在形成是中国地理标志的两大司法保护发展趋势。

条件所限,本书未能深入探究,比如在地理标志的商标法保护模式下,对于地理标志商标的正当使用,是否必须以地理标志商标权利人的事先许可为前提,人民法院的认识并不一致,北京高院在"舟山带鱼"商标侵权案(2012)高民终字第58号判决书中的观点为"否",长沙市天心区法院在"古丈毛尖"商标侵权案(2008)天民初字第2500号判决书中的观点为"是",广州知识产权法院在"西湖龙井"(2015)粤知法商民终字第158号判决书中的观点为"是",孰是孰非,究竟哪种观点更符合《商标法》第五十九条第一款的立法本意,不会架空《商标法》,需进一步深入研究。认定地理标志商标侵权成立后,在酌定赔偿额所考虑的具体因素方面,同样也存在不同观点,多数法院采取了综合考虑被告侵权行为的性质、持续的时间、侵权商品的价格、侵权商品供销量、被侵害注册商标的知名程度以及防伪标识有效使用流程、原告为制止侵权行为所支出的合理费用等因素,而"古丈毛尖"

侵权纠纷案中，长沙市天心区法院主要考虑权利人对证明商标管理、维护所需的资金以及在诉讼中的合理开支等因素，这种观点尽管占绝对少数，但该案结合地理标志证明商标的特殊性来确定赔偿额的做法值得肯定，并有进一步深入研究的必要。此外，关于旧瓶（例如醋瓶和酒瓶）回收再利用导致的商标侵权与环境友好型社会建设的关系问题，条件成就时将结合地理标志镇江香醋"恒顺"商标案、"茅台酒"商标案，开展进一步研究。

　　本书对地理标志个案进行评析，仅陈作者一孔之见，所提问题仅供商榷，疏漏之处在所难免，敬请专家批评指正。

参考文献

一、判决书

[1] 北京第一中级人民法院 (2002) 一中行初字第 508 号行政判决书.

[2] 北京第一中级人民法院 (2004) 一中行初字第 653 号行政判决书.

[3] 北京市高级人民法院 (2005) 高行终字第 162 号民事判决书.

[4] 上海第二中级人民法院 (2003) 沪二中民五 (知) 初字第 239 号民事判决书.

[5] 辽宁省铁岭市中级人民法院（2017）辽 12 民初 94 号民事判决书.

[6] 北京朝阳区人民法院 (2014) 朝民 (知) 初字第 43045 号民事判决书.

[7] 上海高级人民法院 (2016) 沪民申 1585 号民事裁定书.

[8] 山东省高级人民法院（2020）鲁民终 512 号民事判决书.

[9] (2015) 浙杭知终字第 374 号民事判决书.

[10] 浙江省高级人民法院 (2016) 浙民申 1589 号民事裁定书.

[11] 北京市丰台区人民法院 (2015) 丰民 (知) 初字第 23219 号民事判决书.

[12] 北京市丰台区人民法院 (2015) 丰民 (知) 初字第 17762 号民事判决书.

[13] 江苏省高级人民法院 (2015) 苏知民终字第 165 号民事判决书.

[14] 北京市第二中级人民法院 (2011) 二中民终字第 11725 号.

[15] 北京知识产权法院 (2015) 京知行初字第 4356 号行政判决书.

[16] 北京市高级人民法院 (2017) 京行终 4242 号行政判决书.

[17] 浙江省高级人民法院（2016）浙行申 103 号行政裁定书.

[18] 吉林省松原市宁江区人民法院 (2014) 宁刑初字第 145 号刑事判决书.

[19] 吉林省松原市中级人民法院 (2014) 松刑终字第 71 号刑事裁定书.

[20] 杭州市上城区人民法院 (2014) 杭上刑初字第 415 号刑事判决书.

[21] 漳州市芗城区人民法院 (2014) 芗刑初字第 761 号刑事判决书.

[22] 广东省深圳市盐田区人民法院（2017）粤 0308 民初 1220 号民事判决书.

[23] 北京市高级人民法院（2019）京行终 1777 号行政裁定书.

[24] 北京市高级人民法院（2019）京行终 1772 号行政裁定书.

[25] 北京市高级人民法院（2019）京行终 1783 号行政裁定书.

[26] 北京市高级人民法院（2019）京行终 1453 号.

[27] 北京市高级人民法院（2019）京行终 1343 号行政判决书.

[28] 北京市高级人民法院（2019）京行终 1215 号行政判决书.

[29] 北京市第一中级人民法院 (2004) 一中行初字第 653 号行政判决书.

[30] 北京市高级人民法院 (2005) 高行终字第 162 号行政判决书.

[31] 北京市第一中级人民法院（2002）一中行初字第 508 号行政判决书.

[32] 北京市高级人民法院（2003）高行终字第 65 号行政判决书.

[33] 北京市高级人民法院（2009）高行终字第 1437 号行政判决书.

[34] 北京市第一中级人民法院（2010）一中知行初字第 1496 号行政判决书.

[35] 北京市高级人民法院（2011）高行终字第 816 号行政判决书.

[36] 北京市高级人民法院（2014）高行终字第 1567 号行政判决书.

[37] 北京市高级人民法院行政判决书（2016）京行终 2295 号.

[38] 北京市第一中人民法院 (2014) 一中行 (知) 初字第 10698 号.

[39] 北京知识产权法院 (2015) 京知行初字第 4854 号.

[40] 北京市高级人民法院行政判决书（2017）京行终 5531 号.

[41] 北京市高级人民法院（2016）京行终 5209 号行政判决书.

[42] 北京市高级人民法院行政判决书（2016）京行终 1872 号.

[43] 北京知识产权法院 2015 年京知行初字第 06629 号.

[44] 北京市高级人民法院（2017）京行终 3288 号行政判决书.

[45] 最高人民法院（2018）最高法行申 4767 号行政裁定书.

[46] 北京知识产权法院 2015 年京知行初字第 06629 号行政判决书.

[47] 湖南省长沙市天心区人民法院（2008）天民初字第 2500 号民事判决书.

[48] 广东省广州市海珠区人民法院民事判决书（2014）穗海法知民初字第 693 号.

[49] 广州知识产权法院（2015）粤知法商民终字第 158 号民事判决书．

[50] 上海市杨浦区人民法院（2014）杨民三 (知) 初字第 422 号民事判决书．

[51] 北京市高级人民法院行政判决书（2017）京行终 4242 号．

[52] 广东省江门市中级人民法院（2014）江中法知民初字第 80 号民事判决书．

[53] 广东省高级人民法院（2016）粤民终 243 号民事判决书．

[54] 最高人民法院（2018）最高法民申 4941 号民事裁定书．

[55] 山东省高级人民法院（2019）鲁民终 530 号民事判决书．

[56] 浙江省宁波市鄞州区人民法院（2019）浙 0212 民初 8558 号民事判决书．

[57] 黑龙江省高级人民法院（2019）黑民终 610 号民事判决书．

[58] 吉林省松原市宁江区人民法院（2014）宁刑初字第 145 号刑事判决书．

[59] 吉林省松原市中级人民法院（2014）松刑终字第 71 号刑事裁定书．

[60] 山东省蓬莱市人民法院（2018）鲁 0684 刑初 109 号刑事判决书．

[61] 上海市徐汇区人民法院（2017）沪 0104 刑初 1078 号．

[62] 海市浦东新区人民法院刑事判决书（2020）沪 0115 刑初 985 号．

[63] 北京市高级人民法院行政判决书京行终 5225 号 (2017).

二、其他

[1]《广东茶业》编辑部．"地理标志的保护和行业秩序的规范西湖龙井维权事件的反思"研讨会在广州举行 [J]. 广东茶业，2015（3）．

[2] 周波，刘永．地理标志商标典型案例评述，北京：中国工商出版社，2018.

[3] 王泽．中国商标案例精读．北京：商务印书馆，2015.

[4] 赵春雷．外国地名的可注册性．中华商标，2005（8）．

[5] 刘晓军．不为公众知晓的外国地名可以注册为商标．中国知识产权报，2012（2）．

[6] 周波，谷升．北京法院第十批参阅案例发布．中国法院网．

[7] 许波．知识产权诉讼指导案例与在先案例应用指南．北京：法律出版社，2019.

[8] 耿其明．祁门红茶原产地域范围考析，安徽农学通报，2014，20(15).

[9] 江平 . 称述祁红产区形成与客观认定，安徽农业科学，2018（35）.

[10] 汤宗舜 . 专利法教程 . 北京：法律出版社，2003.

[11] 潘巳申，吴艳燕：真金不怕火炼，人民法院报，2006-04-25.

[12] 吕国强，吴登楼 . 地理标志与注册商标受法律同等保护——浙江省食品有限公司诉
    上海市泰康食品有限公司、浙江永康四路火腿一厂商标侵权案 . 最高人民法院公报，
    2007（11）.

[13] 吕国强，吴登楼 . 中国地理标志法律制度的完善 . 法学，2006（1）.

[14] 段伟华 . 三亿外资眷顾沁州黄小米 . 山西日报，2004-04-05.

[15] 吕国强 . 商标权与地理标志权冲突的司法解决 . 人民司法（案例），2007（10）.

[16] 王笑冰 . 地理标志法律保护新论——以中欧比较为视角 . 北京：中国政法大学，2013.

[17] 赵小平 . 中国农产品地理标志法律保护研究 . 太原：山西人民出版社，2012.

附件1 关于中国地理标志保护情况的调查问卷 [①]

　　您好，这是一份关于地理标志的调查问卷。地理标志是指标示某商品来源于某地区，该商品的特定质量、信誉或者其他特征，主要由该地区的自然因素或者人文因素所决定的标志（如"龙口粉丝""阳澄湖大闸蟹""山西老陈醋""郫县豆瓣"等为已经获得中国不同部门保护的地理标志产品）。感谢您在百忙之中参与我们的调查，我们采取的是不记名方式，所有数据只用于数据分析。您可以放心回答，耽误您的宝贵时间，再次向您致谢！

　　您的年龄：＿＿＿＿＿＿岁，职业：＿＿＿＿＿＿＿＿，学历：＿＿＿＿＿＿。

　　1.图A、B、C是中国目前与地理标志产品有关的专用标志，在您的生活或工作中，见到以下专用标志的频率由高到低依次是（　　　　　　），购买或使用的产品标示有以下专用标志的频率由高到低依次是（　　　　　　）。[②]

A　　　　　　　　　　B　　　　　　　　　　C

①　本次问卷调查的时间是2019年10月，收回有效填写的问卷共计349份。
②　2019年10月17日起，笔者在发出问卷链接之前，提醒问卷填写者注意，本问卷第一题中的前两个椭圆形的地理标志可以过渡使用至2020年年底。

2. 地理标志与商标同为与消费者联系密切的知识产权，您认为二者的区别包含哪些方面？

A 指示来源的作用不同，前者指示地理来源，后者指示商业来源

B 前者更多体现质量保证功能，后者更多体现广告宣传功能

C 前者要求与特定地域的关联性，后者要求显著性

D 前者不可转让，后者可以转让

E 其他 _____

3. 您对《地理标志产品保护规定》及相关配套保护地理标志的规定认识有哪些？

A 将地理标志作为一种独立的知识产权加以保护，符合WTO《与贸易相关的知识产权协定》的规定，可以更好地区别于商标

B 对地理标志的专门保护有利于中国优秀传统工艺的保护和传承，保护中国悠久的农耕文明

C 《地理标志产品保护规定》法律位阶低，保护力度不够

D 《地理标志产品保护规定》中程序性规定不完善，难以为地理标志提供有效救济

E 其他 _____

4. 您对《商标法》及相关配套保护地理标志的规定认识有哪些？

A《商标法》的法律位阶高，方便贯彻执行

B 社会公众对商标的认知度高，在一定程度上有利于地理标志的宣传推广

C 将地理标志作为商标保护，易使公众将地理标志等同于商标

D 《商标法》对地理标志的保护门槛低，地域关联性要求不高，不利于发挥地理标志的应有价值

E 其他 _____

5. 您对《农产品地理标志管理办法》及相关配套保护地理标志的规定认识有哪些？

A 农产品地理标志的登记有利于中国优秀传统工艺的保护和传承，保护中国

悠久的农耕文明

B 农产品地理标志的登记有利于保护农村特色资源，发展区域经济，助力脱贫攻坚

C 农产品地理标志登记制度仅具有公示效力，缺乏执法依据，无法为其提供法律保护

D 农产品登记证书的持有人和标志使用人，在实践中难以对地理标志农产品的质量和信誉负责

E 其他 _____

　　6. 从中国实践来看，在多种地理标志保护制度并行的情况下，允许当事人选择保护的具体方式。您如何看待这种现象？

A 允许符合条件的申请人自行选择并叠加保护，可以最大限度挖掘产品的品牌价值

B 多种地理标志保护制度并行，有利于相关的权利人选择适合自身的保护方式

C 面对多种保护方式，易使权利人无所适从或承担不必要的保护成本

D 以多种地理标志保护制度并行，容易引发权利冲突等问题

E 多种地理标志保护制度并行，浪费法律资源、行政资源

F 其他 _____

　　7. 地理标志产品具有独特的品质特征，为保证其品质特色，您认为哪些主体可以对地理标志产品进行监管？

A 以政府部门为监管主导力量

B 以行业协会为监管主体

C 以生产者为监管的落实者

D 消费者为监督者

E 其他 _____

　　8. 您了解的侵犯地理标志权利的情形有哪些？

A 擅自使用或伪造地理标志产品名称及专用标志

B 不符合某一地理标志产品标准而使用该地理标志产品的名称

C 使用与地理标志产品专用标志相近、易引发误解的名称或标识，误导消费者

D 使用与地理标志产品专用标志相近、可能误导消费者的文字或者图案标志，使消费者发生误认

E 其他情形 _____

9. 您认为中国目前的地理标志保护制度在实施过程中存在哪些问题？

A 行政执法不严，地理标志产品假冒伪劣现象严重

B 司法实践中对地理标志的侵权认定不统一

C 地理标志确权授权过程中存在行政干预不当的现象

D 保护力度不够，侵犯地理标志权利的违法成本低

E 其他 _____

10. 2018 年国家机构改革完成后，您认为应采用哪种方式来完善中国的地理标志保护制度？

A 以地理标志保护专门法为主，《商标法》《反不正当竞争法》等为辅

B 以《商标法》保护为主

C 在中国现行《商标法》基础上，制定《商业标志保护法》，对商标和地理标志保护进行具体的制度设计

D 其他 _____

附件 2　关于长治市地理标志保护与运用的调研报告

　　为全面、客观了解长治市地理标志保护与运用情况以用于课题研究，同时支持、帮助长治市地理标志工作进一步开展，2019 年 1 月 5 日至 6 日，由山西省法学会牵头的中国法学会重点委托课题"我国地理标志成案研究"课题组通过召开研讨会和实地走访的方式，对长治市地理标志保护情况进行了调研。根据调研情况，做出如下总结与分析。

一、现状与优势

　　近年来，在国家、省、市领导的大力支持与高度重视下，长治市地理标志的数量和质量均有一定提升，地理标志保护与运用初见成效。

（一）政府相关部门的行政保护

1. 市质量技术监督局

　　"沁州黄小米"是长治市唯一获得国家地理标志产品保护的产品，也是我国首批国家地理标志保护产品。虽然长治市国家地理标志产品保护的产品为数不多，但是其地理标志保护工作可谓具有先进性。长治市质监局积极培育新的地理标志产品，下发了多个文件，并确定八义彩陶、上党堆锦、沁源马铃薯为培育对象。

长治市质监局对地理标志产品保护工作高度重视，积极开展领导、监管和宣传工作。

2. 市农业委员会

目前，长治市共有 12 个农产品获得农业部颁发的农产品地理标志证书，分别是黎城核桃、长子大青椒、沁州南瓜子、沁州核桃、平顺潞党参、熬脑大葱、洪井三黄小米、上党土蜂蜜，沁州黄小米、襄垣手工挂面、平顺连翘、武乡小米，累计认证面积 49970 公顷。2018 年 11 月 20 日上党高粱农产品地理标志已通过由中国绿色食品发展中心组织的 2018 年第三次农产品地理标志登记专家评审。

长治市有着丰富的农产品，地理标志后备资源雄厚，已登记和在登记的农产品地理标志均具有一定的生产规模、厚重的人文历史、鲜明的地域特色，具有很高的登记保护价值。取得登记的农产品都能积极使用地理标志，并且持证单位会定期监督检查用标单位使用地理标志的情况。通过使用农产品地理标志，使得农产品普遍溢价 15% 左右，切实为用标单位提高了经济效益，同时也极大地宣传了农产品地理标志。

农产品地理标志良好的登记和使用情况得益于长治市农委的强力推动，其经验、措施值得借鉴：一是开展对持证单位和用标单位的培训；二是积极宣传农产品地理标志的重要作用，推广农产品地理标志产品；三是加强对地理标志农产品生产的技术指导。

3. 市工商局

近年来，长治市各级工商和市场监管部门深入贯彻《山西省工商局关于推进地理标志商标富农工作的措施》和市委、市政府实施商标战略推进品牌兴市的要求，积极发挥职能作用。

在工商部门的大力推进下，目前，长治市共有地理标志商标 10 件，分别是：壶关党参、上党连翘、潞州黄芩、上党党参、襄垣手工挂面、长治堆锦、黎城核桃、壶关旱地西红柿、沁源马铃薯、潞城驴肉甩饼，其中，农产品的地理标志商标注册量增长迅速。

长治市工商部门在地理标志商标的发展与保护中，积极培育绿色有机的特色农产品地理标志商标，推动农产品的商标注册，发展特色的区域品牌，以品牌为龙头，集中力量培育、扶持、保护和发展了一批优质商标。

（二）长治市中级人民法院的司法保护

长治市中院民三庭的庭长在研讨会上详细介绍了"沁州黄小米"案的审理和判决过程与一些思路。从这一典型案例中，可以看出，长治市司法部门对涉案地理标志进行了全面、深入的了解，包括发展历程、权利人的变更情况等，积极调查研究司法审判的基础事实，努力做到维护合法权利人利益，并且在审判结束后能够持续关注案件的后续发展，有很强的司法服务意识。

（三）相关权利人与企业的保护与运用

地理标志的保护与运用应是多方联动的，除了政府部门、司法部门的推动，也不能缺少相关权利人的积极配合、自我保护与充分运用。本次调研中，以长治堆锦、黎城核桃、襄垣挂面、壶关党参和沁州黄小米为例，就相关权利人对地理标志的认识及其保护与运用情况进行充分了解。

1. 长治堆锦

长治堆锦在国际和国内曾获得多项奖项，这与堆锦精良的原料——当地所产潞绸和其悠久的人文历史是分不开的，而这种联系正符合地理标志的实质条件。从事堆锦生产的人们为保护长治堆锦品牌，使长治堆锦产业良性发展，积极成立堆锦文化研究会。以研究会为申报主体，2016 年 2 月，取得国家工商总局批准通过并颁发的"长治堆锦"地理标志证明商标，并且正在申报地理标志产品的保护。在"长治堆锦"获得地理标志证明商标认证后，堆锦手艺人及研究会仍积极探索、创新堆锦技艺。同时，堆锦企业都着眼于长治堆锦产业的整体向好发展，而非力争"一家独大"，因此，长治堆锦产业得以长久兴盛。

2. 黎城核桃

黎城核桃享誉国内外，为维护其良好声誉，当地申报了农产品地理标志和地理标志证明商标，并且严格保护"黎城核桃"地理标志：内部保护，以其制定的《"黎城核桃"地理标志证明商标使用管理规则》为依据，对地理标志证明商标的使用进行严格监管；外部保护，以《商标法》等相关法律法规为依据，对擅自使用和假冒"黎城核桃"的侵权行为积极采取维权措施。

经县委、县政府和权利人努力，目前，黎城县全县核桃树面积已经达到16.6万亩，总产值达到1.5亿元，实现人均增收1000元。特别是2017年，依靠省级低产低效林改造，吸纳全县73名贫困人员参与核桃林管护，为脱贫攻坚添砖加瓦。

3. 壶关党参

党参出产于上党地区，拥有一千多年的种植历史。壶关中药材协会于2006年开始申报"壶关党参"地理标志证明商标，2011年5月获批。2011年至2017年，核准使用的合作社有8家，签约企业有天津药业集团有限公司、振东制药厂等，并且积极发展线上销售，进驻京东、拼多多等电商平台。2017年，还响应国家产业扶贫号召，与振东制药厂合作，为贫困户发放5万多斤种子。

4. 襄垣手工挂面

襄垣手工挂面历史悠久，是当地的特色名吃之一，并获得了非物质文化遗产的认证。襄垣手工挂面制作技艺要求非常高，耗时长，要经压、卧、盘、架、分、醒、拉、晾、潮、裁、装等十多道工序，由此形成了条细、耐煮、柔软、爽口的特点。和面时的手感、面团的湿度、精盐添加的比例等因素，都会影响它的品质。为传承这一传统工艺，襄垣手工挂面协会在全县进行挖掘，收集了手工挂面的传统技艺、历史文化等相关资料，在各级政府支持下，于2017年登记农产品地理标志产品，2014年获批地理标志证明商标。并且，经评审、研究，协会还制定了手工挂面的企业标准（标准号为Q/STXX0001S-2014），出台了襄垣县手工挂面行业的"五统一"管理方案：统一原料、统一标准、统一包装、统一商标、统一销售，对申请使用地理标志的产品进行严格审查，与申请人签订合同后进行技术培训，并对生产原料进行严格管控，对成品质量进行严格检验。此外，协会还设有地理标志产品维权中心，积极保护地理标志。

5. 沁州黄小米

沁州黄小米是山西沁县的地方名产，以皇家贡米而闻名，系山西小米的代表，参加全国展览会 20 余次，获得多项国内外殊荣，享有"天下米王"和"国米"之称号。2003 年，山西省沁州黄小米（集团）有限公司（下称"沁州黄小米集团"）为防止侵权、维护公司"沁州"商标，将"沁州黄小米"申请为国家地理标志保护产品，并且以沁州黄小米集团在 1990 年的科技检测结果为蓝本，出台了"沁州黄小米"的国家标准。其生产地域为沁县的定昌镇、漳源镇、新店镇、册村镇、郭村镇、故县镇、牛寺乡、段柳乡、松村乡、次村乡、南里乡、南泉乡、杨安乡等 13 个乡镇，沁县周边武乡县的涌泉乡、故城镇、丰洲镇等 3 个乡镇，襄垣县的虒亭镇、王村镇等 2 个乡镇，屯留县的吾元镇，共 19 个乡镇。沁州黄小米是沁县一项重要产业，该产业从 20 世纪 80 年代初起步，2014 年，沁州黄种植基地达到 8 万亩，全部实行规范化标准化生产，其中 2 万亩达到有机标准，获得国家有机农产品认证。目前，沁县拥有沁州黄小米生产销售企业 12 家，沁州黄小米品牌包括"沁州""檀山皇""吴阁老""万里香""铜鞮""九龙"等。

沁州黄小米集团组织机构完善，拥有沁县谷泰畜禽养殖有限公司、山西沁州黄小米集团加工公司等多个子公司，打造了"沁州""沁州黄"等多个知名商标。公司知名商标和地理标志区域品牌的树立都离不开"沁州黄小米"保护的先驱者——沁州黄小米集团的不懈努力：一是坚持科研攻关，公司设有标准实验室，经过沁州黄小米集团科研部门三十多年来持续不断的努力，先后选育沁 84012、沁 84017、沁黄 1 号、沁黄 2 号等四个稳定品种，惠及当地百姓；二是坚持品类研发，将沁州黄小米研发成"谷之爱"婴幼儿营养米粉和中老年营养米粉，成为现代家庭餐桌上的营养快餐，深受市场青睬；三是坚持规范生产，山西沁州黄小米集团加工公司拥有日本进口色选机、真空包装机、充氮包装机、年加工 2 万吨谷子的全封闭真控自动化流水生产设备，设有"三间三库一室"，即碾米车间、内包装车间、外包装车间、2000 吨恒温保鲜库、成品库、包材库、办公室，生产设备投入六千余万元；四是坚持绿色生产，将加工产品后的农产品废料作为猪和鸡的饲料。但是沁州黄小米集团并未使用地理标志专用标志。

沁县吴阁老土特产有限公司，是长治市"守合同重信用企业"和"山西省 2017—2018 年度电子商务示范企业"。2013 年，公司牵头组织 210 户农民发起成立了沁县吴阁老沁州黄种植专业合作社，合作社在故县镇和新店镇种植有机谷子。2017 年增建日产 50 吨小米加工生产线，获得有机产品认证证书，并收购 1413 户农民（其中贫苦户 152 户）212 万斤谷子，实现销售收入 1054 万元。

各企业对"沁州黄小米"地理标志的品牌知名度和竞争力都做出了贡献，核准使用的企业维护自身品牌的积极性更高，部分企业（檀山黄、吴阁老和聚生元公司）对地理标志进行了充分利用。

二、问题及原因

虽然长治市地理标志的多方保护与运用有诸多可取之处，但是也存在各种各样的问题。

（一）长治市地理标志保护与运用存在的问题

通过对长治市地理标志保护与运用现状的分析，笔者认为存在的共性问题如下：

1. 潜在地理标志产品未受到保护

地理标志强调以质取胜，量产并不是其第一位的目标，量化考核地理标志工作更不可取。从地理标志相关法律规定来看，国家地理标志保护产品保护方式的实质条件更高，因而，质监部门地理标志所保护的产品数量少是可想而知的。但是，不以追求地理标志数量为目标并不等同于政府部门不进行积极主动的引导和培育。地理标志目前在我国并不为人所熟知，但是其确实具有重要经济、文化价值，因此，地理标志的申请、推广离不开政府部门的主导。以"长治堆锦"为例，虽然其已是地理标志证明商标，但是国家地理标志保护产品的保护方式更为有力，也利于"长治堆锦"打入欧洲等国际市场，因此政府应发挥引导作用。

2. 获保护的地理标志未充分运用

该问题主要体现在"沁州黄小米"地理标志中，沁州黄小米集团作为"沁州黄小米"品牌开创者、地理标志申请人，虽然具有以地理标志保护自身产品的前卫意识，但是沁州黄小米集团并未在产品包装上使用过该标志，而是只有核准使用地理标志的三家企业在使用。

3. 地理标志品牌缺乏竞争力

黎城核桃和壶关党参的权利人在研讨会发言中都提到，虽然产品本身质量优异，但是与同期获得地理标志保护的产品相比，其知名度与竞争力都比较低。与全国获得地理标志保护的同类产品相比，黎城核桃、壶关党参等地理标志产品的确是"欠吆喝"的。

4. 地理标志的侵权现象严重

"沁州黄"系列案的案由虽然是商标侵权，但也反映出地理标志保护的很多问题。该案中被告檀山黄、吴阁老等公司虽然是因侵犯沁州黄小米集团的"沁州""沁州黄"商标而被诉，但是"沁州黄小米"同时也是质检总局认定的地理标志。因此，首要问题是，沁州黄小米集团的"沁州黄"商标（一般商标）获准注册本身是与在先的"沁州黄小米"地理标志相冲突的。其次，沁州黄小米集团和檀山黄公司都注册"沁州黄"商标，其中檀山黄公司的商标核准使用的产品不包括谷子类，但是，笔者认为处于同一地区（沁县）、都生产加工小米产品，并且都为"沁州黄小米"地理标志的核准使用企业，既然有沁州黄小米集团的"沁州黄"商标在先，檀山黄公司的"沁州黄"商标本就不应予以核准。最后，"沁州黄"系列案以最高院认定"沁州黄"为小米的通用名称而告一段落，但是在最高院的判决中还肯定了"沁州黄小米"为地理标志实属矛盾。

（二）原因分析

上述问题产生的原因在于：

1. 对地理标志的认知程度不高

从长治市相关部门、律师等主体在研讨会上的发言来看，公众对地理标志的认知程度远没有对名牌产品，甚至绿色食品、有机食品的认知程度高。消费者、企业甚至地理标志相关部门工作人员并不了解地理标志的真正含义，也未认识到地理标志产品的经济、文化等价值。因此，地理标志宣传、申报、运用、推广、监管和维权各方面主动性并不高。

2. 企业知识产权战略意识不强

企业是最主要的用标单位，企业知识产权规划能力差也是很重要的原因。在对上述企业调研过程中发现，核准使用地理标志的企业对自身重要的无形资产——知识产权并没有规划，只是有国家认证的称号、标志对其宣传企业品牌有利的模糊认识。企业盲目申请各种称号、标志，在对具体的知识产权内涵、国家法律制度了解不深的情况下，就会导致如沁州黄小米集团那样混乱的知识产权确权、维权行为，反而枉费经济成本。

3. 资金与技术等后备力量不足

维护地理标志产品的特性的稳定也很重要，这不是主体能动性能决定的，发展前期需要政府资金支持，在产品生产中还需要专业技术指导。在国外，行业协会的力量非常大，能够在农企合作、技术推广、专业培训等方面发挥重要作用，但是我国行业协会多为民间组织，没有经济来源支撑其发挥作用，因此我国地理标志的引导与支持还需要以政府力量为主导。

4.地理标志保护的制度性问题

首先，我国在地理标志的保护上，存在三种体制，导致相关主体在申请地理标志保护时无所适从，在对我国地理标志法律制度不了解的情况下，不知道选择何种途径。在申请的保护重叠后，为降低成本，往往选择性适用或者干脆不用。

其次，地理标志的认定尺度不规范，一些部门为应对考核，将一些不具备地理标志要件的产品认定为地理标志产品，审核随意性大，由此也使得本不清楚地理标志内涵的公众对其价值认识更不准确。另一方面，缺乏异议、撤销机制和冲突解决机制来应对地理标志与地理标志、商标和通用名称之间的冲突。

最后，各部门存在利益冲突，缺乏沟通与配合，由此导致各部门在利益面前"你争我抢"，而在地理标志需要监管、保护时，相关部门却不能发挥应有的作用。

三、建议与对策

无论是表面问题还是根本性问题的解决都需要相关政府部门及企业等主体的通力协作，共同保护和运用好地理标志，促进相关产业的发展。

（一）地方政府应加大地理标志宣传普及力度

调研结果显示，地理标志的知识产权身份并未能深入人心，很多主体其实并未听说过地理标志，也不清楚其意义。由于地理标志是一种具有公益性质的知识产权，因此仅依靠个体来对其予以保护并不现实，所以就需要地方政府发挥作用。

第一，相关政府部门应该提升对地理标志的认识水平。鉴于地理标志在我国还是一个新鲜事物，对地理标志法律知识了解程度较深的大多是高校的相关研究人员，因此，地方政府可以聘请相关的科研人员对政府部门工作人员进行培训，并将培训结果纳入年终考核体系。第二，通过举办地理标志相关讲座等宣传形式，利用群众易于接受的方式，加大地理标志相关知识的普及力度，增强普通消费者保护地理标志产品的意识。第三，地方政府应该加大对地理标志产品的宣传及对优势企业的推荐力度。政府应该充分发挥电视、网络等媒体资源，引导媒体在特定版块及时间开设宣传地理标志产品的专栏，全面介绍地理标志产品的发展历史、价值及优势企业等情况，使人民群众对地理标志产品及优势企业的认知度逐渐提高。

（二）企业要加强地理标志应用能力

企业应以更长远的眼光来看待地理标志的使用。地理标志是一种区域公用品牌，不同于商标，因此有的企业倾向于选择注册商标来维护自身权益，享受垄断性的品牌利益。但是，传统手工产品和农产品的生产加工企业多是地方企业，是植根于农产品生长的区域或者手工产品孕育的地区的，只有区域经济充分发展，地方企业才有更好的经济环境来发展自己，二者是相互促进的。其次，地理标志在国际上已经得到广泛认可，企业如果想要拥有更广阔的市场，地理标志是比商标更好的选择。此外，企业可以聘请知识产权顾问帮助制定适合自己的知识产权战略，以实现自身发展目标。

（三）完善地理标志产品保护的实施体系

在我国地理标志制度短期内无法一步到位的现状下，地方政府部门应发挥好各自的监管职能，通过严格审核地理标志申请、加强地理标志产品质量监督、加大对侵权行为的打击力度、完善地理标志产品溯源系统等手段，以切实保护地理标志，为地理标志的充分运用保驾护航。

1. 严格审核地理标志保护申请

其一是要严格审核地理标志实质条件。地理标志的核心在于其特征、质量和声誉与产品的地理条件、人文历史因素的联系，具有这种联系的产品才能得到地理标志的保护。虽然相关三部门对地理标志的保护方式不同，但是其核心是一致的，各部门在审核申请时，应严格以法律法规的规定为依据，对产品特性、质量、声誉、地理条件 / 人文因素、产地范围以及前述"联系"等要素进行实地考察，保护真正的地理标志产品。

其二是要严格筛查已有的在先权利。行政确权部门要谨慎做出商标、地理标志的确权决定，同时司法部门在解决地理标志相关权利冲突时，要准确认识各知识产权的内涵和其关系，力求做出专业的司法裁判。

2. 加强地理标志产品质量监督

打江山容易，守江山难，地理标志的运用也一样。地理标志申请获批后，各主体要集中精力于人才和产品特性的维护或者优化上，同时也要维护前述"联系"。这项工作主要依托于：企业严格遵守国家标准，做好自我监督；政府部门严格检测成品质量，做好政府监管；消费者发现违规产品积极举报，做好社会监督。

3. 加大对侵权行为的打击力度

面对层出不穷的滥用、冒用地理标志的不法行为，政府部门应该提高警惕，严格执法。一旦专用标志的许可和使用丧失了公信力，其法律价值和经济价值就会大打折扣。因此，政府部门应当加大执法力度，杜绝此类现象，具体措施包括：

第一，建立专门的执法机构。地方政府应该成立专门针对各类地理标志产品专用标志的使用情况进行监管的执法队伍，做到有针对性和有效解决问题；第二，专门执法机构可以协调工商局、出入境检验检疫局等部门共同执法，不定期、不间断地对辖区内生产企业进行普查，一旦发现恶意使用专用标志的行为应当予以训诫及罚款，营造企业知法守法的良好氛围；第三，专门执法机构要定期向社会公众通报辖区内地理标志的相关违法情况，对严重违法的企业予以公示，形成一种违法信息披露制度。

4. 完善地理标志产品溯源系统

地理标志产品溯源系统，是指从交易终端回溯到其种植等情况的系统，而地理标志产品的地域性特点是地理标志保护制度的核心。消费者可以利用溯源系统，检测地理标志产品是不是在划定的地域范围内生产的，以维护自身的合法权益。也就是说，建立完善的地理标志产品溯源系统，便于消费者对地理标志相关不法行为及时进行监督。

后记

在拙著付梓之际，所有成就其之人与事一一掠过我的脑海。

首先，感谢课题进行过程中，中国法学会和山西省法学会相关领导们给予的关心、信任和理解。课题原本可以在 2019 年结项，但为等待中美贸易协定中地理标志最终条款文本、《中欧地理标志保护和合作协定》的最终文本，我选择了申请延期一年结项，延期申请最终获得了山西省法学会和中国法学会的批准。从报告内容看，选择中国与地理标志保护制度发源地的欧盟签署专门的地理标志保护和合作协定后结项，似乎成全了愚蠢之我的事事完美心愿；事后回首，廿余年专注地理标志的我痛感延期恰恰触犯事不求全之忌，叹世事十有九输，放下是归途。

其次，感谢课题进行过程中，陪着我加班加点的可爱的研究生们。尤记得 2019 年国庆节前一天的那个下午，在山西大学坞城校区理科楼，我一句一句说，静彦往电脑里一句一句敲，终于在国庆节前夕设计好问卷，按照预定的安排，当晚在问卷星发出调查问卷的链接。感谢静彦和高娟，理解老师选择这个时间点发出问卷的心情，她俩在问卷前加了"开启我们的地理标志之旅"的表达。在 2020 年 9 月中国和欧盟签署《中欧地理标志保护和合作协定》后，孟庆雪、郝晓婧、魏小丽、吴越和李艳几名研究生，一起帮助我整理了附录三至附录七所列 550 个中欧地理标志在中国裁判文书网可以检索到的涉案情况。

再次，感谢北京知产宝网络科技有限公司，为我提供了急需的裁判文书。感谢许许多多的合议庭法官们，没有你们的裁判文书，拙著难以成型。

最后，感谢山西大学法学院的经费资助，感谢中国法学交流基金会，感谢出版社郭向南编辑的辛勤编辑。

在 2021 年拙著交付出版社后，"潼关肉夹馍"地理标志维权问题引发社会的高度关注，中央广播电视总台亦予以报道。国家知识产权局 11 月 26 日凌晨，就"潼关肉夹馍"商标纠纷答记者问；最高人民法院民三庭负责人就地理标志商标司法保护问题，如相关的地名使用、行业协会"加盟费"、"碰瓷"诉讼等问题答记者问。 尽管如此，人们多数时候还是将"逍遥镇"胡辣汤和"潼关肉夹馍"并行讨论，究其原因，在于地理标志和商标这两种标志类的知识产权，移植于知识产权制度先行的西方。中国历史上的第一部商标法《商标注册试办章程》（1904 年颁布实施），是由当时掌管中国海关总税务司的赫德（Hart）一手炮制的。改革开放以来的第一部知识产权单行法《商标法》，尽管已经进行过四次修订，但一些规定仍难以适应中国社会主义市场经济发展之需，有待完善。较之于商标，尽管悠久的中华文明孕育了众多的地理标志产品，然地理标志保护制度设计在时间上则晚于商标制度，现行的多种保护制度主要诞生于中国加入世界贸易组织谈判的进程中。现行的地理标志制度设计，导致人们常常将地理标志与普通的地名商标混同，时下国人将"逍遥镇"胡辣汤和"潼关肉夹馍"广泛并举，即为典型的混同。"潼关肉夹馍"维权引发社会广泛关注，在一定程度上反映了社会公众对地理标志保护的主要对象——农产品和食品等的关注，反映了社会公众对地理标志的主体——行业协会等组织的权利义务的关注，对地理标志的正当使用的关注，反映了社会公众对我国地理标志保护模式的关注，反映了社会公众对我国集体商标和证明商标制度设计的关注……

赵小平

壬寅年四月廿一日于太原